Leopold Schmidt
Joseph Haydn

SEVERUS

Schmidt, Leopold.: Joseph Haydn
Hamburg, SEVERUS Verlag 2013
Nachdruck der Originalausgabe von 1906

ISBN: 978-3-86347-747-9
Druck: SEVERUS Verlag, Hamburg, 2013

Der SEVERUS Verlag ist ein Imprint der Diplomica Verlag GmbH.

Bibliografische Information der Deutschen Nationalbibliothek:
Die Deutsche Nationalbibliothek verzeichnet diese Publikation in der Deutschen Nationalbibliografie; detaillierte bibliografische Daten sind im Internet über http://dnb.d-nb.de abrufbar.

© **SEVERUS Verlag**
http://www.severus-verlag.de, Hamburg 2013
Printed in Germany
Alle Rechte vorbehalten.

Der SEVERUS Verlag übernimmt keine juristische Verantwortung oder irgendeine Haftung für evtl. fehlerhafte Angaben und deren Folgen.

SEVERUS

Reproduktion nach einem Stich von L. Benoist aus der Portrait-Sammlung der Musikbibliothek Peters in Leipzig.

JOSEPH HAYDN

VON

LEOPOLD SCHMIDT

Zweite, vom Verfasser revidierte Auflage

Vorwort zur ersten Auflage.

Für die Darstellung von Joseph Haydns Lebens- und Entwickelungsgang bietet die umfassende, aber leider unvollendet gebliebene Biographie C. F. Pohls das wertvollste und zuverlässigste Material. Die kurz nach Haydns Tod erschienenen biographischen Skizzen von Dies*), Griesinger**), und Carpani†), denen noch mündliche Ueberlieferungen des Meisters zu Grunde lagen, sind ihrem Inhalte nach, ebenso wie Haydns eigener kurzer Lebensabriss vom Jahre 1776, in das Pohlsche Werk mitaufgenommen, durch die sorgfältigsten Quellenstudien berichtigt und ergänzt. Das Fehlende hat Pohl später kurz zusammengefasst in einem Aufsatze, der in Groves „Dictionary of music and musicians" veröffentlicht ist. Einigermassen ausgefüllt ist die Lücke ferner durch die eingehenden Mitteilungen, die wir demselben gewissenhaften Forscher und Sammler über den Aufenthalt Haydns in London verdanken.††) Alle späteren biographischen Arbeiten über Haydn gehen mehr oder minder auf diese grundlegenden Schriften zurück; auch das vorliegende Buch stützt sich auf die dort festgestellten Tatsachen und Daten.

Was die Art der Behandlung des Stoffes betrifft, habe ich zu bemerken, dass nicht ohne Absicht der Nachdruck auf den jungen Haydn gelegt und seiner Entwickelung der weiteste Raum in dieser Darstellung gegeben ist. Der spätere Haydn, der nachmozartische, ist durch die Werke der letzten 20 Jahre seines Lebens allgemein bekannt; an ihn knüpft sich auch die Vorstellung der Persönlichkeit des Meisters als eines alten Mannes. Daher schien es wichtig, vorzugsweise das Bild des aufstrebenden, heranwachsenden Musikers zu entwerfen und den Verhältnissen und Einflüssen nachzugehen, unter denen er zum Begründer einer neuen Epoche in der Tonkunst wurde. Ferner war ich bemüht, in gleicher Weise wie den Künstler auch den Menschen zur Geltung zu bringen, und zwar, soweit es der Rahmen gestattete, auf dem kulturhistorischen Hintergrunde seiner Zeit.

Bei meiner Arbeit ist mir mancherlei freundliche Unterstützung zu Teil geworden. Viel verdanke ich dem Rate und den Anregungen meines Freundes

---

*) „Biographische Nachrichten von Joseph Haydn." Wien 1810. (Mit einem Medaillon von Ihrwach). Der Landschaftsmaler Albert Christoph Dies war bei Haydn durch den beiden befreundeten Bildhauer Grassi eingeführt. Der 73jährige Meister gewährte ihm die Bitte, Daten über sein Leben zu sammeln, meinte jedoch bescheiden, „seine Lebensgeschichte könne für niemand interessant sein."

**) „Biographische Notizen." Leipzig 1810. (Zuerst in der „Allgemeinen musikalischen Zeitung" 1809 veröffentlicht). Georg August Griesinger war Sächsischer Legationsrat und stand die letzten 10 Jahre mit Haydn in freundschaftlichem Verkehr. Er notierte sich ohne dessen Vorwissen alles, was er im Gespräch über seinen Lebenslauf erfahren konnte.

†) „Le Haydine." Mailand 1812. Guiseppe Carpani ging bei Haydn aus und ein, von ihm stammt der italienische Text der „Schöpfung".

††) „Mozart und Haydn in London" II. Wien 1887.

Professor Dr. Max Friedländer, der auch zu den Reproduktionen durch Ueberlassung wertvoller Autographen und der interessanten Grassischen Büste beigesteuert hat. Der Güte des Herrn Dr. Mandyczewski in Wien bin ich für die übrigen hier mitgeteilten Facsimiles verpflichtet, wie auch für den bildnerischen Schmuck, für den ferner die Herren Dr. Emil Vogel in Leipzig und Fr. Nicolas Manskopf in Frankfurt 'a. M. ihre Originale mit grösster Liebenswürdigkeit zur Verfügung gestellt haben. Das stets hilfsbereite Entgegenkommen des Herrn Oberbibliothekars Dr. Kopfermann in Berlin ermöglichte mir die ungehemmte Benutzung der königlichen Sammlungen, und besonderen Dank schulde ich endlich meinem Freunde Wilhelm Fabian für die liebevolle Sorgfalt, mit der er mir bei der Drucklegung des Manuskriptes unermüdlich zur Seite gestanden. Ihnen allen spreche ich auch an dieser Stelle meinen aufrichtigen Dank aus.

Mögen die folgenden Aufsätze dazu beitragen, nicht die Liebe zu Joseph Haydn — denn sie bedarf dessen nicht mehr — wohl aber die genauere Kenntnis seiner Lebensumstände und das intimere Verständnis seiner künstlerischen Eigenart in weitere Kreise zu verbreiten!

Berlin, August 1898.

Der Verfasser.

Vorwort zur zweiten Auflage.

Die vorliegende Arbeit erscheint hier im wesentlichen in unveränderter Gestalt. Am Texte etwas zu ändern, hatte ich — abgesehen von der Berichtigung einiger Irrtümer und Druckfehler — keine Veranlassung. Höchstens, dass der durch Riemanns Forschungen jetzt klarer erkannten Bedeutung, welche die Mannheimer Komponistenschule als Vorläuferin für den Symphoniker Haydn gehabt hat, an entsprechender Stelle Rechnung getragen ist. Dagegen habe ich mich bemüht, das Werkverzeichnis nach Kräften zu verbessern. Eine völlig zuverlässige und vollständige Aufzählung der Haydnschen Kompositionen wird freilich erst möglich werden, wenn einmal die von dem Hause Breitkopf & Härtel geplante Gesamtausgabe erschienen ist. Bis dahin dürfte ein Verzeichnis, wie ich es wenigstens bei den Symphonien versucht habe, in dem das Material nach Tonarten geordnet, die Angabe der wichtigsten Drucke und Manuskripte beigefügt ist, nicht unwillkommen und praktischen Zwecken dienlich sein. Zu Grunde liegt diesem Verzeichnis ein zu privatem Gebrauche angelegter thematischer Katalog Dr. Erich Priegers in Bonn; gute Dienste leistete ferner die in ihrer Vollständigkeit seltene katalogische Sammlung, die mir Herr Hofmusikalienhändler Oswald Klemm in Dresden zur Verfügung gestellt hat. Beiden Herren sage ich für ihre gütige Bereitwilligkeit und wertvolle Hilfe meinen herzlichen Dank.

Dresden, Weihnachten 1905.

Dr. Leopold Schmidt.

Die Kindheit.

Die Biographien der grossen Musiker zeigen uns, dass weit häufiger als in den andern Künsten in der Musik aussergewöhnliche Begabung als Steigerung ererbter Anlagen auftritt. Neben dem allgemeinen Gesetz der Vererbung und seinem geheimnisvollen Walten darf für die Begründung dieser Tatsache ein äusserer Umstand nicht ausser Acht gelassen werden. Der Sinn für die Tonkunst bedarf, um zu voller Entfaltung zu gelangen, mehr als jede andere künstlerische Fähigkeit einer frühzeitigen Entwicklung. Er muss schon in der Kindheit geweckt werden, und das wird in der Regel da geschehen, wo eine ernste, nicht nur dem Vergnügen geweihte Beschäftigung mit musikalischen Dingen heimisch ist. So finden wir denn ein zunftmässiges Musikertum meist schon bei den Vorfahren unserer grossen Meister vertreten. Die Väter eines Mozart, eines Beethoven leisteten Tüchtiges in der Kunst, zu deren Verherrlichung ihre Söhne berufen waren, und in der Familie Bach war der Musikerberuf Jahrhunderte lang traditionell, bevor die ererbte Begabung in dem grossen Sebastian ihren Höhepunkt erreichen sollte. Die veränderten sozialen Verhältnisse des 19. Jahrhunderts und die vorurteilslosere Schätzung, die durch sie der Künstlerberuf erfuhr, brachten es zwar mit sich, dass häufiger Komponisten und ausübende Musiker aus universell gebildeten Kreisen hervorgingen: die höhere Kultur vermochte ihnen bis zu einem gewissen Grade die Vorteile einer zunftmässigen Kunstüberlieferung zu ersetzen; doch finden wir auch bei den modernen Meistern gerade durch die glänzendsten Namen die alte Erfahrung bestätigt. Wie bezeichnend ist es für Weber, dass er aus einer Familie stammte, in der zugleich mit der Tonkunst auch die Schauspielkunst vertreten war. Bei Richard Wagner können, wenn nicht die musikalischen, so doch die literarischen und besonders die theatralischen Instinkte auf Vererbung zurückgeführt werden, und in Johannes Brahms kehrt der schlichte Musikantensprössling aus dem Volke wieder. Wie wenig indessen die Ergebnisse solcher Betrachtungen zur Geltung allgemeiner Regeln erhoben werden dürfen, beweisen andererseits so manche Beispiele unter den Klassikern. Weder Händel noch Gluck noch

Joseph Haydn, von dessen Leben und Wirken die folgenden Blätter handeln sollen, hatten Musikerblut in ihren Adern, und nur die ungewöhnlich frühe Bestimmung zu ihrem Berufe macht es erklärlich, dass die ungehemmte Entwicklung ihrer wunderbaren Anlagen möglich wurde.

Haydns Vorfahren waren ehrsame Handwerksleute, denen künstlerische Beschäftigung oder Veranlagung völlig fremd war. Sie betrieben Generationen hindurch das Wagnerhandwerk[1]), dem auch der Vafer unseres Komponisten, Mathias, angehörte. Der Sitz der Familie Haydn war das am Ufer der Donau gelegene Städtchen Hainburg in Nieder-Oesterreich. Mathias ging in jungen Jahren auf die Wanderschaft, die ihn durch ganz Süddeutschland bis nach

Haydn's Geburtshaus in Rohrau.
(Nach einem im Besitze der Gesellschaft der Musikfreunde in Wien befindlichen Aquarell aus dem Jahre 1825.)

Frankfurt a. M. geführt haben soll, und liess sich dann als Wagnermeister in dem Marktflecken Rohrau nieder, einem unscheinbaren Dorfe am linken Ufer der Leitha, unweit der ungarischen Grenze. Dort baute er sich ein Häuschen und heiratete 1728 die Tochter des Marktrichters Lorenz Koller, Marie, die ihm zwölf Kinder gebar. Von den sechs, die am Leben blieben, erhielt das älteste am 1. April 1732 in der Taufe die Namen Franz Joseph. Der Tag der Geburt des Knaben ist nicht mehr mit Bestimmtheit festzustellen. Die Ueberlieferungen der eigenen Angaben Haydns weichen von einander ab; vermutlich ist es aber der 31. März gewesen. In diesem Knaben nun sollte sich der Tonsinn zu einer Feinheit, zu einer Leichtigkeit und einem Reichtum des Vorstellungsvermögens entwickeln, die ihn befähigten, sich den grössten schöpferischen Genies einzureihen. Das erscheint jedoch nicht so wunderbar, wenn man bedenkt, dass er vom sechsten Jahre ab seiner Familie entzogen wurde und fortab ausschliesslich unter Berufsmusikanten heranwuchs, die ihm das ersetzen mussten, was er daheim nicht gefunden hätte.

Josephs Eltern waren rechtschaffene Leute. Ihr geistiger Horizont war nicht eben weit, aber ein tüchtiger sittlicher Kern scheint in beiden gesteckt zu haben. Wir haben sie uns als die echten Vertreter des gesunden, braven Handwerkertums des vorigen Jahrhunderts vorzustellen, und ihr Einfluss auf das Gemüt des Kindes ist auch in Hinsicht auf seine Künstlerschaft nicht zu unterschätzen. Dabei haftete dem Vater, wie es scheint, ein wenig Hang zur Phantastik, vielleicht aus seinem früheren Wanderleben, an. Ihm, wie der Mutter, war Empfänglichkeit, auch Gedächtnis für Musik eigen. Seine Lieder begleitete er auf der Harfe, „ohne eine Note zu kennen", wie Joseph später berichtete; und dass er sich abends nach getaner Arbeit gemeinsam mit seinem Weibe daran zu ergötzen pflegte, zeigt, dass es mehr als blosse Handwerkersitte war, die für diesen einfachen Gesang, an dem sich dann auch die Kinder beteiligten, den Antrieb gab. Der Sinn für Musik, den wir derart schon bei den Eltern, wenn auch unentwickelt, vorfinden, trat bei dem Sohne frühzeitig in die Erscheinung. Allgemein bekannt durch Bild und Wort ist die häusliche Szene geworden, wie der Vater zur Harfe singt, unterstützt von der Mutter und dem Schwesterchen, während unser Joseph auf der Ofenbank mit zwei Stückchen Holz das Violinspiel des Schulmeisters nachahmt und dabei so wacker im Takte streicht, dass er aller Aufmerksamkeit auf sich lenkt. Zunächst mochte sich in solchen Dingen lediglich der kindliche

Grabstein von Haydn's Eltern an der Kirche in Rohrau.
(Nach e. Photographie im Besitze der Gesellschaft der Musikfreunde in Wien.)

Spiel- und Nachahmungstrieb äussern; bedeutungsvoller ist, dass Haydn, wie er in seiner autobiographischen Skizze erzählt, schon in zartestem Alter die simplen und kurzen Stücke des Vaters ordentlich nachsingen konnte. Rhythmisches Gefühl und Gedächtniskraft, die wichtigsten Bedingungen musikalischer Betätigung, lagen somit unverkennbar in ihm.

Ueber die Kindheit Haydns fehlen uns im übrigen so gut wie alle ausführlichen Ueberlieferungen. In dem beschränkten, aber heiter-ruhigen Kreise ländlicher Abgeschiedenheit wuchs er völlig harmlos und unbeachtet heran; dafür blieben ihm die Qualen der musikalischen Wunderkinder erspart. Freilich fehlte seiner Jugend auch die harmonische und ernste Ausbildung eines Mozart. Er blieb, wie wir sehen werden, eigentlich immer auf das Selbststudium angewiesen. Noch später als bei Beethoven, mit dessen Studiengang sich der seine nicht messen konnte, trat bei Haydn der Zeitpunkt künstlerischer Reife ein. So wenig wie aus dem Verkehr mit den ihm nahestehenden Menschen konnte das Kind aus der umgebenden Natur Anregung für sein Phantasieleben gewinnen. Die Gegend seines Heimatdorfes, eine eintönige, flache Niederung, ist gänzlich reizlos, ohne alle landschaftliche Poesie. Rohrau gehörte zur Herrschaft der gräflich Harrachschen Familie, bei der auch Haydns Mutter vor ihrer Verheiratung als Köchin bedienstet war. Das Schloss lag etwas abseits, und sein stattlicher Park, das Einzige, was ringsum das Auge hätte erfreuen können, dürfte der Jugend des Ortes schwerlich zum Aufenthalte gedient haben. Wenn aber dem Auge des Nachdenklichen wohl auch das Kleinste zum Wunder wird

Haydn's Geburtshaus in Rohrau.
(Nach einer im Besitze der Gesellschaft der Musikfreunde in Wien befindlichen Photographie aus dem Jahre 1897.)

und ein sinniges Gemüt aus den alltäglichsten Erscheinungen, dem Auf- und Niedergang der Sonne, unbeschreibliche Eindrücke zu saugen vermag, so bleibt es doch bemerkenswert, dass der Komponist der Schöpfung und der Jahreszeiten, der in seinen Werken Naturvorgänge so wahr und innig zu schildern versteht, seiner frühesten Umgebung so wenig zu verdanken hatte. Dagegen ist es wohl möglich, dass die Lage Rohraus hart an der Grenze und die gemischte Bevölkerung, mit der der Knabe hier in Berührung kam, nicht ohne Einwirkung auf seine Geschmacksrichtung geblieben ist. Wenigstens tritt uns später in Haydns Kompositionen ein auffälliger Hang zu magyarischer Melodiebildung — eine in der Kunstmusik damals völlig neue Erscheinung — entgegen. Wenig malerisch, wie die Gegend, war auch die Lage des ärmlichen Häuschens, in dem Haydn geboren ist, am südlichen Ende des Marktes beim Ausgang der Dorfstrasse nach Bruck zu. Obwohl zweimal (1813 und 1833) durch Ueberschwemmungen zerstört, ist es in der Hauptsache unverändert wieder aufgeführt worden; auch sind uns Abbildungen aus früherer Zeit erhalten. Beethoven sah eine solche auf seinem Sterbelager und rief gerührt seinem Freunde zu: „Sieh, lieber Hummel, das Geburtshaus von Haydn; eine schlechte Bauernhütte, in der ein so grosser Mann geboren wurde." Doch sollte der Knabe nicht lange an diese enge Heimat gebunden sein; nur zu bald wurde er der Obhut der Seinen entrückt.

Die erwähnten Anzeichen musikalischen Talentes, die schwache, aber reine Stimme, die Beweise eines guten Gehöres mussten auch die Aufmerksamkeit der Nachbarn und des Schulmeisters auf sich lenken. Zuweilen kam ein entfernter Verwandter, der in Hainburg eine Tochter zweiter Ehe von Haydns Grossmutter geheiratet hatte und selbst Musiker war, zum Besuch nach Rohrau, und es war natürlich, dass bei solchem Anlass die Ausbildung, d. h die Ausnutzung des jungen Talentes in Erwägung gezogen wurde. Dieser „Vetter", wie Haydn ihn kurzweg nannte, war Johann Mathias Frankh, Schulrektor und Chorregent in Hainburg. Er stellte den Eltern vor, welche Vorteile aus der Musikerlaufbahn für ihren Joseph und mithin für sie alle erwachsen würden, und überredete den Vater, bei dem wohl auch der Stolz auf sein Söhnchen und die eigene Liebe zur Kunst sich regten, einzuwilligen. Die Mutter war anfangs dagegen; sie schwärmte, wie alle österreichischen Bäuerinnen, für den geistlichen Beruf, mochte sich vielleicht auch von ihrem Kinde, das erst fünf Jahre zählte, nicht trennen. Schliesslich gab auch sie ihre Zustimmung, da ja der Musiker den geistlichen Herrn vorbereiten konnte, und eines Tages brachte der Vater seinen „Seppel" zum Vetter Frankh nach Hainburg in die Lehre. Das mag im Herbst des Jahres 1737 gewesen sein.

Hier in Hainburg begann für Haydn das traurige Los des heimatlosen Kindes, das fern von der Mutter, unter fremden Leuten herumgestossen, ohne Liebe und Pflege gross wird. Das Gefühl dafür mag das junge Gemüt oft genug verbittert haben, und nichts spricht mehr für die Güte und edle Grösse seines Charakters, als die Anhänglichkeit an seine Familie, die Empfänglichkeit für die zarten Reize solcher Bande, die er sich trotzdem bis ins hohe Alter hinein bewahrt hat. Andererseits werden wir manche Züge seines Wesens, so die Leichtigkeit, mit der er sich über ernste, selbst traurige Dinge, soweit sie nicht die Religion betrafen, hinwegsetzen konnte, überhaupt eine gewisse Begrenztheit seines Empfindens, auch in künstlerischer Hinsicht, aus der Ungunst solchen Lebenslaufes zu erklären haben. Das Gefühl der Abhängigkeit von andern, deren Willkür doch gerade das Kind ausgesetzt war, hat vielleicht auch jenen gedrückten Zug in ihm ausgeprägt, der in seinem Verhalten besonders den Grossen der Erde gegenüber zuweilen sich zeigt, und der Beurteiler, wie Wagner, die sich nicht genügend in die sozialen Anschauungen der Zeit zu versetzen vermochten, zu völligem Verkennen seines Charakters verleitet hat.

Was dem Kinde in Hainburg zunächst am empfindlichsten fehlte, war die sorgende Hand der Mutter; obgleich bei Verwandten untergebracht, wurde er, wie er selbst berichtet, schlecht gehalten. Zu Haus an Ordnung und Reinlichkeit gewöhnt, musste er hier das Gegenteil um sich und sogar an seiner kleinen Person dulden. „Ich war ein kleiner Igel", berichtet er selbst von jener Zeit. Wie zuwider das dem kleinen Joseph sein musste, der schon in diesem Alter „der Reinlichkeit wegen" eine Perücke trug, lässt sich denken; es ist bekannt, wie sehr Haydn auch später auf sein Aeusseres zu halten pflegte. Die Frau seines Lehrers und Pflegevaters hatte jedoch mit ihren eigenen Kindern genug zu tun und fand nicht die Zeit, sich um sein Wohl zu kümmern. Nicht viel besser, als um die Pflege des Leibes, war es um die des Geistes bestellt. Mathias Frankh war in erster Linie Musiker; der Unterricht, den er mit zwei Präzeptoren erteilte, beschränkte sich auf die notdürftigsten Elementarkenntnisse im Lesen, Schreiben und Rechnen, auf das, was Haydn die „jugendlichen Notwendigkeiten" nannte. Die religiösen Uebungen nahmen einen breiten Raum ein, wie denn die Knaben selbstverständlich auch Ministrantendienste in der Kirche zu leisten hatten. Frankh war ein strenger, aber, wie es scheint, sehr tüchtiger Lehrer, der in Haydn jenen Grund zur Arbeitsamkeit legte, ohne die er sein Lebenswerk nicht hätte bewältigen können. „Ich verdanke es diesem Manne noch im Grabe", äusserte sich der Meister im späten Alter zu Griesinger, „dass er mich zu so vielerlei angehalten hat, wenn ich gleich dabei mehr Prügel als zu essen bekam". In seinem eigenen Lebenswandel liess sich Frankh, wie Pohl berichtet, manches zu schulden kommen; es wird über Nachlässigkeit im Dienst geklagt, ja er wird sogar, laut Rathsprotokoll, wegen Spiels mit falschen Würfeln vorgeladen. Als Musiker besass dieser erste Lehrer Haydns vielseitige praktische Erfahrung und beherrschte das Handwerksmässige seiner Kunst. Ein höherer, persönlicher Zug tritt uns in dem Wenigen, was wir über ihn wissen, nicht entgegen. Von eigentlicher künstlerischer Ausbildung ist also auch in Hainburg noch nicht die Rede, aber gerade dies praktische Zugreifen, die Vielseitigkeit der Betätigung, zu der Haydn hier gezwungen wurde, war für ihn von unschätzbarem Werte. Er lernte nicht nur die Violine und das Klavier spielen, sondern auch alle anderen damals gebräuchlichen Instrumente und ihre Verwendung aus eigener Anschauung kennen, was für ihn um so wichtiger war, als die Ausbildung, die er weiterhin genoss, sich vorwiegend auf das Vokale richtete. In Hainburg musste er überall aushelfen; der Maler Dietz überliefert uns eine Anekdote, nach der er bei einer Prozession sogar für den plötzlich gestorbenen Paukenschläger eingetreten ist. Es war an einem hohen Feiertage in der Kreuzwoche. Nach der Anweisung seines Lehrers, der sich nicht anders zu helfen wusste, hatte sich der Kleine auf einem zum Brodbacken benutzten Korbe so wacker eingeübt, dass das Mehl in der Stube umherflog. Durch seinen Eifer und sein Geschick ermöglichte er die Prozession; aber der drollige kleine Musikant, dem ein verwachsener kleiner Paukenträger — der gewöhnliche war für ihn zu gross — voranschritt, erregte nicht wenig Heiterkeit in dem festlichen Aufzuge. Die Pauken, die er damals schlug, sollen noch jetzt auf dem Chor der Kirche im Gebrauch sein. Die ganze Erzählung mag aber auch entstanden sein, weil Haydn nicht nur der erste war, der dies Instrument selbständiger im Orchester verwendete, sondern auch zeitlebens eine grosse Vorliebe dafür an den Tag gelegt hat. So wurde also in seiner ersten Schulzeit seine Einbildungskraft auf ihr eigenstes, nämlich auf das instrumentale Gebiet geführt und der Grund zu dem volkstümlichen Musikantentum gelegt, das ein wesentlicher Zug seines Schaffens blieb. Dass er es veredelt und in die höchste Sphäre reiner Kunst hinaufgerückt hat, darf geradezu als seine eigenste Mission bezeichnet werden.

Zu lange freilich durfte der Knabe hier nicht weilen, sonst wäre er wohl im Musikantentum stecken geblieben. Ein Zufall bewahrte ihn vor der Gefahr, darin unterzugehen. Es fügte sich, nachdem Haydn zwei Jahre bei seinem

Vetter geweilt hatte, dass Georg Reutter, Hofkompositor und damals seit kurzem Domkapellmeister bei St. Stephan in Wien, auf einer Reise nach Heinburg bei dem ihm befreundeten Pfarrer des Ortes, Johann Palmb, vorsprach. Sei es, dass er sich auf der Suche nach frischen Stimmen befand, sei es, dass die Begabung des kleinen Joseph schon von sich reden machte, oder dass es ein Zufall war — genug, er hörte ihn singen, fasste sogleich Interesse für den treuherzigen Bauernjungen und unterzog ihn einer näheren Prüfung. Ueberrascht von der Treffsicherheit und der schwachen, doch angenehmen Stimme fragte er ihn schliesslich: „Büberl, kannst Du auch einen Triller schlagen?" „Nein", erwiderte der Knabe, „das kann auch mein Herr Vetter nicht. Reutter zeigte ihm, wie man es anfangen müsse, und nach mehreren Versuchen gelang es dem kleinen Sänger so gut, den Triller nachzumachen, dass Reutter ihn mit einem blanken Siebzehner belohnte und freudig ausrief: „Bravo! Du bleibst mir." Das Anerbieten, ihn als Sängerknaben in die Kantorei nach Wien zu nehmen, wurde den Eltern Josephs unterbreitet und umso mehr mit Freuden angenommen, als Reutter versprach, für den Knaben auch künftig zu sorgen, ein Versprechen, an das er sich freilich, wie sich zeigte, später durchaus nicht gebunden hielt. So trat in Haydns Leben die entscheidende Wendung ein. Bis zur Vollendung seines achten Jahres musste er den Statuten der Stiftung gemäss warten — er benutzte die Zeit, um seine gewiss recht primitiven Gesangstudien fortzusetzen — dann ging er 1840 an den verheissungsvollen Ort seiner neuen Bestimmung. Wir haben uns nun zu vergegenwärtigen, wie die Verhältnisse beschaffen waren, in die unser junger Held eintrat, welche Einflüsse sie auf ihn ausüben und welchen Gewinn sie seiner künstlerischen Entwicklung bringen konnten.

Mit dem Betreten Wiens beginnt eigentlich für Haydn erst der Eintritt ins Leben. Aus den denkbar bescheidensten und engsten Verhältnissen kommt er in das bewegte Treiben der Grossstadt. Seiner künstlerischen Anschauung bietet sich ein weites, bis dahin ungeahntes Feld, und die besondere Art seiner neuen Stellung brachte es mit sich, dass er mit der Aussenwelt, und zwar, wie wir sehen werden, mit ihrer glänzendsten Seite, in häufige und nahe Berührung kam. Die Bedingungen seiner leiblichen Existenz blieben zwar nach wie vor äusserst kümmerliche; umso grösser aber war die Fülle der Eindrücke, die auf den jugendlich-empfänglichen Geist in dieser Umgebung einstürmen mussten.

Die Singschule bei St. Stephan ist von historischer Bedeutung für die musikalische Vergangenheit Wiens. Ursprünglich gehörte sie zur Bürgerschule der Stephanskirche, von der sie sich erst im Laufe der Zeit — die vorhandenen Urkunden reichen bis ins 15. Jahrhundert zurück — als selbständige Kunstschule lostrennte. Anfangs 13, dann 6 Sängerknaben erhielten dort neben der musikalischen Ausbildung, die ausser dem Gesange das Klavier- und Violinspiel umfasste, auch Unterricht in den gewöhnlichen Schulgegenstäden. Lehrer war der Kantor (später Kapellmeister), ein Subkantor und zwei Präzeptoren. Die Kosten trug die Stadt. Dem Kantor lag die Verpflegung der Sängerknaben ob, für die er besonders entschädigt wurde. Zu Haydns Zeit muss sie eine recht mangelhafte gewesen sein; wenigstens berichtet der Meister, dass die Knaben jede Gelegenheit, die sich durch Privatfestlichkeiten bot, benutzten, um ausserhalb der Anstalt ihren Hunger zu stillen. Das gemeinsame Wohngebäude war die 1663 neu aufgeführte Kantorei, das Kapellhaus, das bis zum Jahre

1803, wo die Regulierung des Stephansplatzes erfolgte, bestanden hat. Es lag in unmittelbarer Nähe des Domes, der damals von dem Friedhofe und einer Mauer mit vier statuengeschmückten Eingangstoren umgeben war, an die Rückseite eines der Zinshäuser angebaut, die sich an der westlichen Seite des Platzes hinzogen und deren Front bis auf den heutigen Stock-im-Eisenplatz ausbog. Jetzt ist diese ganze Umgebung des Domes verschwunden. Der Blick fiel von den Fenstern des Hauses auf das ehrwürdigste Baudenkmal Wiens, auf den herrlichen Turm und auf die interessante Magdalenenkapelle in der Südwestecke des Friedhofes. Diesen betrat man von hier durch das Zinner-Tor; der Weg führte zu einer Gallerie, auf der das Musikkorps bei festlichen Gelegenheiten die kaiserliche Familie erwartete. Das Kapellhaus und seine Umgebung war der Schauplatz, auf dem sich Haydns Leben die nächsten 10 Jahre hindurch abspielte.

Der Mann, der damals der Singschule vorstand, war der erwähnte Georg Karl von Reutter (im Jahre 1740 in Berücksichtigung seiner „geleisteten guten Dienste und dadurch erworbenen Meriten" geadelt), Domkapellmeister und seit 1731 an Stelle Predieris erster Hofkapellmeister. Als langjähriger Lehrer, mehr noch durch die Rolle, die seine Kompositionen Jahrzehnte hindurch im Musikleben Wiens spielten, ist Reutter für Haydns Entwickelung von Bedeutung geworden. Sein Charakter wird als heftig, hochfahrend und habgierig geschildert; Haydns eigenes mildes Urteil über ihn fällt dem gegenüber bei seiner angeborenen Güte und Dankbarkeit nicht schwer ins Gewicht. Erzählt doch Dies ausdrücklich, dass unser Meister mit einer „Behutsamkeit und Achtung" von seinem einstigen Lehrer sprach, die „seinem Herzen zur Ehre gereicht". Pohl berichtet auch manches Ungünstige über Reutters Amtsführung, wie es sich aus den Wiener Akten ergeben hat. Uns interessiert jedoch der Mann nur als Musiker, und man muss sich hüten, gegen ihn als solchen ungerecht zu sein. Schon der Einfluss, den er auf die Angelegenheiten der Hofkapelle nahm, die bevorzugte Stellung, in der er sich fast bis zu seinem Tode erhielt, und die Beliebtheit seiner zahlreichen Kompositionen sprechen für die Bedeutung, die er zum mindesten für seine Zeit besass. Er dirigierte alle Kirchen-, Kammer- und Tafelmusiken bei Hofe, die er als Hofkompositor vielfach mit eigenen Werken zu versorgen hatte; seit 1728 wurde fast alljährlich ein dramatisches Werk von ihm zum Namens- oder Geburtstag eines Mitgliedes des kaiserlichen Hofes, häufig unter Mitwirkung der Erzherzoginnen, aufgeführt. Bei Maria Theresia, auf die etwas von dem musikalischen Talent ihrer Vorfahren übergegangen war, stand Reutter in hohem Ansehen. Erst um das Jahr 1760 scheint sein Einfluss allmählich verdrängt worden zu sein, und zwar zumeist durch das Auftreten Glucks. Seinen Oratorien und Kirchenkompositionen rühmte man äusseren Glanz und die feurig bewegte Instrumentation nach, doch auch den pathetischen, nie ins Theatralische verfallenden Ausdruck seiner Musik. Mehr als durch diese Festkompositionen, die die Sängerknaben natürlich durch eigenes Mitwirken kennen lernten, mag Reutter auf Haydn durch seine kleineren Werke, durch seine Kammermusik gewirkt haben, die in mancher Beziehuog merkwürdig ist.[2]) Nebenstehend findet der Leser zwei Klavierstücke Reutters, die eine Probe von dem Können und der Art ihres Verfassers geben mögen.

Die erste Seite eines Streichquartetts.

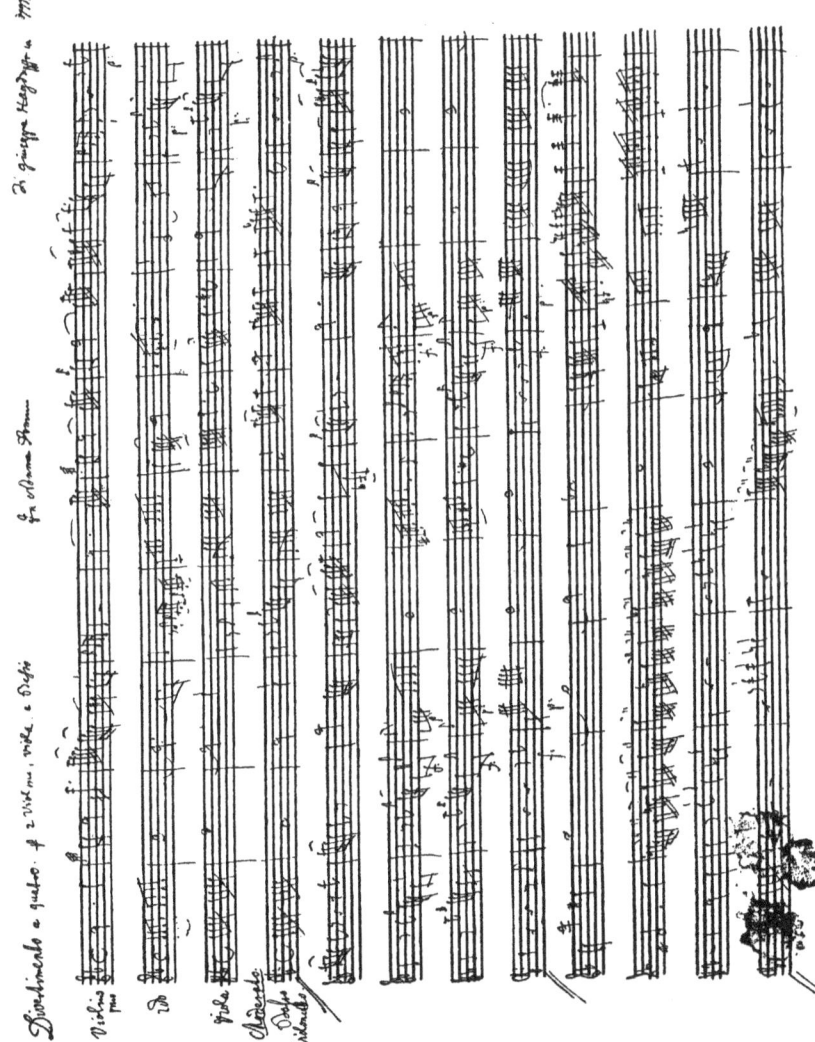

Aus einem auf der Königlichen Bibliothek in Berlin befindlichen Manuskriptbande:
„Sonate per Cembalo del Sige Reuter."

Das Adagio (F-moll $^3/_4$) zeigt einen für seine Zeit merkwürdig schlichten und tiefen, gesangsmässigen Ausdruck; mit seinen harmonischen Wendungen steht es zwischen Bach und Gluck, und die Reinheit der Melodieführung hebt sich bereits vorteilhaft von der galanten Schreibart der Vorgänger ab. In der „Paysanne" fällt ein entschieden volkstümlicher Zug auf (z. B. Takt 10—13), der schon an das frische Wesen Haydn'scher Menuetts und Finalsätze gemahnt. Die Behauptung, dass Reutter ohne jeden Einfluss auf Haydn gewesen sei, ist sicherlich nicht zutreffend. Freilich konnte sein genialer Schüler nur kraft eigener Beobachtungsgabe von ihm lernen, denn eine regelrechte Unterweisung in der Komposition wurde ihm auch im Kapellhause nicht zuteil: Haydn erinnerte sich, im ganzen zwei Lektionen in der Theorie von Reutter empfangen zu haben. So war er wiederum auf sich selbst angewiesen, und in seinem instinktiven Produktionsdrange begann er, jedes Blättchen Papier, dessen er habhaft werden konnte, mit Noten zu beschreiben und meinte, „es sei schon recht, wenn nur das Papier hübsch voll sei." Einst traf ihn Reutter über einem mehr als zwölfstimmigen Salve regina, lachte ihn aus und sagte: „O Du dummes Büberl, sind Dir denn zwei Stimmen nicht genug?" Wie aber für zwei Stimmen zu setzen sei, das sagte ihm der Herr Domkapellmeister nicht. Dass es ihm trotzdem möglich wurde, für seine Gedanken allmählich auch einen verständigen Ausdruck zu finden, das tut Haydn in seiner schlichten Weise mit den Worten ab: „Das Talent lag freilich in mir; dadurch und durch vielen Fleiss schritt ich vorwärts" — „Wenn meine Kameraden spielten", erzählte der 76jährige Greis den Chorknaben der Esterházy'schen Kapelle, die bei ihrem Besuche in Wien ihm von Hummel vorgeführt wurden, „nahm ich mein Clavierl unterm Arm und ging damit auf den Boden, um mich ungestörter auf selbem üben zu können."

Denn neben der Singkunst waren es die Fächer des Klavier- und Violinspiels, in denen Haydn wenigstens einige Unterweisung, und zwar, wie er selbst meint, von „sehr guten Meistern" genoss. Seine Lehrer waren, nach Griesinger, Adam Gegenbauer, Subcantor und Violinist in der Kapelle, und Ignaz Finsterbusch, der sich als geschmackvoller Tenorsänger hervortat. Wie wenig aber auch bei diesen Studien an einen regelrechten Unterricht zu denken ist, erhellt aus den späteren Urteilen des Meisters selbst, die bei seiner Wahrheitsliebe und der Neigung, die Sachen aus zarter Rücksicht eher zu günstig darzustellen, unbedingten Glauben verdienen. „Eigentliche Lehrer", sagte er, „habe ich nicht gehabt". Die Schüler der Anstalt wurden schon während ihrer Ausbildung durch den Dienst so in Anspruch genommen, dass zu systematischem Lernen keine Zeit blieb; aber bei einer so reich begabten Natur wie Haydn konnte auch diese gleich auf das Praktische gerichtete Methode ihre Früchte tragen. „Ich war auf keinem Instrument ein Hexenmeister", erzählte er Griesinger aus jenen Tagen, „aber ich kannte die Kraft und Wirkung aller; ich war kein schlechter Clavierspieler und Sänger und konnte auch ein Concert auf der Violine vortragen." Gänzlich sich selbst überlassen blieb er, wie wir bereits sahen, in der Komposition. „In dieser habe ich Andere mehr gehört als studirt: ich habe aber auch das Schönste und Beste in allen Gattungen gehört, was es in meiner Zeit zu hören gab. Und dessen war damals in Wien viel! O wie viel! Da merkte ich nun auf und suchte mir zu Nutze zu machen, was auf mich besonders gewirkt hatte, und was mir als vorzüglich erschien. Nur dass ich es nirgends bloss nachmachte! So ist nach und nach, was ich wusste und konnte, gewachsen." Hier haben wir zugleich ein Zeugnis über die damaligen Zustände der Wiener Musik aus dem Munde dessen, der am meisten darüber zu urteilen berufen war. Während seines 10jährigen Aufenthaltes im Kapellhause musste Haydn beim täglichen Kirchendienst wie bei anderen Gelegenheiten eine stattliche Menge Musik in sich aufnehmen; die Werke aber, die er hörte, waren alle italienischen Ursprungs, oder doch von den Italienern beeinflusst. Die bei St. Stephan um die Mitte des Jahrhunderts benutzten Musikalien haben sich im Archiv des Wiener Musikvereins erhalten. Aus ihnen ersieht man, dass während Haydn's Aufenthalt vornehmlich vier- und mehrstimmige Messen und andere Kirchenwerke von Palotta, Caldara, Francesco Tuma, Ziani und dem Verfasser der Missa canonica und des Gradus ad Parnassum, dem österreichischen Palestrina J. J. Fux, der seit 1715 Kapellmeister an der Hofburg war, zur Aufführung kamen. Bei den deutschen Komponisten, die sich ihnen anreihen, wie Wagenseil, J. G. Reinhard und namentlich Reutter, ist die Abhängigkeit von der venezianischen und neapolitanischen Schule unverkennbar. Es ist für das Verständnis von Haydns Entwickelung wichtig, dies festzustellen. Erwägt man ferner, dass der Jüngling vermutlich das Beste seiner Gesangstechnik später von Porpora gelernt hat, so ergibt sich, dass, wie für Mozart, so auch für ihn der Einfluss der italienischen Musik grundlegend war. Daraus erwuchs die lichte, formschöne Schreibart dieser Meister, die in ihrer Mischung mit dem Tiefsinn der deutschen Kontrapunktisten eine ebenso freie wie ausdrucksvolle Tonsprache herbeiführen sollte. Wie Haydn unter diesen Eindrücken, denen er nachweislich in der Zeit der grössten Empfänglichkeit ausgesetzt war, zu dem wurde, was er uns ist, dürfte als eines der interessantesten Phänomene der Kunstgeschichte anzusehen sein. Seine Begabung für das Instrumentale war zu gross, als dass sie sich verlieren konnte; aber erst, indem er infolge seiner unausgesetzten Beschäftigung mit vokaler Musik das Gesangsmässige auf die Instrumente übertrug, gelang es ihm, auch dem Instrumentalstil zu seiner vollen Blüte zu verhelfen.

Haydn-Büste von Grassi.
(Nach dem im Besitze des Herrn Professor Dr. Max Friedländer in Berlin befindlichen Originale.)

Die Werke, in denen die Kapellknaben mitwirkten, waren im strengen, gebundenen Satze, meist a capella geschrieben und stellten nicht geringe Anforderungen an die Technik der jugendlichen Sänger. In den „Singfundamenten" von Fux war auch eine vortreffliche Uebungsschule vorhanden, die dem Unterrichte im Kapellhaus zu Grunde lag. Die vorgeschrittenen Schüler beteiligten sich bereits, je nach ihren Fähigkeiten, am Unterrichten, und Haydn hatte die Freude, seinen jüngeren Bruder Michael (geb. 1737), der gleichfalls in der Kantorei Aufnahme fand, sich zur Nachhilfe überwiesen zu sehen. Der Dienst, den die Kapelle zu versehen hatte, nahm die Knaben sehr in Anspruch. Täglich war Hochamt im Dom, ferner wurden die Vespern mit allen Unterabteilungen eingehalten. Ausser den grösseren Musiken an den Sonn- und Feiertagen gab es eine Menge Feste aller Art, sowie Prozessionen und Totenämter, bei denen die Vokalisten und Instrumentalisten mitzuwirken hatten. Besonders die Charwoche war stets reich an öffentlichen Aufführungen. Dazu kamen die Kirchenkonzerte im grossen Stil, die seit 1725 am Cäcilientag von der freien Kongregation der Wiener Musiker in St. Stephan abgehalten wurden und bei denen die berühmtesten Tonkünstler miteinander wetteiferten. Der Einladungen zu den Festlichkeiten grosser Privathäuser, bei denen die Knaben nicht nur singen, sondern mitunter selbst Tafeldienste versehen mussten, ist schon gedacht worden. Die Doppelstellung Reutters als Dom- und Hofkapellmeister brachte es mit sich, dass sie auch bei Hofe zugezogen wurden, zur Tafelmusik und zu theatralischen Aufführungen in den Gemächern der Burg oder den Lustschlössern Laxenburg und Schönbrunn. Für Haydn hatte diese Mitwirkung einen zweifachen Vorteil im Gefolge. Er lernte dadurch auch auf dem weltlichen Gebiete die Musik seiner Zeit gründlich kennen, und hörte die besten Sänger und Sängerinnen, zu denen nicht zuletzt die Frau des Kapellmeisters, Therese von Reutter, zu rechnen ist. Zugleich brachten ihn solche Feierlichkeiten mit der Aussenwelt in Berührung und erweiterten seinen geistigen Horizont, indem sie ihm Eindrücke zuführten, die unter andern Verhältnissen die soziale Stellung des Knaben ausgeschlossen hätte. Wie anders war die ganze Umgebung im Vergleich zu dem stillen Hainburg, und wie sehr musste das bewegte Treiben der Residenz auch auf die Entwickelung des Künstlers in ihm anregend wirken!

Fassen wir das Bild, das wir aus diesen Betrachtungen von Haydns Schulzeit in Wien gewonnen haben, kurz zusammen, so ergibt sich, dass er eine methodische, oder auch nur wesentlich instruktive Ausbildung im Kapellhause nicht genossen hat. Wohl aber hörte er viel und gute Musik, konnte sich durch praktische Teilnahme vorwärts bringen und lebte in einem Kunstmilieu, das in dem Einfluss auf die Sonderart seiner Begabung als glücklich bezeichnet werden muss. Die äusseren Bedingungen seiner Existenz waren auch während dieser Jahre recht kümmerliche; das Freudlose seiner verwaisten Kindheit wurde noch durch strenge Behandlung und die zum mindestens knappe Verpflegung verschärft. An Entbehrungen gewöhnt, bescheiden und zur Zufriedenheit veranlagt, blieb Joseph trotzdem heiteren Gemüts. Fleiss und Arbeitsamkeit waren ihm frühzeitig anerzogen und liessen ihn keine Mühe und kein Opfer scheuen, um das Ziel seines Strebens zu erreichen. Dabei tritt der Hang zu Schelmenstückchen und Neckereien, der übrigens dem Meister sein Leben hindurch treu geblieben ist, schon in dem Knaben hervor. Ein gesundes, natürlich empfindendes Kind, tummelte er sich mit seinen Kameraden lustig umher, jederzeit zu übermütigen Streichen aufgelegt. So wird uns eine kleine Begebenheit aus Schönbrunn erzählt, die sich Haynds Gedächtnis lebhaft eingeprägt hat. Maria Theresia war zu Pfingsten 1745 nach dem kürzlich renovierten Lustschlosse gekommen, und der Chor von St. Stephan hatte mit der Hofkapelle die Musik beim Gottesdienst auszuführen. In einer

Mussestunde im Parke sich selbst überlassen, trieben die Knaben Unfug auf einem noch nicht beseitigten Baugerüste. Die Kaiserin, die von ihrem Fenster aus das waghalsige Treiben der kleinen Schar bemerkt und ihr vergebens das Herumklettern hatte untersagen lassen, befahl Reutter herbeizurufen und bezeichnete ihm einen „blonden Dickkopf" als den Rädelsführer. Es war unser Joseph, der dafür einen „recenten Schilling", d. h. eine tüchtige Tracht Prügel bekam. Als Haydn später in Esterház Kapellmeister war, kam Maria Theresia einst zu einer Aufführung dorthin. Wie der Meister bei dieser Gelegenheit sich in humoristischer Weise für die erhaltene Auszeichnung bei der Kaiserin bedankte und ihr den Vorfall ins Gedächtnis rief, ist recht bezeichnend für seine ehrfurchtsvoll-unbefangenen Beziehungen zum Herrscherhause. Eine im Mutwillen begangene Untat wurde schliesslich auch die Veranlassung seines Austritts aus dem Kapellhause. Nach dem Bericht von Dies soll er eine neue Papierscheere dazu benutzt haben, einem vor ihm sitzenden Mitschüler den Zopf abzuschneiden und daraufhin von Reutter bestraft und ausgestossen worden sein. Der eigentliche Grund aber, weshalb man sich seiner zu entledigen suchte, war der inzwischen eingetretene Stimmbruch — Haydn stand im 18. Lebensjahre —, der seine fernere Verwendung als Sänger unmöglich machte. Jahrelang hatte er in der Kirche die Soli gesungen und, abgesehen von seinen musikalischen Eigenschaften, durch die Schönheit seiner Stimme Aufsehen erregt; die Kaiserin, die alle Sängerknaben persönlich kannte, hatte ihn öfters ausgezeichnet. Nun war sein Bruder Michael, der spätere Kirchenkomponist und Kapellmeister in Salzburg und Lehrer Webers und Meyerbeers, an seine Stelle getreten. Ebenfalls im Besitze eines wohlklingenden und umfangreichen Soprans, übernahm er, je mehr es mit der Stimme Josephs abwärts ging, dessen Soli und erweckte, namentlich bei dem Leopoldsfest in Klosterneuburg im Jahre 1748, in hohem Grade das Gefallen der musikalischen Kaiserin, die den Gesang des älteren Bruders scherzhaft nur noch ein „Krähen" nannte. Von dem Augenblick an war Josephs Schicksal besiegelt; er war ein lästiger Kostgänger geworden, und es war nur noch eine Frage der Zeit, wann er selber für sein Fortkommen zu sorgen haben würde. In dieser Lage soll ihm Reutter den Rat gegeben haben, sich sopranisieren zu lassen, ein Ansinnen, dem sich der herbeigeeilte Vater energisch widersetzt habe; indessen ist die Wahrheit dieser Anekdote keineswegs bewiesen, wird vielmehr von Carpani und anderen angezweifelt. Wie dem auch sei, jedenfalls hielt sich Reutter nicht für verpflichtet, für die Zukunft des Jünglings, seinem Versprechen gemäss, zu sorgen oder auch nur ihm behilflich zu sein, und so fand sich Haydn eines Tages der Not und dem Kampf um das Dasein preisgegeben. Ein neuer Abschnitt seines Lebens beginnt.

Wir können die Kindheit Haydns nicht verlassen, ohne der rührenden Anhänglichkeit zu gedenken, die er den Menschen und Stätten seiner Jugend stets bewahrt hat. Auch als der Meister zu Ansehen gelangt war, schämte er sich seiner Verwandten nicht und verleugnete vor niemand seine Herkunft aus niederem Stande. Nie hörte er auf, für die Seinen zu sorgen, so wenig er derer je vergass, die irgendwie fördernd in sein Leben eingegriffen hatten. „Ich lebe weniger für mich, als für meine armen Verwandten", sind seine eigenen Worte. Im Jahre 1795, als Haydn, mit Ruhm und Ehren bedeckt, wie vor ihm kein anderer deutscher Künstler, von seiner zweiten Londoner Reise zurückgekehrt war, liess Graf Harrach dem einstigen Bauernsohne seines Ortes im Parke von Rohrau ein Denkmal errichten, zu dessen Besichtigung der Gefeierte eingeladen wurde. Da sah denn Haydn nach langen Jahren die Stätte seiner Geburt wieder. Beim Betreten der schlichten Räume seines Elternhauses kniete er nieder und küsste die Schwelle; dann wies er auf die Ofenbank, auf der er als Knabe die ersten Regungen seines erwachenden Talentes verraten hatte. Solche Züge malen uns das Bild des Mannes, in dessen Wesen die Dankbarkeit auf das tiefste begründet lag. Noch in seinem Testament äussert sich sein treues Gedenken in Legaten an hilfreiche Freunde, an die Nachkommen seines ersten Lehrers Frankh, an den Pfarrer, die Lehrer, die Schulkinder und die Waisen Rohraus. Dies Gedächtnis des Herzens ist umsomehr rühmend hervorzuheben, als gerade das Leben bedeutender Männer diese schönste menschliche Eigenschaft nur zu oft vermissen lässt. Das kraftvolle Genie eines Beethoven oder Wagner scheint fast unvereinbar mit ihr zu sein. Hadyn war als Mensch nicht das, was man eine bedeutende Persönlichkeit nennen könnte, wohl aber ein aussergewöhnlich reiner und vornehmer Charakter, eine ungemein liebenswürdige und harmonisch in sich abgeschlossene Natur. Ein Blick auf seine Werke lässt erkennen, wie sehr auch bei ihm der Künstler mit dem Menschen zusammenhängt.

Haydn-Denkmal in Rohrau.
(Nach einer im Besitze der Gesellschaft der Musikfreunde in Wien befindlichen Photographie.)

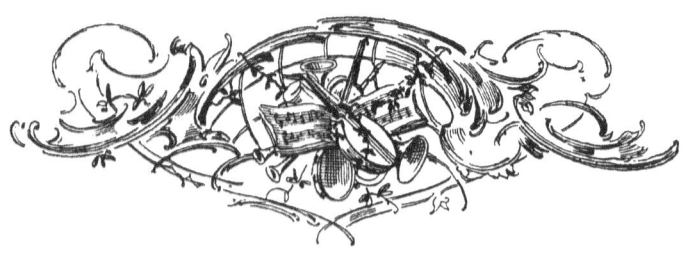

Wollen und Werden.

Im Spätherbst des Jahres 1749 verliess der 18jährige Haydn das Kapellhaus, in dem er fast 10 Jahre seines Lebens zugebracht hatte, und zwar erfolgte der Abschied so plötzlich, dass der Aermste ohne Plan für die Zukunft, mittel- und obdachlos dastand. Die Kleider, die er am Leibe trug, waren sein einziges Besitztum. Was die Sängerknaben sich erwarben oder geschenkt erhielten, wurde von der Verwaltung für ihre kleinen Bedürfnisse verwendet; so sah sich Haydn ohne Barschaft. Es war, wie er sich erinnerte, an einem feuchten Novemberabend. Ziellos irrte er umher und war genötigt, die Nacht im Freien auf einer Bank zuzubringen, wo ihn halb verhungert und erstarrt vor Kälte am andern Morgen ein Bekannter, der Kirchensänger Spangler, fand. Johann Michael Spangler war Chorist an der Pfarrkirche St. Michael und als Lehrer in einem Privathause tätig. Mit seinem kärglichen Einkommen hatte er Frau und Kind zu erhalten; trotzdem nahm er sich des Verstossenen an und beherbergte ihn bis auf weiteres in dem einzigen Dachzimmer, das er mit seiner Familie inne hatte. Durch die glückliche Begegnung mit diesem Manne war für Haydns Unterkunft vor der Hand wohl gesorgt, aber der Gestaltung seines weiteren Lebens stand der Unerfahrene gänzlich ratlos gegenüber. In dem Getriebe der Grossstadt wusste er weder aus noch ein, und naturgemäss richteten sich seine Blicke zunächst auf das Elternhaus. Die tiefbekümmerte Mutter machte in ihren Briefen aufs neue ihren Lieblingswunsch geltend, den Sohn den geistlichen

Beruf ergreifen zu sehen, und selbst der Vater riet ihm jetzt, durch eine solche Wahl der Not des Lebens aus dem Wege zu gehen. Eine kurze Zeit trug sich denn Joseph wirklich mit dem Gedanken, in den Orden der Serviten zu treten, sei es auch nur, „um sich einmal satt zu essen". Es scheint aber, dass eine innere Stimme ihn davor warnte, der Musik zu entsagen, denn trotz aller Entbehrungen konnte er sich nicht entschliessen, seiner Kunst untreu zu werden. Er zog es vor, sich in Wien den Winter über mit allerlei musikalischen Dienstleistungen, so gut es ging, durchzuschlagen, was ihm auch, kümmerlich genug, gelang.

Als der Frühling gekommen war, schloss er sich einer Wallfahrt nach Mariazell in Steiermark an. Die Hoffnung, dort durch Mitwirkung bei den geistlichen Aufführungen sich forthelfen zu können, sollte ihn nicht täuschen. Zwar wies ihn der Chormeister, dem er sich bei der Ankunft als Sänger vorstellte, barsch ab: es käme des Lumpengesindels so viel von Wien, das sich für Kapellsänger ausgäbe, und das, wenn es darauf ankäme, keine Note zu treffen wüsste; aber die Not und sein Witz liessen ihn durch List zum Ziele gelangen. Am Tage der Aufführung schlich er sich auf den Chor der Kirche, mischte sich unter die Sänger und suchte zuerst den Solisten zu überreden, ihm seinen Part abzutreten. Als es diesem jedoch an Mut dazu gebrach, riss ihm Haydn in dem Moment, wo das Solo beginnen sollte, das Notenblatt plötzlich aus der Hand und sang prima vista so ausdrucksvoll und sicher, dass er die Anerkennung des ganzen Chores und auch des Dirigenten davontrug. Die geistlichen Herren, denen der fremde Sänger aufgefallen war, luden ihn zur Tafel und behielten ihn einige Tage bei sich; und ungewöhnlich gesättigt, ja obendrein noch beschenkt, kehrte er heim nach Wien.

Hier galt es zunächst selbständig zu werden, da er seinem opfermütigen Freunde Spangler nicht länger zur Last fallen konnte. Die Mildtätigkeit eines gewissen Buchholz gewährte ihm ein Darlehen von 150 Fl. Wir erfahren dies aus Haydns Testament, in dem er sich der Enkelin des braven Mannes durch ein Legat für die in seiner „Jugend und äussersten Not" geleistete Hilfe erkenntlich zeigte. Im Besitz dieser kleinen Summe mietete der junge Musikus sich in dem am Kohlmarkt gelegenen sogenannten „alten Michaelerhaus" ein, einem mächtigen Gebäude, mitten im Herzen Wiens, dem alten Burgtheater gegenüber. Allerdings war es auch hier nur eine elende Dachkammer, die er bewohnte, und in der er allen Unbilden der Witterung preisgegeben war. Wind, Regen und Schnee drangen durch die Fugen des Daches, und da kein Ofen vorhanden war, fror ihm im Winter nicht selten das Waschwasser ein. Allein das alles konnte weder seinem guten Humor, noch seiner jugendlichen Zuversicht etwas anhaben, und wenn er gar an dem alten, wurmstichigen Spinett sass, das ihm in dieser mehr als bescheidenen Behausung Gesellschaft leistete, beneidete er, wie er selbst sagte, „keinen König um sein Glück". Die alte Lust an derben, aber harmlosen Spässen bricht selbst in dieser trübseligsten Zeit gelegentlich erfrischend hervor und sie hielt wohl der Not und Sorge seines Daseins das Gleichgewicht. So wird erzählt, dass er einst befreundete Musiker zu einer Nachtmusik veranlasste, bei der er die Ausführenden, von denen keiner wusste, um was es sich eigentlich handelte, durch eine ganze Strasse, ja sogar über eine Brücke hin verteilte und jedem den Auftrag gab, auf ein gegebenes Zeichen irgend ein beliebiges Musikstück zu beginnen. Man kann sich denken, wie lieblich diese polyphone Improvisation zu stiller Nachtzeit wirken musste, und nur mit Mühe konnten die unfreiwilligen

Ruhestörer sich der Entrüstung der aus dem Schlafe gescheuchten Bewohner des angrenzenden Stadtviertels durch die Flucht entziehen. Zwei der Musikanten, darunter der unglückliche Paukenschläger, den Haydn im Uebermut auf das Geländer der Brücke postiert hatte, fielen zwar in die Hände der Polizei, vor deren Amtslokal dies Stückchen inszeniert war, aber keiner von ihnen verriet den Anstifter des Skandals. Ein anderes Mal trieb ihn der Schalk, den Wagen einer Hökerin, die gebratene Kastanien feilbot, heimlich an die Hinterräder eines Fiakers zu binden und dann den Kutscher zu plötzlichem Fortfahren zu veranlassen. Der Streich gelang und hatte die beabsichtigte drollige Wirkung, vor deren Folgen der Uebeltäter zeitig Reissaus genommen hatte. Dergleichen Spässe hatten bei Haydn niemals den Beigeschmack des Bösartigen oder Schadenfrohen; es ist lediglich sein fröhliches Naturell, was sich darin offenbart, der Sinn für das Komischwirkende, der uns ja auch in seinen heiteren Instrumentalsätzen oft unwillkürlich hell auflachen lässt.

Ueber die folgenden Jahre in Haydns Leben sind uns wenig Einzelheiten durch die Ueberlieferung aufbewahrt. Wir haben uns vorzustellen, dass er durch Mitwirkung bei sonntäglichen Kirchenmusiken, als Violinist bei Serenaden und Tanzbelustigungen, sowie durch Klavier- und Gesangstunden sein Brot verdient hat. In der erwähnten autobiographischen Skizze klagt er recht wehmütig, dass er sich habe „mit Unterrichtung der Jugend ganzer acht Jahre kummerhaft herumschleppen" müssen. Er nennt diese Beschäftigung ein „elendes Brot", durch das viele Genies zu Grunde gingen, und fährt fort: „die Erfahrung trafe mich leider selbst, ich würde das Wenige nie erworben haben, wenn ich meinen Kompositions-Eifer nicht in der Nacht fortgesetzt hätte." Er hasste also, wie alle produktiven Naturen, das Stundengeben. Auf seinen Fleiss konnte Haydn mit Recht stolz sein. Von Jugend auf war er an ein arbeitsames und regelmässiges Leben gewöhnt, und noch im Alter widmete er täglich 16—18 Stunden der Arbeit. Wenn er freilich später meinte, dass junge Leute an seinem Beispiel zu sehen vermöchten, wie „aus dem Nichts doch Etwas werden" könne, so liess ihn wohl seine übergrosse Bescheidenheit den Wert der Beharrlichkeit überschätzen. Seine Erinnerung an diese erste Wiener Periode fasst er kurz und bezeichnend in die Worte zusammen: „was ich aber bin, ist alles ein Werk der dringendsten Not."

Uebrigens hatten die so widerwillig erteilten Lektionen, für die er, wie wir wissen, anfangs 2, später 5 Fl. monatlich erhielt, ein Gutes im Gefolge: sie wurden ihm die Veranlassung, für seine Schüler allerhand zum Unterricht taugliche Klavierstücke, Menuetten und dergleichen zu komponieren. Seine natürliche Begabung mag schon durch diese Erstlingswerkchen hindurchgeleuchtet und ihnen anmutige Züge verliehen haben; sie gingen in Abschriften von Hand zu Hand und trugen zuerst dazu bei, ihn bekannter zu machen. Eine solche ungeahnte Verbreitung seiner Geistesprodukte verschaffte ihm zum Beispiel Beziehungen zu einem einflussreichen Hause, das auch in Mozarts und Beethovens Leben eine rühmliche Rolle gespielt hat. Die Gräfin Thun, durch eine seiner Sonaten aufmerksam geworden, liess ihn zu sich bitten und wurde seine Schülerin, nachdem sie, wie wenigstens Framéry erzählt, die Identität des ärmlich gekleideten, unscheinbaren jungen Mannes mit dem Autor der ihr bekannt gewordenen Komposition bezweifelt hatte.

Pekuniären Gewinn hat Haydn aus seinen ersten Arbeiten schwerlich, oder doch nur ausnahmsweise gezogen. Der Musikalienhandel und der Schutz des geistigen Eigentums lagen damals noch sehr darnieder. In Wien gab es bis in die siebziger Jahre des vorigen Jahrhunderts überhaupt keine Handlungen, die sich ausschliesslich mit dem Vertrieb oder Verlag musikalischer Werke befasst hätten. Die in Abschriften verbreiteten Kompositionen beliebter Tonsetzer waren in den Buchhandlungen, auch wohl in Buchdruckereien, ausserdem aber bei gewerbsmässigen Kopisten und bei den Komponisten selber zu haben. Pohl erwähnt sogar einen Gewürzladen, in dem Musikalien verkauft wurden. Den Luxus in Kupfer gestochener Noten konnten sich nur wenige leisten. Man bezog sie meist noch aus London, Paris, Amsterdam; von deutschen Städten kam fast nur Leipzig in Betracht, wo um 1756 Immanuel Breitkopf den Notendruck verbessert hatte. Die erste Firma, die in Wien sich mit dem Verlag und der Herausgabe gestochener Musikalien befasste, war das 1769 privilegierte Haus der Brüder Artaria, zu denen später Haydn, wie auch Mozart und Beethoven, in geschäftliche Beziehungen trat. Unter diesen Verhältnissen war natürlich an eine strikte Wahrung des Eigentumsrechtes nicht zu denken; namentlich wurde der unlautere Vertrieb seitens der Kopisten, die obenein noch die Werke durch fehlerhafte Abschriften entstellten, eine Quelle unausgesetzter Klagen aller Komponisten.

Unser junger Meister war indessen bescheiden genug, vorläufig noch mit dem Ruhm der Autorschaft zufrieden zu sein, und oft soll er freudigen Stolzes die Kinder seiner Muse in den Auslagen betrachtet haben. Inzwischen hatte sein Schaffensdrang, der aus der praktischen Betätigung und dem fruchtbringenden Studium der Werke anderer seine Nahrung sog, eine unerwartete Förderung erfahren. Auf der Suche nach neuer Klaviermusik stiess Haydn von ungefähr auf ein Heft Sonaten von Philipp Emanuel Bach,[8] erstand es sogleich und eilte damit nach Hause. Die Kenntnisnahme dieser Musik wurde für ihn zu einem Ereignis. „Da kam ich nicht mehr von meinem Klavier hinweg", erzählte er an Griesinger, „bis die Sonaten durchgespielt waren." Von nun ab hatte er ein Vorbild, dem er bewusst nacheifern konnte. Noch im Alter bekannte er, das meiste, was er wisse, habe er Bach zu verdanken. Ueberlegt man, was wohl unsern Meister derart gefesselt haben mochte, so bieten sich zwei Gründe für diese Erscheinung dar. Philipp Emanuel, der berühmteste, wenn auch nicht der begabteste der Söhne Sebastian Bachs, war der erste, der sich von der galanten wie von der strengen Schreibart frei machte und namentlich in seinen Sonaten einen eigentlichen Klavierstil begründen half. Die ersten Hefte erschienen 1742 und 45; sie waren es, die die beschriebene Wirkung auf Haydn ausübten. In den viel später herausgegebenen „Sonaten für Kenner und Liebhaber" zeigt sich Bachs eigentümlicher Stil am weitesten entwickelt. Die technische Behandlung des Instrumentes war bei ihm eine wesentlich andere als bei seinem grossen Vater; vor allem lässt sie das Gesangsmässige in den Vordergrund treten „Mein Hauptstudium", heisst es in Bachs Lebensskizze, „ist besonders in den letzten Jahren dahin gerichtet gewesen, auf dem Klavier, ohngeachtet des Mangels an Aushaltung, so viel möglich sangbar zu spielen und dafür zu setzen." Man muss sich dabei vergegenwärtigen, dass Bach noch für das Klavichord schrieb, das, im Gegensatz zu dem modernen Hammerklavier, durch seine Konstruktion ein Beben und Tragen des Tones, und damit eine grössere Schattierung des Ausdrucks ermöglichte. Auch für Haydns frühere Klavierkompositionen ist dies wohl zu beachten. Bei der ersten Berührung mit Emanuel Bachs Werken fühlte unser Meister wohl instinktiv, dass in der Befreiung des Klaviersatzes aus dem Zwange der strengen Polyphonie und in der Uebertragung des Gesangsvortrages auf das Instrument die Keime einer neuen Entwicklung lagen. Zugleich fand er in den Sonaten des norddeutschen Meisters nicht nur den Gegensatz zu den italienischen Einflüssen, denen er bisher vorwiegend unterworfen gewesen, sondern auch ein lebendigeres, anmutigeres Walten der Phantasie, als es der Kammerstil der Vorgänger Bachs gezeigt hatte. Dass die Kunst vor allem „das Herz rühren" solle, war ja ein neues bemerkenswertes Postulat. Das zweite Moment, das die Sympathie Haydns sofort gewinnen musste, war der frische, mitunter humoristische Zug in Bachs Naturell, seine anmutig-heitere Empfindungsart. Inwieweit Philipp Emanuel durch Fortbildung der ihm überkommenen Sonatenform bahnbrechend und für Haydn in dieser Hinsicht von Bedeutung gewesen ist, werden wir im Zusammenhang mit der Entwicklung der Instrumentalformen im 18. Jahrhundert zu betrachten haben; hier war nur auf das Verhältnis beider Männer hinzuweisen. Haydn wurde gewiss nicht ein blosser Nachahmer Bachs, aber er blieb sich klar bewusst, dass er von ihm den entscheidenden Anstoss zum Betreten der eigenen Bahn erhalten habe. Das bezeugt Griesinger, zu dem sich Haydn äusserte: „Wer mich gründlich kennt, der muss finden, dass ich dem Emanuel Bach

Joseph Haydn nach der Büste von Grassi.
(Aus der Portrait-Sammlung der Musikbibliothek Peters in Leipzig.)

sehr Vieles verdanke, dass ich ihn verstanden und fleissig studiert habe." Bach selbst, der Haydns Werke durch den Druck kennen lernte, liess ihm gelegentlich das Kompliment machen, er sei der einzige, der seine Schriften ganz verstanden habe und Gebrauch davon zu machen wisse. Die Sonaten Bachs blieben Haydns Lieblinge. „Ich spielte mir dieselben zu meinem Vergnügen unzählige Mal vor, besonders auch, wenn ich mich von Sorgen gedrückt oder mutlos fühlte, und immer bin ich da erheitert und in guter Stimmung vom Instrumente weggegangen." Auch Bach schätzte Haydn hoch. Als von London aus der Versuch gemacht wurde, die beiden Meister durch böswillige Ausstreuungen zu verfeinden, trat er öffentlich für ihn ein. Die im „Hamburger Unparteiischen Korrespondent" (No. 150) erschienene Erklärung ist charakteristisch und möge hier eine Stelle finden.

„Meine Denkungsart und Geschäfte haben mir nie erlaubt, wider jemanden zu schreiben, um so viel mehr erstaune ich über eine kürzlich in England in The European Magazine eingerückte Stelle, worin ich auf eine lügenhafte, grobe und schmähende Art beschuldigt werde, wider den braven Herrn Haydn geschrieben zu haben. Nach meinen Nachrichten von Wien und selbst von Personen aus der Esterházy'schen Kapelle, welche zu mir gekommen sind, muss ich glauben, dass dieser würdige Mann, dessen Arbeiten mir noch immer sehr viel Vergnügen machen, ebenso gewiss mein Freund sei, wie ich der seinige. Nach meinem Grundsatze hat jeder Meister seinen wahren, bestimmten Wert. Lob und Tadel können hierin nichts ändern. Bloss das Werk lobt und tadelt am besten den Meister, und ich lasse daher Jedermann in seinem Wert.

Hamburg, den 14. September 1773. C. Ph. E. Bach."

Neben Emanuel Bach hat nur noch Mozart einen gleich tiefgehenden Einfluss auf Haydns Schaffen geübt; aber während die Beeinflussung durch den älteren Meister eine einseitige gewesen sein dürfte, stand der jüngere seinerseits auf Haydns Schultern, dem er nur wiedergab, was er zuvor reichlich empfangen hatte. Auch Mozart gegenüber, mit dem, wie wir sehen werden, trotz des Unterschiedes der Jahre ihn eine herzliche Freundschaft verband, hat Haydn es nie an Anerkennung dessen, was er ihm verdankte, fehlen lassen.

Es waren aber nicht nur die Kompositionen, sondern auch die Schriften Bachs, aus denen der lernbegierige Schüler wertvolle Anregung empfing. Der erste Teil des epochemachenden Lehrbuchs „Versuch über die wahre Art, das Klavier zu spielen" war 1753 in Berlin erschienen und behandelte in Anlehnung an François Couperins „L'art de toucher le Clavecin" die Theorie und Praxis des Klavierspiels. Im Anhang brachte der Versuch mehrere Sonaten des Verfassers. Mit Marpurgs, Matthesons und Kirnbergers Werken und dem altbewährten Gradus ad Parnassum von Fux bildete er fortab die Grundlage, auf die Haydn, wie nach ihm Mozart und Beethoven, das musikalische Studium sowohl zur eigenen Fortbildung wie beim Unterrichten mit Vorliebe stützte. Alle diese Bücher und noch manche andere haben sich in seinem Nachlasse gefunden. Das abgegriffene Exemplar des Gradus zeugt davon, wie früh er dies Lehrbuch schon benutzt hat, und die eingetragenen handschriftlichen Bemerkungen sprechen von häufiger, eingehender Beschäftigung. War ja doch Fux, der Vorgänger Reutters als Kapellmeister an der Stephanskirche, schon dem Knaben bekannt geworden. Trotz alledem werden wir nicht fehl gehen, wenn wir nach wie vor die eigenen praktischen Versuche Haydns als die wahren Ursachen seiner Fortschritte ansehen. In theoretischen Dingen blieb Haydn Realist: für ihn war das Ohr die entscheidende Instanz. Für seine Schüler gefiel ihm die Methode des in Fragen und Antworten abgefassten Fux'schen Buches; für sich selbst fand er nichts darin, „was seinem Wissen mehreren Umfang hätte geben können". Bezeichnend ist es auch, wenn er in Matthesons „Vollkommenem Kapellmeister" die Grundsätze zwar gut, die Beispiele aber „trocken und geschmacklos" findet.

Wie schon erwähnt, hatte Haydn, nachdem er das Kapellhaus verlassen, sich vielfach als Orchestermusiker sein Brot verdient. Dies mag oft, zumal anfangs, bei Tanzmusiken der Fall gewesen sein. Ueber die Tanzbelustigungen des damaligen Wiens hat Pohl eine Fülle interessanter Mitteilungen zusammengetragen. Aus ihnen geht hervor, dass es an derartigen öffentlichen wie privaten Lustbarkeiten keineswegs fehlte, und dass eine Menge Musik dabei verbraucht wurde. Für die Ballfeste des Hofes die Tänze zu schreiben, hielten die bedeutendsten Künstler nicht unter ihrer Würde. Die Herrschaft führte damals und -noch für lange Zeit die Menuett; sie war der Tanz der galanten Welt. Wichtig ist es, zu erfahren, dass diese Musiken sich nicht auf eigentliche Tänze und Märsche beschränkte, dass vielmehr auch andere Stücke mit eingeschoben wurden. Und hier berührt sich dieser Zweig des populären Musiktreibens mit den Serenaden, den damals so beliebten „Nachtmusiken".

Die Sitte des Südens, an schönen Abenden auf öffentlichen Strassen und Plätzen Musik zu machen, war schon im 17. Jahrhundert in Wien bekannt und hatte in den 20er Jahren des 18. starke Verbreitung gefunden. Sie erhielt sich Jahrzehnte hindurch und vertrat die Stelle dessen, was heutzutage den volkstümlichen Kreisen die öffentlichen Konzerte bieten. In einer Schilderung des Theater-Almanachs vom Jahre 1794 heisst es: „In den Sommermonaten trifft man fast täglich, wenn schönes Wetter ist, Ständchen auf den Strassen, und ebenfalls zu allen Stunden, manchmal um ein Uhr und noch später. Diese Ständchen bestehen aber nicht, wie in Italien oder Spanien, in dem simplen Akkompagnement einer Guitarre, Mandore oder eines andern ähnlichen Instrumentes zu einer Vokalstimme, denn man gibt die Ständchen hier nicht, um seine Seufzer in die Luft zu schicken oder seine Liebe zu erklären, wozu sich hier tausend bequemere Gelegenheiten finden, sondern diese Nachtmusiken bestehen in Terzetten, Quartetten, meistens aus Opern, aus mehreren Singstimmen, aus blasenden Instrumenten, oft aus einem ganzen Orchester, und man führt die grössten Symphonien auf. Besonders wimmelt es von solchen Musiken an den Vorabenden der bekannten Namensfeste, vorzüglich am Annenvorabende. Gerade bei diesen nächtlichen Musiken zeigt sich auch die Allgemeinheit und Grösse der Liebe zur Musik sehr deutlich; denn sie mögen noch so spät in der Nacht gegeben werden, zu Stunden, in denen alles gewöhnlich nach Hause eilt, so bemerkt man doch bald Leute in den Fenstern, und die Musik ist in wenigen Minuten von einem Haufen Zuhörer umgeben, die Beifall zuklatschen, öfters, wie im Theater, die Wiederholung eines Stückes verlangen und sich selten entfernen, bis das Ständchen geendet ist, das sie öfters noch in andere Gegenden der Stadt scharenweiss begleiten". Zu Haydns Zeit war bei solchen Anlässen die Zahl der Instrumente und Sänger wohl eine geringe; die Blasinstrumente (Klarinetten, Fagotte, mitunter auch Hörner) waren vorherrschend. Er selbst beteiligte sich daran als Ausführender wie als Komponist und schrieb z. B. 1753 ein Quintett für solchen Zweck. Man nannte diese Art zu musizieren „gassatim (d. h. auf die Gasse) gehn". Der Ausdruck findet sich bereits Ende des 15. Jahrhunderts; musikalisch erklärt ihn Michael Prätorius in seinem Syntagma musicum (1614—19), wo davon die Rede ist, dass man „Abends uff der Gassen spazieren oder Gassaten gehet, und wie es uff Universitäten gennenet wird, den Jungfern ein Ständichen oder Hoferecht macht, und die Ritornelli dazischen musiciret werden." Die bei solchen Ge-

Karl Philipp Emanuel Bach.
Nach einem Stiche von J. C. Krüger.
(Original im Besitze des Musikhistorischen Museums des Herrn Fr. Nicolas Manskopf in Frankfurt a. M.)

legenheiten exekutierten Stücke erhielten davon den Namen Cassationen; wir werden noch auf sie zurückkommen.

Ein derartiges Ständchen, für das Haydn die Musik gemacht hatte und das er mit einer Schar seiner Genossen aus eigenem Antriebe oder auf Bestellung der hübschen Franziska Kurz, der ersten Gattin des berühmten Komikers und Harlequins Joseph Kurz,[4]) darbrachte, wurde für unseren Meister die Veranlassung zu einer erfreulichen Begebenheit. Der Gatte der Gefeierten trat nämlich vors Haus und erkundigte sich nach dem Komponisten. Die Musik, die wir uns schon recht lebendig und ausdrucksvoll vorstellen dürfen, hatte ihm ausnehmend gefallen. Nun pflegte Kurz sich die Stücke, in deren Hauptrollen er unter dem stehenden Namen Bernardon am Stadttheater auftrat, selbst zu schreiben, und machte dem überraschten Haydn das Anerbieten, er solle ihm für sein neues Singspiel, das er gerade unter der Feder hatte, die Musik liefern. Ein Versuch, ob der Verfasser der Serenade das erforderliche Talent besitze, wurde sofort in der Wohnung des Komikers unternommen. Es galt in der projektierten Komödie unter anderem einen Sturm auf dem Meere zu schildern. Kurz legte sich quer über einige Stühle, ahmte, um der Phantasie des jungen Tonkünstlers zu Hilfe zu kommen, die Gebärden eines Ertrinkenden nach und rief, als seine Gestikulationen nicht gleich den gewünschten Erfolg hatten, ärgerlich: „Aber sehen's denn nit, wie i schwimm"?! In dieser drolligen Situation soll Haydn nach einigem Zögern so charakteristische Rhythmen und Melodien auf dem Klaviere gefunden haben, dass sein Librettist entzückt aufsprang und den neuen Mitarbeiter stürmisch umarmte. Der Mann, der solchergestalt Haydn unerwartet entdeckte und mit der weiteren Oeffentlichkeit in Berührung brachte, hat lange Zeit hindurch im Theaterleben Wiens eine wichtige Rolle gespielt. In der Maske des Bernardon, einer Abart des alten Hanswurst, hatte er seinen Ruf als Komiker begründet und amüsierte das lachlustige Publikum durch seine derben, meistenteils mit Zoten stark gewürzten Spässe. Gleich Stranitzky, der die Hanswurstfigur zuerst auf die deutsche Bühne gebracht hat, und seinem berühmten Nachfolger Prehauser verfertigte sich Kurz, wie erwähnt, seine Stücke selber; es war ein Gemisch von Posse, Zauberspiel und Pantomime, in dem der Dialog zumeist extemporiert wurde. Durch seine „Teutsche Arien" betitelte Sammlung ist übrigens Kurz-Bernardon auch für die Geschichte des deutschen Liedes nicht ohne Bedeutung. Die Art der Stegreifkomödie, wie sie die umherziehenden deutschen Schauspieler von der italienischen Comedia dell' arte übernommen hatten, hielt sich in Wien mehrere Jahrzehnte; der Zulauf war unglaublich, selbst der kaiserliche Hof verschmähte nicht, sich daran zu ergötzen. Erst der verfeinerte Zeitgeschmack, der an so derber Kost kein Gefallen mehr fand, und die strengere Censur verdrängten im letzten Drittel des Jahrhunderts dies Genre, das sich durch seine Eintönigkeit ohnehin überlebt hatte, und allmählich trat das regelmässige literarische Schauspiel an seine Stelle. Zur Zeit, als Kurz sich unseres Haydn annahm, stand es jedoch in Blüte und der „grosse Bernardon" war noch der Mann des Tages. Die Komposition des Stückes wurde schnell vollendet, und der glückliche Autor erhielt dafür die ansehnliche Summe von 24 Dukaten als Honorar. Titel und Personenverzeichnis des Textbuches lauteten:

Der neue krumme Teufel. Eine opera comique von zwey Aufzügen; nebst einer Kinder-Pantomime, betitelt: Arlequin, der neue Abgott Ram in America. Alles componiret von Joseph Kurz.

Agirende Personen in der Comedie:

Arnoldus, ein unglückselger Doctor Medicinae.
Angiola, dessen Schwester.
Argante, eine Base desselben.
Fiametta, ein angenommenes Zuchtmädel } des Arnoldus.
Katherl, ein Stubenmädel
Arlequin, Diener des
Celio, ein Schiffscapitain.
Merline, eine Insulanerin.
Ronzi, ein Zauberer.

Bernardon,
Leopoldel, } zwei Bediente des Arnoldus.
Casparus, Gemahl der Angiola.
Gerhard, Gemahl der Argante.
Asmodeus, der neue krumme Teufel.
Zwei Notare.

Personen der Pantomime:

Alba, ein afrikanischer Prinz.
Mufti, ein Götzenpfaff.
Viele Amerikaner.
Viele holländische Seefahrer.

Diese Pantomime folgte nach dem ersten Akte; im zweiten war noch eingeschoben ein

Intermezzo, intitolato: Il Vecchio ingannato.

Attori:

Pancrazio — Giuseppe Kurz.   Bettina — Theresa Kurzin.
Pandora — Cattarina Meyrin.

NB. Die Musique sowohl von der Opera comique, als auch der Pantomime ist componiret von Herrn Joseph Hayden.

Der Inhalt des Stückes ist eine der vielen Nachbildungen des Romans von Le Sage „Le diable boiteux". Der Versuch, mit Hilfe des (übrigens gutmütigen) Teufels einen alten verliebten Gecken von seiner Narrheit zu heilen, ist in Kürze die Fabel, die mit allerhand Beiwerk, wie es der Geschmack der Zeit verlangte, ausgestattet ist. Die Oper wurde im Winter 1751/52 mit Beifall gegeben, musste jedoch nach zweimaliger Aufführung wegen beleidigender Anzüglichkeiten auf eine einflussreiche Persönlichkeit (über die näheres nicht bekannt ist) wieder abgesetzt werden. Später griff man des öfteren auf den „krummen Teufel" zurück; während das Textbuch vollständig erhalten blieb, ist die Musik spurlos verschollen. Als erste dramatische Arbeit Haydns, als das erste Werk überhaupt, mit dem er an die grössere Oeffentlichkeit trat, würde die Partitur wohl Interesse verdienen. Von einer weiteren Beschäftigung als Opern-Komponist hören wir vorläufig nichts.

Unter den Bekanntschaften, die um diese Zeit für Haydn von Wichtigkeit wurden, sind ferner Dichter Metastasio[5]) und der neapolitanische Sangesmeister Nicola Porpora zu nennen. Beide gehörten zu den vornehmen Parteien des weitläufigen Hauses, in dessen viertem Stocke Haydn als Nachbar von Lakaien, Tafeldeckern und Kammerjungfern wohnte. Metastasio wurde auf den fleissigen jungen Musiker aufmerksam und empfahl ihn seinem Freunde Martines, einem spanischen Edelmann, der mit seiner Familie einen Teil der Wohnung des Dichters inne hatte. Die älteste Tochter Marianne de Martines,[6]) der Liebling Metastasios, war musikalisch ungewöhnlich begabt; sie zeichnete sich später nicht nur als Sängerin, sondern auch als Komponistin aus. Hasse sagte von ihr, sie sänge mit grossem Ausdruck, spiele sehr nett und habe den Kontrapunkt vollkommen inne. Metastasio interessierte sich für die Ausbildung des jungen Mädchens. Auf seinen Rat wurde also Haydn als Klavierlehrer angenommen und erhielt dafür drei Jahre hindurch freie Kost. Im Gesang war Porpora der Lehrer Mariannens, und da Haydn in den Unterrichtsstunden begleitete, bot sich ihm eine weitere wertvolle Anknüpfung. Porpora verdankte seinen Ruhm in erster Linie seiner vorzüglichen Gesangsmethode, die an den bewährten neapolitanischen Traditionen festhielt. In Florenz hatte er jene Schule begründet, aus der eine Mingotti, ein Farinelli und Caffarelli hervorgingen. Aber auch als Tonsetzer war er fruchtbar und nicht ohne Bedeutung; selber ein Schüler Alessandro Scarlattis, ist er durch seine Stellung in Wien und in Dresden von Einfluss auf deutsche Komponisten gewesen, und durch ihn wurde sicher auch Haydn mit der italienischen Kammermusik, namentlich mit der älteren Corellischen Sonate näher bekannt.

Porpora unterrichtete auch die Geliebte des venezianischen Gesandten Pietro Correr und nahm hierbei gleichfalls die Hilfe Haydns als Begleiter in Anspruch. Als Entgelt für die zu leistenden Dienste sah er die Arbeiten des jungen Mannes durch und half ihm in der Technik des schulgerechten und reinen Satzes nach. Der italienische Meister soll bei dieser Unterweisung sich recht jähzornig und hochfahrend benommen und sogar Bedientenleistungen von seinem Schüler verlangt haben. Doch Haydn, der keine Rücksichten kannte, wo es galt, in seiner Kunst vorwärts zu kommen, ertrug nicht nur ruhig diese Behandlung, sondern gedachte stets in Dankbarkeit der erhaltenen Belehrung, die er sehr hoch anschlug. „Ich schriebe fleissig, doch nicht ganz gegründet", heisst es in seiner Selbstbiographie, „bis ich endlich die Gnade hatte von dem berühmten Herrn Porpora (so dazumal in Wien ware) die ächten Fundamente der setzkunst zu erlehrnen". Und zu Griesinger sagte er: „Ich profitierte bei Porpora im Gesang, in der Komposition und in der italienischen Sprache sehr viel." Den Sommer verbrachte der genannte Botschafter mit seiner Freundin im Bade Mannersdorf bei Wien; dorthin nahm er — es mag um die Mitte der fünfziger Jahre gewesen sein — auch ihren Gesanglehrer und dessen Begleiter mit.

Metastasio
Nach einem Stiche von F. Zucchi.
(Original im Besitze des Musikhistorischen Museums des Herrn Fr. Nicolas Manskopf in Frankfurt a. M.)

Für Haydn erwuchs aus diesem Aufenthalte mehr als die Annehmlichkeit, einige Monate sorgenfrei in einer anmutigen Gegend zubringen und sich dem langentbehrten Genusse des Landlebens hingeben zu können. Er trat hier in einen anregenden Kreis, in dem mit Begeisterung und Verständnis musiziert wurde, wo er zugleich lernen und sich als Komponist bemerkbar machen konnte. Correr gab häufig Soiréen, auf denen der Prinz von Hildburghausen, ein reicher Kunstfreund, die Sängerin Tramontani-Tesi, der Hofkapellmeister Bonno, Wagenseil und Gluck erschienen. Mit diesen allen wurde Haydn mehr oder weniger bekannt. Gluck riet ihm damals, zu seiner weiteren Ausbildung nach Italien zu reisen, bezeigte ihm auch später Interesse und Hochachtung; in ein näheres Verhältnis sind indessen die beiden Meister nie getreten, obgleich Haydn auch von Eisenstadt oft nach Wien kam. Dagegen entspann sich mit Dittersdorf[7] ein wirklich freundschaftlicher Verkehr, der auch in Wien und später schriftlich fortgesetzt wurde. Von Dittersdorf, der zugleich Geigenvirtuose war, profitierte Haydn im Violinspiel; ferner pflegten beide Freunde die neuen Publikationen anderer Komponisten gemeinsam durchzusprechen. Bald nach seiner Rückkehr aus Mannersdorf bezog Haydn, dessen Einnahmen nunmehr zu wachsen begannen, ein besseres Quartier, und zwar auf der „Seilerstätte". Hier hatte er das Malheur, dass ihm seine geringe Habe gestohlen wurde, doch taten sich seine Freunde zusammen und ersetzten ihm wenigstens das Nötigste. Seit kurzem gehörte zu ihnen ein Mann, ohne den der Künstler vielleicht noch lange als simpler Klavierlehrer unbeachtet fortgelebt hätte, der nun aber eine entscheidende Wendung seines Schicksals herbeiführen half.

Dieser wahre Freund und Förderer Haydns war Carl Joseph Edler von Fürnberg, k. k. Truchsess und Regierungsrat, ein eifriger Liebhaber der Musik. Auf seiner Besitzung Weinzierl, in der Nähe des Klosters Melk in Nieder-Oesterreich, einem anmutig zwischen Obstgärten gelegenen Dörfchen am Fusse der Voralpen, wurde, wie überhaupt in den Häusern der Vornehmen, mit Vorliebe die Kammermusik gepflegt. Fürnberg versammelte hier häufig einen kleinen Kreis kunstbegeisterter Dilettanten um sich, dem der Pfarrer des Ortes und der Gutsverwalter angehörten, und liebte es, junge Musiker aus Wien zu diesen musikalischen Unterhaltungen einzuladen. So war der Violincellist Albrechtsberger, der Bruder des berühmten Theoretikers, öfter sein Gast, so Joseph Haydn, für den er bald eine grosse Zuneigung fasste. Haydn beteiligte sich an den Produktionen als Violinist, hauptsächlich aber als Komponist, indem er für die Gesellschaft Streichtrios schrieb und, als die Zusammensetzung es ihm nahelegte, sein erstes Quartett. So kam er, nicht aus ästhetischer Spekulation, sondern ganz zufällig auf diejenige Gattung, in der er nicht nur für seine Gedanken die adäquateste Ausdrucksform fand, sondern zugleich den wichtigsten Faktor der ganzen Instrumentalmusik zur formellen Ent-

Carl von Dittersdorf.
Nach einer Zeichnung von H. P. Winter (1816).
(Original im Besitze des Musikhistorischen Museums des Herrn Fr. Nicolas Manskopf in Frankfurt a. M.)

wicklungbringen sollte. Dem ersten Quartett für zwei Geigen, Viola und Cello (B-dur $^6/_8$), das er etwa im Jahre 1755 für Fürnberg schrieb, liess er in kurzen Zwischenräumen 17 weitere folgen: so sehr war er sich bewusst, damit einen glücklichen Griff getan zu haben. Das Streichquartett war an sich keine neue Erscheinung; die Italiener kannten es, wie wir sehen werden, bereits seit langem. Mit Haydns Arbeiten aber war ein neuer, frischer Zug hineingekommen, ein weiterbildendes Element, das erst das Wesen und die Bestimmung dieser Gattung zu enthüllen begann. Die liebenswürdigen, noch knapp gehaltenen Werke, in denen Haydns Frohnatur schon unverkennbar zu Tage tritt, erwarben sich schnell Freunde überall, wo sie bekannt wurden (und das geschah vorläufig durch Abschriften), und verbreiteten endlich den Ruf des jungen Komponisten in weiteren Kreisen. Freilich fehlte es auch nicht an Tadlern, die in der flotteren Behandlung, in der frischen und volkstümlicheren Erfindung nur eine Verflachung des strengen Kammerstiles erblickten. Den ersten Quartetten liess Haydn sechs Scherzandi folgen, in denen er zu den Streichern Flöte, Oboe und Waldhorn fügte. Sie fanden gleichfalls schnell Verbreitung in Wien und wurden vom Komponisten auch für Klavier allein bearbeitet.

Fürnberg gebührt also das Verdienst, Haydn, wenn auch unbewusst, auf die richtige Bahn gelenkt und ihm den Anstoss nach der Richtung gegeben zu haben, in der der Schwerpunkt seiner Begabung lag. Doch nicht nur für seine innere Entwicklung wurde sein Gönner von Bedeutung; auch seiner äusseren Existenz verhalf er zu geordneten Verhältnissen, die ihn fortab vor allen materiellen Bedrängnissen dauernd bewahrten. Durch die Empfehlung Fürnbergs erhielt nämlich Haydn im Jahre 1759 die Anstellung eines Musikdirektors und Kammerkompositors beim Grafen Morzin, mit einem Gehalt von 200 Fl., sowie freier Wohnung und Kost an der Offiziantentafel. Graf Morzin gehörte zu den kunstsinnigen Aristokraten des damaligen Wien.

Die Musikliebe des österreichischen Adels beruht auf Traditionen, die sich bis in das 17. Jahrhundert zurückverfolgen lassen. Sie wurde im 18. Jahrhundert ein wesentlicher Träger der Musikentwicklung für ganz Deutschland und blieb etwa bis zu Beethovens Tode von allergrösster Wichtigkeit. Unter den Mitgliedern des Hochadels und in der kaiserlichen Familie selbst finden wir viele musikalisch veranlagte Naturen. Es war eines der Verdienste dieser Aristokratie, dass sie der Tonkunst eine ernsthafte Pflege und ihren genialsten Vertretern tatkräftige Förderung angedeihen liess. In einer Zeit, in der es kein öffentliches Konzertwesen gab, spielten naturgemäss die privaten Veranstaltungen eine ganz andere Rolle als heute. Die Privatkapellen einzelner fürstlicher Häuser waren geradezu von kultureller Bedeutung; ohne sie wäre die Entwicklung und Blüte der deutschen Instrumentalmusik unmöglich gewesen. Unter diesen fürstlichen Musikkapellen ragte die des schon erwähnten Prinzen von Hildburghausen hervor, der seinen Wohnsitz zu Wien hatte. Die Akademien seiner Kapelle genossen einen ganz besonderen Ruf Dittersdorf betätigte sich hier als Komponist, Dirigent und Virtuose, und Gluck gehörte ihr einige Zeit (1751 bis 54) als Kapellmeister an. Später trat die Kapelle des Fürsten Esterházy bedeutsamer hervor. Auch in Prag und auf den Gütern in Böhmen hielten sich adelige Familien ihre eigene Musik, die nicht selten durch Hausbeamte und Diener verstärkt wurde, wenn sie nicht überhaupt aus ihnen bestand. Bei der musikalischen Begabung der böhmischen Bevölkerung mag es nicht schwer gewesen sein, derart veranlagte Leute zu finden. Der Kapelle des Grafen Morzin, zu deren Leitung Haydn berufen wurde, war nicht gross an Zahl, galt aber als gut und scheint namentlich eine tüchtige Bläsergruppe in sich vereinigt zu haben. Im Sommer folgte sie dem Grafen auf sein Gut Lukavec bei Pilsen. Hier schrieb Haydn, angeregt durch das reichere Material, das die neue Stellung seinem Schaffenstriebe bot, 1759 seine erste „Symphonie" benannte Komposition, von der noch ausführlicher die Rede sein wird. Gleichfalls in dieser Periode entstanden sind wohl die später bei Breitkopf erschienenen Divertimenti, interessante Vorläufer seiner Symphonien. Dass Haydn auch in der gräflichen Familie musizierte, verbürgt eine kleine Anekdote, die zugleich seine köstliche Unbefangenheit im Verkehr mit der Herrschaft und seine Unverdorbenheit charakterisiert. Als er einst die Gräfin zum Gesange begleitete, löste sich das Busentuch der schönen Frau, die sich, um besser sehen zu können, über die Noten gebeugt hatte. Der damals 28jährige Künstler wurde verwirrt und hörte auf zu spielen. „Es war das erste Mal", erzählte er später treuherzig, „dass mir ein solcher Anblick ward". „„Was ist das, Haydn!"" rief die Gräfin, „„was treibt er da?"" „Aber gräfliche Gnaden", entgegnete Haydn, „wer sollte auch hier nicht aus der Fassung kommen?!"

Die Erwähnung dieses Vorfalles führt uns darauf, nach jenen Eindrücken und Erlebnissen zu forschen, die sonst in dem Dasein jedes Jünglings, zumal wenn er die leicht erregbare Phantasie eines Künstlers besitzt, eine wichtige Rolle spielen. Von Liebschaften Haydns wird uns, wenigstens aus seiner Jugendzeit, nichts berichtet. Wir dürfen annehmen, dass er infolge seiner kümmerlichen Verhältnisse, mehr noch infolge der strengen Grundsätze, in

Gior: Michele Haydn

(Aus der Portrait-Sammlung der Musikbibliothek Peters in Leipzig.)

denen er erzogen war, selbst in dem leichtlebigen Wien einen soliden Wandel führte. Um so leichter spielte ihm seine gesteigerte Empfänglichkeit, freilich auch seine Gutmütigkeit einen Streich, der für sein ganzes Leben verhängnisvoll werden sollte. Nach seiner Rückkehr aus Lukavec im Herbste 1760 nahm er in Wien seine Stunden wieder auf. Zu seinen Schülerinnen gehörten auch die beiden Töchter des Perückenmachers Keller, denen Haydn wohl aus Dankbarkeit für Unterstützungen, die ihm der Vater in der Zeit der grössten Not hatte zukommen lassen, Unterricht erteilte. Er verliebte sich in die jüngere und wollte sie heiraten; das junge Mädchen folgte indessen ihrem Hang zur Kirche und nahm den Schleier. Durch den Vater, dem daran lag, den hoffnungsreichen Künstler an seine Familie zu fesseln, liess sich nun Haydn sonderbarer Weise überreden, an Stelle der jüngeren die ältere Tochter zum Altar zu führen, eine Tat, die er später bitter bereut hat. Maria Anna, mit der er noch im November 1760 getraut wurde, wird nach übereinstimmenden Berichten als eine unverträgliche, verschwendungssüchtige und dabei bigotte Frau geschildert, die kein Verständnis, offenbar auch keine Liebe für ihren um drei Jahre jüngeren Mann besessen hat. Das Zusammenleben mit ihr wurde für den Meister eine Quelle fortwährender Aergernisse und Kränkungen. Bald reizte sie ihn, indem sie seine Partituren zu Lockenwickeln oder Pastetenunterlagen benutzte, bald quälte sie ihn mit ihrem Gezänk, und seine Einkünfte musste er sorgfältig vor ihr geheim halten. Haydn ertrug alles mit unerschütterlicher Geduld, urteilte aber gegen andere hart über seine Frau. „Die verdient nichts, und ihr ist es gleichgültig, ob ihr Mann ein Schuster oder ein Künstler ist", äusserte er zu Griesinger, und in einem Briefe aus London (1792) nennt er sie eine „bestia infernale". Bei allem Mitleid, das wir dem Meister zollen, der so um die Freuden des häuslichen Glückes gebracht wurde, darf es offen ausgesprochen werden, dass in seinem ehelichen Leben auch die weniger tiefe Seite seines Charakters zum Vorschein kommt. Schon in der Art seiner Eheschliessung mit einer ungeliebten Frau, gewiss aber in der Tatsache, dass alle Widerwärtigkeiten dieses Bündnisses den Menschen in ihm nicht dauernd zu verbittern vermochten, verrät sich eine Gemütanlage, der die tiefsten seelischen Erschütterungen versagt waren. Wohl empfand Haydn oft das Hässliche solcher Zerwürfnisse; den Eindruck, dass dies seiner Glückempfindung einen wesentlichen Abbruch getan hätte, gewinnt man nicht. Wie anders hätte ein Beethoven darunter gelitten! wie titanenhaft hätte er sich gegen solch Schicksal aufgelehnt! Haydn fand sich damit innerlich wie äusserlich ab und tröstete sich mit dem Gedanken: „Endlich wird diese Plage doch auch ein Ende nehmen". Sie nahm aber kein Ende, und schliesslich trennte sich der mehr als Sechzigjährige doch von seiner Frau. Er brachte sie bei einem Freunde unter, der Schulmeister in Baden bei Wien war. Dort starb sie im Jahre 1800, ohne dass eine Versöhnung der beiden Gatten stattgefunden hatte.

    Haydn war diese Ehe eingegangen ohne Wissen des Grafen Morzin, der keine verheirateten Mitglieder in seiner Kapelle duldete. Die Entdeckung konnte ihm indessen nicht gefährlich werden, da er ohnedies noch im selben Jahre seines Dienstes frei ward. Der Graf war nämlich infolge seiner zerrütteten Vermögensverhältnisse genötigt, das Orchester aufzulösen, und so wäre der junge Ehemann brotlos geworden, wenn sich ihm nicht fast gleichzeitig die Anstellung als zweiter Kapellmeister beim Fürsten Eaul Anton Esterházy in Eisenstadt geboten hätte. Der Fürst hatte Haydn und seine Kompositionen gelegentlich auf dem Schlosse Morzins schätzen gelernt und erkannte in ihm den Mann, der geeignet war, den alternden Dirigenten seiner Kapelle, Gregorius J. Werner, allmählich zu ersetzen. Damit war für unseren Meister ausgesorgt. Dem Hause Esterházy blieb er bis zu seinem Lebensende in Treue verbunden; 28. Jahre hindurch war er im praktischen Dienst, und seine Stellung in Eisenstadt bot wie keine andere dem vollen Ausreifen seinr künstlerischen Individualität günstige Bedingungen.

    Als Haydn Wien verliess, war sein jüngerer Bruder, der schneller als er Carriere gemacht hatte, bereits drei Jahre Kapellmeister beim Bischof von Grosswardein. Von dort ging Michael Haydn 1763 nach Salzburg, wo er sich als Lehrer und Kirchenkomponist einen Namen in der Musikgeschichte gemacht hat.[8]) Die Mutter war schon 1754 gestorben; sie ahnte noch nichts von der künftigen Grösse ihres Joseph. Im Jahre 1763 folgte ihr der Vater, der noch die Freude der ersten Erfolge seines Sohnes als fürstlichen Kapellmeisters miterleben und ihn als solchen in Eisenstadt bewundern durfte. Bald nach diesem Besuche erlitt er bei der Arbeit auf seinem Hofe durch einen zusammenbrechenden Holzstoss einen Rippenbruch, an dessen Folgen er starb. So waren die letzten Beziehungen Haydns zu Rohrau gelöst. Die Jugend lag hinter ihm; mit seiner Tätigkeit in Eisenstadt trat er in das reife Mannesalter.

Haydn und die Entwicklung der Instrumentalformen.

Bevor wir nun dem Lebensgange Haydns weiterhin folgen, dürfte es am Platze sein, einen Blick auf die Erzeugnisse seiner schöpferischen Tätigkeit zu werfen, die in dem hinter uns liegenden Zeitabschnitt entstanden sind. Während seiner Lehrzeit brachte es der Knabe, wie wir sahen, nicht über unreife und tastende Versuche hinaus, so wenig wurde siene ursprüngliche Begabung von seiner Umgebung genährt und gefördert; es gehörte sogar die ganze Stärke seines Kompositionstriebes dazu, um ihn unter den geschilderten Verhältnissen überhaupt zu jenen Versuchen gelangen zu lassen. Erst von seinem 19. Jahre an kann bei Haydn füglich von einem eigentlichen Schaffen die Rede sein. So unbedeutend dies anfangs an sich auch gewesen sein mag, in historischer wie biographischer Hinsicht sind die Vorläufer seiner Meisterwerke von allergrösstem Interesse. In dem Jahrzehnt, in dem Haydn, seinem Instinkte überlassen, lernend und lehrend in Wien und auf den Gütern einiger Aristokraten herummusizierte, legte er den Grund zu seiner künftigen Entwickelung, und nach Verlauf dieser Zeit, etwa mit seiner Uebersiedelung nach Eisenstadt, tritt uns ein, wenn auch noch nicht reifer, so doch in sich gefestigter und zielbewusster Künstler entgegen. Er hatte seinen Weg gefunden. Wer aber hatte ihn dem Suchenden gewiesen, welche schon vorhandenen Elemente nahm er in sich auf, und welches waren die gleichzeitigen Bestrebungen, die ihn in seiner Entwicklung stützen und beeinflussen konnten? Wir wollen versuchen, der Beantwortung dieser Fragen näher zu treten, und uns vergegenwärtigen, wie die Musik beschaffen war, die Haydn in Wien vorfand. Der Gesamtheit der Quellen nachzuforschen, aus denen die grossen Erfindernaturen ihre Kräfte schöpfen, wird freilich stets ein vergebliches Bemühen bleiben.

Der Aufenthalt im Kapellhause, also die Zeit von seinem 8.—17. Lebensjahre, hatte Haydn nachweislich fast nur vokale Musik, und zwar italienischen Gepräges, zugeführt. Von den beiden durch Niederländer gegründeten Schulen, die im 16. Jahrhundert in Italien in Blüte standen, der römischen und der von Adrian Willaert ausgehenden venezianischen, war namentlich die letztere durch Schütz und Hassler, die Schüler der beiden Gabrieli, frühzeitig nach Deutschland gedrungen. Im 17. Jahrhundert waren es dann die Neapolitaner Aless. Scarlatti, Durante und ihre Nachfolger, die in Deutschland dauernd zur Geltung kamen. Ihrem mehr weichen, später freilich auch verflachendem Stile entsprechend, traten die Streichinstrumente, und mit ihnen die Kammermusik, der bis dahin im Norden fast allein herrschenden Orgel gegenüber immer erfolgreicher in den Vordergrund. Sie stellten der strengen Erhabenheit des älteren Stils eine anmutigere Einfachheit entgegen, durch die das Lebensvolle, sinnlich Reizende der Tonkunst zum erstenmale so recht zum Bewusstsein gebracht wurde. Das in sich gekehrte Wesen der norddeutschen Meister, die tiefe Innerlichkeit und die kontrapunktische Gelehrtheit eines Seb. Bach gingen den Vertretern dieser Kunstrichtung ab, die um die Mitte des 18. Jahrhunderts in Wien noch die herrschende war. Unter den Namen derer, die wohl unmittelbar auf Haydn wirkten, sind aus der älteren Schule Pergolese, Caldara, Fux, aus der jüngeren Zingarelli, Hasse und Reutter zu nennen, abgesehen von Porpora, der ihm ja persönlich Unterricht erteilt hat. Obgleich nun Haydn lange Zeit hindurch angewiesen war, sich beinahe ausschliesslich mit dieser Musik zu beschäftigen, vermochte sie doch nicht seinem Geiste die bestimmte Richtung zu geben; sie lag seiner eigensten Veranlagung zu fern. Das Kunstvolle des polyphonen Gewebes der alten Kontrapunktisten, das er zum mindesten aus den Fux'schen Messen kannte, reizte ihn offenbar nicht, und die sinnliche Schönheit und die formalen Vorzüge des homophonen italienischen Gesanges vermochten die Tiefe seines Ausdrucksvermögens nicht zu erschöpfen. So konnten die Italiener nicht, wie es bei Hasse der Fall war, seinem Deutschtum gefährlich werden; was Haydn von ihnen lernte, war einzig der Kultus der Melodie. Der Sinn für die melodische Führung einer Stimme blieb ihm hinfort eigen, gleichviel, ob er für ein Instrument oder für die menschliche Kehle schrieb. Als Gesangskomponist aber wäre Haydn für die Geschichte bedeutungslos geblieben, ohne die beiden Oratorien „Schöpfung" und „Jahreszeiten", die er in hohem Alter schrieb und die allerdings seinen Ruhm am meisten verbreitet haben.

Was im Hinblick auf das kirchliche Milieu, in dem der Meister gross wurde, und bei seiner eigenen tiefen und wahrhaftigen Frömmigkeit wundernimmt, ist sein Verhältnis zur Kirchenmusik. Hier ist, wie vorausgreifend bemerkt sein mag, sein Einfluss eher hemmend als fördernd gewesen. Ausnahmslos tragen seine für den Gottesdienst geschriebenen Kompositionen den Stempel ihrer Zeit, d. h. einer Zeit des Verfalles der katholischen Kirchenmusik, als welche man überhaupt das 18. Jahrhundert bezeichnen kann. Aeusserer Glanz und Oberflächlichkeit treten uns mehr in ihnen entgegen, als Weihe und Erhabenheit der Stimmung, und weder von der verklärenden Schönheit, mit der Mozart seine gewiss nicht tiefen Messen durchleuchtete, noch von der Ausdrucksgewalt Beethovens ist bei Haydn etwas zu spüren. In die Zeit, von der hier die Rede ist, etwa in das Jahr 1753, fällt die Komposition seiner ersten Messe, die man fälschlich in die Kinderjahre zurückdatiert hat. Sie ist für vierstimmigen Chor, zwei konzertierende Sopranstimmen, zwei Violinen, Kontrabass und Orgel gesetzt. Die Faktur zeugt noch von wenig Sicherheit; die Stimmführung ist nicht immer fehlerfrei, das Ganze ängstlich knapp gehalten. Eigentümlich berühren die verschnörkelten Läufe und Triller der beiden Solostimmen. Das Thema des ersten Satzes:

kehrt zu den Worten „Dona nobis pacem" getreulich wieder. Durch einen Zufall bekam Haydn wenige Jahre vor seinem Tode das längst vergessene Jugendwerk wieder in die Hände. Hocherfreut über den Fund, an den sich für ihn so manche Erinnerung knüpfen mochte, machte der greise Meister sich daran, der Partitur, an der ihm „die Melodie und ein gewisses jugendliches Feuer" gefiel, Holzblasinstrumente, Trompeten und Pauken hinzuzufügen, wobei er alle Fehler des Satzes pietätvoll stehen. liess. Ein weiteres Interesse als ein rein persönliches bietet das Werk nicht, es sei denn durch den Umstand, dass sich schon hier der muntere Zug bemerkbar macht, der später auch an den reiferen Kirchenstücken des Meisters gerügt wurde. Den Mangel an Ernst in seinen Messen entschuldigte Haydn einst mit den Worten: „Ich weiss es nicht anders zu machen; wie ich's hab, so gebe ich es. Wenn ich an Gott denke, so ist mein Herz so voll von Freude, dass mir die Noten wie von der Spule laufen. Und da mir Gott ein fröhlich Herz gegeben hat, so wird er mir's schon verzeihen, wenn ich ihm auch fröhlich diene". Dieser Ausspruch entbehrt gewiss nicht der Liebenswürdigkeit und ist für den Menschen unendlich bezeichnend; aber man wird zugeben, dass so nur ein Künstler sprechen konnte, dem das Musizieren aus dem Worte heraus fremd, die eigentliche Vertonung des Messtextes nicht Herzenssache war. Und darin enthüllt sich zugleich die eigenste künstlerische Persönlichkeit unseres Komponisten. Denn das war schliesslich das Entscheidende, dass die Klangwelt der Instrumente seine Phantasie auf ein anderes, völlig neues Gebiet zog. Bis dahin hatte die Musik, wenigstens die Kunstmusik, in allen Phasen ihrer Entwicklung der Stütze des Wortes nicht ganz entbehren können; in Haydn tritt zum erstenmale der absolute Musiker in die Erscheinung. Daher haben wir die Quellen seines Schaffens nicht sowohl in der Kunstsphäre zu suchen, in der er im Kapellhause aufgewachsen war, als vielmehr in dem noch jungen Zweige der eben aufblühenden Instrumentalkunst des 18. Jahrhunderts, die Haydn als freier Musikant durch Selbststudium und in den Häusern und auf den Strassen Wiens kennen lernte.

In der Kirche dienten die Instrumente (mit Ausnahme der Orgel) nur der Begleitung; auch in der Oper blieb ihre Verwendung noch längere Zeit eine beschränkte. Zu voller Freiheit entwickelte sich erst das Instrumentalspiel einerseits in der musica da camera, wie sie in den musikliebenden aristokratischen Familien gepflegt wurde, andererseits unter freiem Himmel in der volkstümlichen Tanz- und Serenadenmusik. Was in den Häusern der Vornehmen, deren Gastfreundschaft der junge Haydn genoss, was auf den Gassen Wiens gestrichen und geblasen wurde, das war's, woran sein Genius anknüpfte. Aus seinem eigenen Munde wissen wir, dass Ph. E. Bach ihm den ersten und kräftigsten Anstoss gab, wenn sich auch nachweisen lässt, dass er italienische Muster der Kammermusik nicht unbeachtet gelassen hat. Die Klaviersonate Bachs also, und auf der anderen Seite die Spielmannsmusik, das sind kurz gesagt die Elemente, die Haydn zusammenfügte und aus deren Vereinigung die glänzendste Epoche der deutschen Instrumentalmusik hervorgehen sollte.

Von Händels und des grossen Sebastian Kunst war zu Haydns Jugend in Wien noch nichts zu hören; die beiden grössten Meister der Zeit waren dem Süden Deutschlands unbekannt geblieben.[9]) Erst mit der Klaviermusik Emanuel Bachs und durch deren Wirkung auf Haydn begann die norddeutsche Schule Einfluss zu gewinnen.

Nächst der Orgel war das Klavier seiner Natur noch am meisten geeignet, die Begründung eines eigenen Instrumentalstils zu begünstigen. Als Begleiter des Gesanges hatte es allmählich das vordem beliebte Hausinstrument, die Laute, verdrängt; seine grössere Spielfülle, zugleich aber die geringe Tragfähigkeit des Tones mussten der von den Lautenisten geübten Kunst des Diminuierens oder Kolorierens, bei der die gehaltene Note des Gesanges in bewegteres Figurenwerk aufgelöst wurde, weiteren Vorschub leisten. Die auf das Klavier übertragenen Kanzonen veränderten ihren Stil, indem sie sich dem Charakter des Instrumentes anpassten; andererseits wuchsen die Einleitungen, die anfangs nur bestimmt waren, dem Sänger die Tonhöhe anzugeben, immer mehr zu selbstständigen Instrumentalsätzen aus. Abgesehen von den Märschen und Tänzen, die natürlich auch auf dem Klavier zur Ausführung kamen, haben wir uns in solchen Uebertragungen und losgelösten Präludien uud Ritornellen die Anfänge aller selbständigen Klaviermusik vorzustellen. Den zunächst nach kurzen Sätzen wurde, sobald sie auf Instrumenten zu spielen waren, im Gegensatz zu dem Gesangsstück, der Kantate, die Bezeichnung „Sonata" (Suonata) gegeben, ohne dass eine besondere Form darunter verstanden wurde. So heisst es in Michael Prätorius' „Syntagma musicum" (Wolfenbüttel 1619): „Sonata a sonando, wird also genennet, dass es nicht mit Menschen-Stimmen, sondern allein mit Instrumenten musicirt wird; deren Art gar schöne in Joh. Gabrielis[10]) und anderen Auctoren Canzonibus vnd Symphoniis zu finden seyn". Lange Zeit ruhte dann die Entwicklung, da in der aus der Renaissance hervorgegangenen Kammermusik der Italiener das Cembalo als Generalbassinstrument den Streichrrn gegenüber eine untergeordnete Rolle spielte. Erst mit Domenico Scarlatti, dem Sohne Alessandros, gelangte es zu erhöhter Bedeutung. Er war es, der der Klaviersonate in dem modernen Tonsystem, das an die Stelle der alten Kirchentonarten trat, ein neues Element zuführte. Durch die Gegenüberstellung von Dur und Moll, namentlich aber durch das klar hervortretende Wechselverhältnis von Dominante und Tonica war ein Mittel gewonnen, zwei, auch mehrere Tongedanken in logischem Zusammenhange darzustellen. Die Ansätze einer formalen Gestaltung, die wir somit bei Scarlatti finden, kamen indessen noch zu keiner bewussten und konsequenten Fortbildung; das Prinzip der Anordnung zeigt sich noch vielfach schwankend, und die Motivbildung geht wenig über die Figuration hinaus. Unabhängig davon und weit früher schon hatte sich in der venezianischen Schule die Kammersonate für Violine ausgestaltet, als deren genialster Bildner Corelli[11]) zu nennen ist. Wie die Klaviersonate, ging auch sie aus dem Motettenstil der Gabrieli'schen Sonate und Orgel-Canzone hervor und entwickelte sich Hand in Hand mit dem Konzert, das sich von ihr durch die stärker besetzte (orchestrale) Begleitung unterschied. Immer handelt es sich dabei noch um einsätzige Musikstücke.

Joseph Haydn nach einem Stich von Bolt (Berlin 1799).
(Aus der Portait-Sammlung der Musikbibliothek Peters in Leipzig.)

Die Idee, mehrere Sätze, die in Ton- und Taktart, Tempo und Charakter Kontraste boten, zu einem ideellen Ganzen zu verbinden, wurde offenbar von der Tanzmusik mit herübergenommen. Verschiedene Tänze, auch geistliche oder weltliche Lieder an einander zu reihen, war schon seit dem 16. Jahrhundert Sitte geworden; und je planmässiger solche Zusammenstellungen erfolgten, in denen zwar noch kein gedanklicher Zusammenhang, wohl aber ein äusserer, durch die Kontrastwirkung gebotener, vorhanden war, umso wirksamer konnte eine künstlerische Absicht damit verbunden werden. Im 17. Jahrhundert kommt dafür der Name Partita (Partie) oder Suite auf, und die Aufnahme dieser Gattung in die Kammermusik und ihre rasche Verbreitung trugen ohne Zweifel wesentlich zur Erweiterung der Sonatenform bei. Einen interessanten Einblick in die Uebergangszeit der sich gestaltenden Instrumentalform gewährt eine Bemerkung, die sich in Matthesons „Neu eröffnetem Orchester" (Hamburg 1713) findet: „Sonata ist eine Art Instrumental-, insonderheit aber Violin-Sinfonie, die in abgewechseltem Adagio und Allegro besteht, nunmehr schier etwas zu veralten beginnen will und von den neuen Konzerten und Suiten ausgestossen und hintangesetzt, auf dem vollstimmigen Klavier aber gleichsam von frischem wieder belebt worden ist." Und im „Kern melodischer Wissenschaft" (1737) sagt derselbe Theoretiker: „Seit einigen Jahren hat man angefangen, Sonaten fürs Klavier (da sie sonst nur für Violinen etc. gehören) mit gutem Beifall zu setzen; bisher haben sie noch die rechte Art nicht und wollen mehr gerühret werden, als rühren, d. i. sie zielen mehr auf die Bewegung der Finger als der Herzen." Aber die Sonate, weit davon entfernt, verdrängt zu werden, nahm vielmehr die Vielgestaltigkeit und den schon von Mattheson erwähnten Reiz des Wechsels zwischen langsamen und schnelleren Sätzen von der Suite, der sie an Gedankeninhalt überlegen war, in sich auf. Das Verdienst aber, dem gerügten Mangel an seelischer Belebung abgeholfen, dem Klaviersatz das Mass von Ausdrucksfähigkeit, das die Streichinstrumente schon besassen, verliehen zu haben, gebührt Philipp Emanuel Bach, der damit an Bestrebungen anknüpfte, die vor ihm schon Johann Kuhnau und in Frankreich Rameau und Couperin[12]) mit Erfolg betätigt hatten. Sebastian Bach war wohl auf den Stil, nicht aber auf die formale Gestaltung der Kammermusik von Einfluss gewesen; wie seine Klaviersuite aus jenen alten Partiten von Tänzen hervorgegangen ist, so hat er die Kammersonate und das Konzert von den Italienern übernommen. Erst sein Sohn Philipp Emanuel wendete der Sonatenform seine besondere Aufmerksamkeit zu und erkannte, dass hier die Keime zu einer eigentümlichen Entwickelung des rein-instrumentalen Musikausdruckes lagen. Man wird sich hüten müssen, den Weg, den er eingeschlagen, die Wahl, die er unter den vorhandenen Elementen getroffen hat, als die einzig für die Entwicklung mögliche zu bezeichnen. Allein, wenn auch gewiss der Möglichkeiten mehrere waren, so lehrt doch die Folge, dass der jüngere Bach eine glückliche Wendung herbeigeführt und ausserordentlich fruchtbringende Anregungen gegeben hat.

Infolge seiner umfassenden musikalischen und wissenschaftlichen Bildung vermochte er die gewonnenen Resultate zu überschauen und das seinen Zwecken entsprechende auszuwählen. Der Vollständigkeit wegen muss hier noch der Variationenform und des Rondeaus gedacht werden, das von den französischen Meistern, in erster Linie von Couperin, gepflegt wurde. Emanuel Bach verwendete sie beide nicht zum Ausbau seiner Sonate; das Rondo ist bei ihm ein selbständiges Musikstück. Ebenso wenig hängt seine Sonate direkt mit der älteren Violinsonate oder mit der Klaviersonate Scarlattis zusammen. Drei Faktoren halfen ihm den eigentlichen (ersten) Sonatensatz feststellen, der die Grundlage für die Instrumentalmusik bis in unsere Tage geblieben ist: das Konzert, die italienische Arie und der Tanz, den er aus der Suite Sebastian Bachs übernahm. So verband er den Gesangstil mit dem instrumentalen und verschmolz deutsche und italienische Elemente zu einem einheitlichen Kunstwerk. Für den ersten Satz wird fortab die dreiteilige Form die normale. Zwei Hauptgedanken, meist deutlich von einander getrennt, treten im Gegensatz der Dominante (oder in Moll der Mediante) zur Tonika sich gegenüber; ein kurzer Mittelteil, die spätere „Durchführung", mündet regelmässig in die Wiederholung des ersten, der diesmal in der Tonika schliesst. Der zweite Satz, das Adagio, ist weniger aus dem Liede, als aus der Arie der Oper entstanden. Die Reprisen mit ihren Verzierungen, die Bach gelegentlich, um dem Unfug des Extemporierens zu steuern, selber ausschrieb, sind dafür der beste Beweis. In diesen Mittelsätzen treffen wir schon auf Beispiele einer grossen Schlichtheit des Ausdrucks und einer Art gesanglicher Stimmführung, die geradezu als Vorklang Mozartischer Musik bezeichnet werden kann. Der Anfang einer der „Sonatine nuove", die Bach 1753 seinem „Versuch über die wahre Art das Klavier zu spielen" beigab, mag, als in dieser Beziehung merkwürdig, hier Platz finden:

Der Schlusssatz in lebhaftem Tempo verleugnet selten seine Abstammung vom Tanze, auch wenn er nicht, was häufig der Fall ist, geradezu ein Menuett ist. Zuweilen zeigt er Scarlattische Einflüsse. Die Trennung und äussere Anordnung der verschiedenen Sätze ist schon eine ziemlich regelmässige; die Uebereinstimmung in den Tonarten ist indessen noch nicht überall gewahrt.

So weit war also die Klaviermusik vorgeschritten, als Haydn in die Entwickelung eingriff. Der Sonatensatz, um dessen Fortbildung sich ausser Bach eine ganze Reihe von Komponisten wie Georg Benda, Leopold Mozart, Scheibe, Stadler, Wagenseil u. A. verdient machten, bedurfte zunächst einer freieren und reicheren Ausgestaltung. Die Gedanken waren noch knapp, die einzelnen Glieder der Form ängstlich aneinander gekettet, der ganze Reichtum der möglichen Kombinationen und Kontrastwirkungen noch nicht zum Bewusstsein gekommen. Haydn erweiterte das kurzathmige Motiv zum Thema, gestaltete die Gegensätze melodisch wirksamer und erhöhte die Zahl und Bedeutung der verwendeten Tongedanken. In seiner Klaviersonate erweitert sich die Durchführung eines der Hauptthemen, oder auch eines neuen Motivs, zu einem geordneten Satzgliede, und durch die Wendung zur Unterdominante am Schluss wird eine mehr oder weniger ausgesponnene Coda hinzugefügt. Mit der immer entschiedeneren Herausbildung dieser Form, mit dem klaren Erfassen ihrer Idee als des Prinzips der logischen Verkettung durch Gegensatz oder Ergänzung gelang es Haydn, wenn auch nicht gleich, so doch im Laufe seines langjährigen Schaffens, das Wesentliche unserer modernen Sonaten zu begründen. Obschon ihm die „Klavierseligkeit" Mozarts und seine technische Virtuosität in der Beherrschung des Instrumentes fehlte, ist er doch in der Klaviersonate von ungleich höherer Bedeutung als dieser, und bildet, wenigstens in seinen späteren Arbeiten, geradezu die Brücke zu Beethoven. Die Anordnung der Sätze und die Beziehung ihrer Tonarten unter einander ist bei Haydn von Anfang an eine bewusst geregelte, während sie bei seinen Vorgängern oft zufällig und planlos erscheint. Auch der Wechsel von Dur und Moll, der als Kunstmittel seine grösste Ausbildung bei Schubert gefunden hat, wird von Haydn schon gern verwendet, namentlich in dem zweiten, langsamen Satze. Für die Variationenform bekundet er nicht dieselbe Vorliebe wie die späteren Meister; im Schlusssatz, der meist sehr leicht und spielselig gehalten ist, tritt ab und zu auch die Rondoform auf, die indessen erst durch Beethoven zu ihrer ganzen Bedeutung erhoben wurde. Der Menuett, des Lieblingstanzes seiner Zeit, bediente sich Haydn gern auch in der Sonate, namentlich im Finale; ihre Einfügung als vierter Satz wurde wohl erst später, nach Analogie der Sinfonie, gebräuchlich.

Noch unter einem zweiten Gesichtspunkte haben wir Haydns reformatorische Tätigkeit auf dem Gebiete der Klaviermusik zu betrachten. Indem der Meister den Organismus der neuen Form in seinen Grundzügen endgiltig feststellte, veränderte er den Stil im engeren Sinne, die Schreibart, in nicht weniger folgenschwerer Weise. Die ältere Kammersonate der Venezianer bewegte sich noch durchaus im kanonischen oder fugierten Satze nach den strengen Gesetzen des Vokalstiles, aus dem sie sich entwickelt hatte. Beim Klavier trat zunächst die Beschränkung auf zwei Stimmen ein. Die vorwiegende Zweistimmigkeit finden wir noch bei Scarlatti, der sie freilich in genialer Weise zu unterbrechen verstand, gelegentlich auch den gebundenen drei- und vierstimmigen Satz dem Klavier anzupassen wusste. Aus der verschnörkelten, philiströs gewordenen Schreibweise der „galanten" Zeit leitete Emanuel Bach zuerst in Deutschland zu einer einfacheren, gefälligeren und durchsichtigen hinüber. Bei ihm vollzog sich der Uebergang aus Kirche und Gelehrsamkeit in Welt und Gesellschaft. Wie in der zeitgenössischen Literatur machte sich in der zweiten Hälfte des 18. Jahrhunderts auch bei den Musikern das Streben nach grösserer Natürlichkeit geltend, das sich mit dem Drange nach Subjektivismus im künstlerischen Ausdrucke verband. Aber auch Bach und die andern Sonaten-Komponisten dieser Zeit hielten sich noch an die vokale Technik, das heisst an eine bestimmte Anzahl von Stimmen gebunden, die sorgsam getrennt und regelrecht geführt werden.

Erst bei Haydn treffen wir die völlige Freiheit der Simmführung an, wie sie allein dem Wesen des Instrumentes entspricht. Je nach Bedarf wechselt er völlig ungebunden zwischen zwei-, drei- und mehrstimmigem Satz; Akkorde, gebundene Schreibweise und freie Figuration lösen sich unter einander ab, und erst dadurch gelingt es dem Meister, die ganze Spielfülle und den klanglichen Reiz des Klaviers ins Treffen zu führen. Dennoch herrscht bei ihm, wie schon bemerkt, die musikalische Struktur mehr als das virtuose Element vor; Muzio Clementi und besonders Mozart schrieben, den von ihm betretenen Weg verfolgend, bei weitem „klaviermässiger" und machten von der eroberten Schreibweise einen glänzenderen Gebrauch. Bei Haydn tritt auch noch nicht das Uebergewicht der rechten über die linke Hand hervor, das für die spätere Klaviermusik bestimmend wurde. Eigentümlich blieb ihm bei aller Freiheit die sorgsame Führung der Mittelstimmen und des Basses, für den er den zweistimmigen Satz mit Vorliebe beibehält.[18])

Haydns Biograph, Pohl, weist mit Recht auf die Tatsache hin, dass der Meister, obgleich er den ersten und mächtigsten Impuls von der Klaviersonate empfangen, trotzdem als Klavier-Komponist sich nur langsam und ungleich später denn auf instrumentalem Gebiete entwickelt hat. Zu einer Zeit, wo er im Trio, im Quartett und in der Serenade, ja sogar auf dem Theater schon Erfolge zu verzeichnen hatte, beschränkten sich seine Klavierkompositionen meist noch auf Tänze und gelegentliche Arbeiten für seine Schüler. Was ihn bei Bach so mächtig anzog, war eben weniger das Klavier, als vielmehr der musikalische Aufbau der Form. Veranlagung und Neigung wiesen ihn auf die Streich- und Blasinstrumente des Orchesters; bei den Spielleuten und in den Vereinigungen der musikliebenden Dilettanten suchte er das Material, dessen er zur Darstellung seiner Ideen bedurfte.

Die Streich- und Blasmusik, die Haydn vorfand, zerfällt in zwei wesentlich verschiedene Gruppen. Innerhalb der Kunstmusik, wie sie in der Kirche, an den Höfen der Fürsten und, seit dem Zeitalter der Renaissance, in den Häusern der Vornehmen gepflegt wurde, nahm, wie der Solosatz für Klavier und Orgel, auch der chorische Instrumentalsatz seinen Ausgang von der Uebertragung vokaler Stücke, wobei die Instrumente lediglich die Singstimmen ersetzten.

Mit den Tänzen und Märschen der Suiten kamen zwar schon vollständig gedachte Gebilde in die Sammlungen von Instrumentalstücken; aber nicht aus diesen, sondern aus den kurzen Einleitungen, die seit Ende des 16. Jahrhunderts den mehrstimmigen Gesängen vorausgingen, aus der Intrada, Fanfare oder Toccata, auch Ricercare oder Präludium genannt, entwickelte sich die kunstgemässe Instrumentalform. Je mehr sich diese Einleitungen erweiterten und von dem eigentlichen Stücke loslösten, um so selbständiger musste auch ihr Stil sich gestalten. Besonders in der Oper war dies der Fall, und hier gelangte die „Sinfonie", oder nach französischer Bezeichnung „Ouverture", sehr bald zu eigener Bedeutung. „Sinfonie" bedeutete ursprünglich nur den Zusammenklang der Instrumente und bezeichnete, wie das Wort „Sonate", in keiner Weise eine Form. Die französische Opernouverture, die zuerst durch Lully eine bestimmtere Fassung erhielt, reihte mehrere Tempi suitenartig aneinander; die italienische, wie sie namentlich Alessandro Scarlatti feststellte, näherte sich der Sonatenform durch ihre Dreiteiligkeit oder durch das Wechselspiel zweier Themen im Allegro. Indem Gluck die Einleitung in nähere Beziehung zum Drama setzte, gab er ihr auch die Form, die dann lange Zeit massgebend blieb. Zu Beginn des 18. Jahrhunderts wurden die Namen Sinfonie, Sonate noch unterschiedslos für Ouverture gebraucht. Diese Stücke waren für Streichmusik gesetzt; erst ziemlich spät begann man einzelne Blasinstrumente, anfangs noch sehr sparsam, hinzuzufügen.

Aus der Suite entwickelte sich die Serenade oder das Divertimento, das, wie erwähnt, auch Kassation hiess. Im Gegensatz zur Sinfonie fand diese Form ihre Ausbildung in der Volksmusik, in der Praxis der fahrenden und sesshaften Musikanten. Die Spielmannsmusik ist von jeher von Einfluss auf die instrumentale Kunstmusik gewesen; Haydn, der ja seine Laufbahn mit der Komposition von Tanzmusik begonnen hatte, verdankte ihr das Beste. Die Blasinstrumente spielten hier von vornherein eine viel wichtigere Rolle. Hatten sie doch in den Stadtpfeifereien und in den Trompeter- und Paukerchören der grösseren Höfe seit etwa drei Jahrhunderten eine beträchtliche Ausbildung erfahren. Wo die Streicher hinzutraten, geschah es in einfacher Besetzung. Diese Zusammenstellung, die in der volkstümlichen Musik bei festlichen Anlässen, auf den Strassen und öffentlichen Plätzen, bei nächtlichen Ständchen und auf dem Tanzboden die übliche war, bildete den Grundstock für das spätere Orchester Haydns. Ihr Klangkolorit entsprach am meisten seinem volkstümlichen Empfinden, bei ihm fühlte er sich am wohlsten; indem er aber durch den Ernst und die Tiefe seiner künstlerischen Auffassung und durch das Subtile seiner feingeschliffeneren Technik die Volksmusik veredelte, erhob er sie in eine höhere Kunstsphäre.

Bei dieser Richtung seiner Begabung und unter den Umständen, in die ihn der Beginn seiner Laufbahn in Wien versetzte, war es natürlich, dass er sich zunächst der Formen der Serenadenmusik bei seinen praktischen Versuchen bediente. Die Kassation kannte keine bindende Norm; sie war vorwiegend fünfsätzig, aber die Anordnung der Sätze war so wenig bestimmt wie ihr Charakter oder ihre Form. Tänze wechselten mit dem Adagio, der Stätte des lyrischen Gefühlsausdruckes; das Ganze begann und schloss gewöhnlich mit einem Marsch der an- und abziehenden Musikanten. Haydn, der diese Gelegenheitsmusik bereits als reine Kunstform behandelte, liess bezeichnenderweise die Umrahmung fort. Seine Neigung für die Menuettform tritt frühzeitig hervor;

es ist, ausser den Tänzen, die er für praktische Zwecke schrieb, die einzige Tanzform, die er in seine Kammermusik herübernimmt, dort aber mit dauernder Vorliebe gepflegt hat. In den Allegrosätzen nun begann Haydn, die aus dem Studium der Bach'schen Sonate gewonnenen Ergebnisse zu verwerten. Er übertrug die Sonatenform auf die mehrstimmige Instrumentalmusik und erfüllte sie zugleich mit dem frischen und natürlichen Gehalte volkstümlichen Empfindens. Auf diesem Wege gelangte er dazu, wenn auch nicht als Einziger, so doch als der Genialste unter den Schaffenden, die Hauptformen der Instrumentalmusik: das Quartett und die Sinfonie (in unserem Sinne) herauszubilden.

Von den Vorläufern der Haydn'schen Quartettmusik sind sicher manche unter die später veröffentlichten Werke aufgenommen; eine genaue Angabe der Zeit ihres Entstehens ist nicht mehr möglich. Immerhin reichen sie weiter zurück als die bekannt gewordene Klaviermusik des Meisters, deren Anfänge gänzlich verloren gegangen sind. Eins der ersten Werke der Art ist uns in einer Cassatio a cinque in G-dur erhalten; wenigstens trägt eine Abschrift auf der Berliner Hofbibliothek das Datum 1754. Sie ist für zwei Violinen, Viola, Bass und Flöte gesetzt und ist auch als Notturno bezeichnet. Einem munteren Presto (Scherzo):

das bereits wirksam den Gegensatz von Dur und Moll bringt, folgt ein Allegro moderato in echt Haydn'scher Spielseligkeit, das einigermassen die Sonatenform erkennen lässt. Daran reiht sich eine hübsche Menuett:

Menuetto.

ein Allegro, eine zweite Menuett und schliesslich ein Presto, das einen bei unserem Komponisten häufig wiederkehrenden Gedanken enthält:

mit einem „Ballo" bezeichneten Satze, der fast an ein Volkslied gemahnt:

Dies Werk ist auch als Quartett und als Sextett im Druck erschienen. Eine andere Cassatio Haydns in Es schliesst Für Kassationen und Serenaden wurden auch die Namen Divertimenti, Scherzi, Notturni ohne Unterschied gebraucht, und oft ist dasselbe Musikstück bald unter der einen, bald unter der andern Rubrik verzeichnet. Wesentlich war ihnen allen die einfache Besetzung sowohl der Streicher wie der Bläser.

Wir haben bei der Betrachtung der Jugendzeit Haydns gesehen, wie er durch seinen Gönner Fürnberg veranlasst wurde, sein erstes Streichquartett zu schreiben. Ein Zufall also war es, der den Meister auf die Zusammenstellung der vier Instrumente brachte, die übrigens in der italienischen Kammermusik längst bekannt war: als er dafür nach Art der Kassationen zu setzen begann, war er sich schwerlich bewusst, dass er damit eine neue Kunstform begründete. Wie schon der Name Quartetto (Quadro) zeigt, waren ihm die italienischen

Vorbilder wohl bekannt. Haydn verwahrte sich zwar später dagegen, von dem wichtigsten zeitgenössischen Vertreter der Gattung, von Sammartini, den er einen „Schmierer" nannte, beeinflusst worden zu sein; allein die Kassation ist sicherlich nicht der einzige Ausgangspunkt für sein Quartett gewesen. Seit Corelli war das Kammertrio und Quartett zu einer grösseren Bedeutung entwickelt worden; die ältere Violinsonate, die bereits einen vierten Satz in sich aufgenommen hatte und der auch der Tanz nicht fremd war, bot hierfür die Grundlage. Dass die italienische Kammermusik auch Haydn geläufig war, ist ohne weiteres anzunehmen. In einem Punkte jedoch unterschied sich sein neuer Stil wesentlich von ihr: das ist der Verzicht auf den Generalbass, ohne den all diese Formen bis dahin undenkbar waren. Mit Recht weist Spitta ausdrücklich darauf hin, dass Haydn, als er das Generalbassinstrument der Alten, das Cembalo, aus seiner Musik grundsätzlich entfernte, die wichtigste Umwandlung vollzog, die ihn notwendig auf neue Bahnen trieb. Er kehrte damit den exklusiven Kreisen der aristokratischen Welt, in deren Häusern der ältere Kammerstil sein Gepräge erhalten hatte, den Rücken und wendete sich zu dem Volke. Nicht mehr dem Gedankengange einer theoretischen Kunsttradition, sondern den natürlichen Bedürfnissen der freien Verbindung instrumentaler Klänge entnimmt der Komponist die Regeln seines Gestaltens, und was er mit dem Generalbass aufgab, gewinnt er der deutschen Spielmannsmusik wieder in dem formalen Ideengehalt der Bachschen Klaviersonate. Die eigene Freude an der so gefundenen Kombination spricht sich deutlich in der grossen Zahl ähnlicher Arbeiten aus, die dem ersten Versuch in kürzester Zeit folgten. In dem ersten für Fürnberg komponierten Quartett:

zeigt bereits das Trio der Menuett: Haydns Auffassung des Quartetts als eine Vereinigung von zweimal zwei Stimmen, die sich gegenübertreten. Im übrigen ist die spätere Norm noch keineswegs festgestellt. Anzahl, Charakter und Anordnung der Sätze schwanken, wie denn der Komponist diese Werke auch immer noch als Kassationen und Notturnos bezeichnet. In der Menuett wusste er am glücklichsten die ganze Heiterkeit, die behagliche Laune und nicht selten den urwüchsigen Humor seines Naturells zum Ausdruck zu bringen, hier zeigte er auch am auffälligsten den Zusammenhang seiner Kunst mit dem Volksleben.

Dass Haydn sein eigenstes Gebiet noch nicht erkannt und nur zufällig die Kassation mit den vier Streichinstrumenten besetzt hatte, beweisen die sechs Scherzandis, die er (etwa 1757) den 18 ersten Quartetten folgen liess. In diesen knapp gehaltenen Kompositionen, die ganz besonders Munterkeit und Frohsinn atmen, greift er neben den Violinen und dem Bass wieder zu den Blasinstrumenten. Bemerkenswert ist, dass hier die Aufeinanderfolge der Sätze (Allegro, Menuett, Adagio, Presto) wie die Besetzung (zwei Hörner, zwei Oboen, eine Flöte) konsequent beibehalten sind; die Flöte wird stets nur im Trio des Menuetts als Solo beschäftigt.

Dem Drange des jungen Tonsetzers nach instrumentaler Ausarbeitung kam seine Stellung in der gräflich Morzinschen Kapelle entgegen. In die Zeit seiner ersten Kapellmeisterschaft fallen denn auch eine Reihe Divertimenti, die einen weiteren Fortschritt in der sicheren Handhabung der Form bekunden und schon als Vorläufer seiner Sinfonien gelten können. Das im Jahre 1760 komponierte: 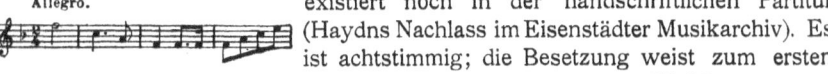 existiert noch in der handschriftlichen Partitur (Haydns Nachlass im Eisenstädter Musikarchiv). Es ist achtstimmig; die Besetzung weist zum ersten Male englische Hörner auf und besteht ausser Fagotten und Waldhörnern nur aus zwei Violinen; den Bass vertreten die Fagotte. Ein anderes dieser Divertimenti, das ursprünglich für zwei Violinen, Flöte, Oboe, Cello und Bass gesetzt war, ist jetzt noch in seiner Umarbeitung aus den achtziger Jahren als No. 6 der Sonaten für Klavier und Violine (Op. 41 No. 3) bekannt: In der Originalfassung führte der in der Bearbeitung fortgelassene zweite Satz den Titel „Mann und Weib", wohl weil die beiden unisono über dem Bass liegenden Violinen in einem zärtlichen Gesange das Glück der ehelichen Harmonie schildern sollen. Das Divertimenti à Echo ist ein Doppel-Trio, dessen Parteien (je zwei Violinen und ein Cello) in zwei verschiedenen Zimmern Aufstellung nehmen müssen. Die vielen Ausgaben dieser Nummer beweisen, wie beliebt dieser für Dilettanten geschriebene musikalische Scherz gewesen ist. Während seiner Tätigkeit als Musikdirektor der Morzinschen Kapelle entstand auch, wie schon berichtet wurde, Haydns erste Symphonie. Er schrieb sie im Jahre 1759 für zwei Violinen, Viola, Bass, zwei Oboen und zwei Waldhörner. Die einzelnen Sätze sind knapp gehalten, das ganze Stück spielt nicht länger als zehn Minuten. Dem ersten, lebhaften Satze: folgt ein Andante, dann wieder ein Presto als Finale; die Menuett fehlt. Die Einfügung dieser populären Tanzform in die Symphonie gilt als wichtige Tat Haydns; es ist indessen fraglich, ob ihm darin nicht Andere, z. B. Gossec, vorangegangen sind. Die Dreiteiligkeit weist noch auf den Zusammenhang mit der Ouvertüre zurück; die Bläser sind schon selbständiger und mit grösserer Sicherheit verwendet.

Miniatur-Portrait von Joseph Haydn.
(Nach dem im Besitze der Gesellschaft der Musikfreunde in Wien befindlichen Originale.)

Alles, was über die Stellung Haydns in der Kammermusik gesagt wurde, gilt auch für die Entwicklung seiner Symphonie. Die Symphonie Ph. E. Bachs stützt sich noch auf das Cembalo als leitendes Instrument; Haydn verzichtet von Anfang an darauf. Wie dem Quartett, dessen feinere Gliederung er beibehält, übermittelt er der Symphonie die Struktur der Klaviersonate und erfüllt ihren Inhalt mit lebensvollem, echt volkstümlichem Geiste. So gestaltet er die symphonische Form zur Orchestersonate um und eröffnete dadurch ihrer Entwickelung ein Feld, auf dem sie der Gipfelpunkt der modernen Instrumentalmusik und die Grundlage einer ganz neuen Art der Musikpflege in den erstehenden Konzertsälen Deutschlands werden sollte. Nach Feststellungen neuerer Forscher ist Haydn zwar nicht der Schöpfer dieses Instrumentalstils, wohl aber sein Vollender. In Johann Stamitz besonders, in dessen Symphonien sich eine ähnliche Themenbildung, eine thematische Arbeit im Durchführungsteil und auch schon die viersätzige Form (mit Menuett) findet, und andern Mannheimer Komponisten hatte er seine Vorbilder. Zunächst aber galt es der neuen Kunst ein gefügiges Organ zu schaffen. An Bestrebungen, die Bläser den Streichern kunstvoll zu vereinen und eine mannigfache Art der Zusammenstellung von Instrumenten zu erreichen, hatte es nicht gefehlt. In Italien hatte in diesem Sinne Sammartini gewirkt; in Deutschland waren es die Komponisten der Mannheimer Kapelle, die auch darin als Vorläufer Haydns zu gelten haben, und verschiedene Wiener Symphoniker, die mit Erfolg auf diesem Gebiete tätig waren, und in Frankreich versuchte Rameau, der Nachfolger Lullys, allerhand neue Klangmischungen hervorzubringen. Doch erst Haydn war es, der in seinen Symphonien einen wirklichen Orchesterstil schuf, indem er die Instrumente nicht mehr als Stimmen, sondern im freien Satze ihrer Natur gemäss verwendete und zusammenstellte. Er erreichte dies durch praktische Experimente, indem er unablässig bemüht war, für seine Ideen den passendsten Ausdruck zu finden, und dazu bot ihm die Stellung beim Fürsten Esterházy, der ihm eine gut besetzte Kapelle zur Verfügung stellte, die erwünschte Gelegenheit. Ehe wir die Entwickelung Haydns als Komponist weiter verfolgen, wollen wir daher den Ereignissen nachgehen, die uns auf die Stätte seiner neuen Wirksamkeit führen.

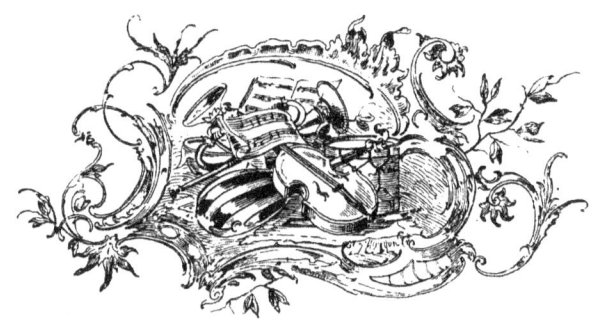

Eisenstadt und Esterház.

Der Ort, der vom Frühjahr 1761 ab der Schauplatz von Haydns Tätigkeit wurde, war das Städtchen Eisenstadt (Kis-Marton) in Nieder-Ungarn, sechs Meilen von Wien zwischen Oedenburg und Wiener-Neustadt gelegen, die Residenz der Fürsten Esterházy. Hier verbrachte er die Jahre 1761—66 ausschliesslich; von da ab bis 1790 den Winter, soweit er nicht — was häufig geschah — vorübergehend in Wien weilte Später kam er noch, gewöhnlich im Herbst, auf einige Zeit besuchsweise hin.

Die Esterházy waren ein berühmtes Magnatengeschlecht Ungarns, eine der ältesten Familen, deren Urkunden bis zum Jahre 1238 zurückreichen. Nicolaus Esterházy erhielt 1421 vom Kaiser Sigismund Schloss und Herrschaft Galantha im Pressburger Comitate, und sein Nachkomme Paul, der Erbauer des Schlosses zu Eisenstadt, wurde 1687 in den Fürstenstand erhoben. Die Verdienste der Familie um den Staat sind ausserordentlich gross. Viele ihrer Mitglieder pflückten Lorbeern auf militärischem Gebiete oder zeichneten sich als Diplomaten aus; einige widmeten sich dem geistlichen Stande. Die Liebe zu Kunst und Wissenschaften war bei den Esterházys traditionell, und seit der Zeit des Fürsten Paul, der sich zuerst in Eisenstadt eine Privatkapelle hielt, waren die Mitlieder der Familie Liebhaber und eifrige Förderer der Musik gewesen. Anfänglich bestand die Kapelle nur aus einem Vocalchor; später gesellten sich einige Bläser dazu, deren Dienst jedoch vorläufig noch auf die Kirchen- und Tafelmusik beschränkt blieb. Eine durchgreifende Reorganisation fand erst unter der Witwe Michael Esterházys, der regierenden Fürstin Maria Octavia statt. Den Hof- uud Feldtrompetern wurden Violinisten und Fagottisten hinzugefügt, in der Kirche wurde die Stelle eines Organisten besetzt, und zum ersten Male begegnet uns in der Person des Gregorius Josephus Werner ein wohlbestallter „Kapellmeister". Der Mann, der seit 1728 diese neu geschaffene Stellung im fürstltch Esterházy'schen Hofstaat bekleidete, interessiert uns als Vorgänger und Amtsgenosse Haydns ganz besonders. Ueber das Vorleben Werners und über seine musikalische Ausbildung ist nichts bekannt. Er scheint von Wien nach Eisenstadt gekommen und, wenn nicht ein Schüler von Fux, doch aus dessen Richtung hervorgegangen zu sein. Darauf deuten, nächst den von ihm vorhandenen Kopien Fuxscher, Caldarascher und Reutterscher Messen, seine eigenen Kompositionen, die in dem strengen Stile dieser Meister gehalten sind. Werner war sehr fleissig; für Kirche und Kammer schrieb er zahlreiche Arbeiten, und alljährlich wurden in der Schlosskapelle seine Charfreitags-Oratorien aufgeführt. Mehr jedoch als seine ernsten Werke wurde Werners Name durch einige drollige Burlesken bekannt, wie der „Wienerische Tandlmarkt" oder „die Bauern-Richterwahl", zwei „neue und extra-lustige musikalische Tafel-Stücke" für vier (fünf) Singstimmen, zwei Violinen und Bass (Cembalo), in denen sich die kontrapunktische Schreibart seltsam mit einem im Geschmacke der Zeit ziemlich derb gehaltenen Humore verbindet. Diesem in der strengen Schule der Alten grossgezogenen, in sich gefestigten Künstler, dem Tüchtigkeit, selbst Originalität nicht abzusprechen sind, musste der junge Haydn naturgemäss als ein kühner und unwillkommener Neuerer Anstoss und Aergernis erregen. Werner nannte ihn einen „Modehansl" und „Gesanglmacher". Vielleicht hat auch der wachsende Einfluss des glücklicheren Nebenbuhlers, der ihn nach und nach aus seiner Stellung verdrängte, das Urteil des alternden und kränkelnden Mannes verbittert. Haydn dagegen, dafür liegen Zeugnisse vor, sprach mit Achtung von seinem älteren Kollegen und scheint den Werth seiner Arbeiten ziemlich hoch geschätzt zu haben.[14]) Obgleich zwischen den beiden Männern sich kein freundliches Verhältnis entspann, ist doch anzunehmen, dass Werner, schon bei der vielen Musik, die von ihm in Eisenstadt gemacht wurde, nicht ohne Einfluss auf die weitere Entwickelung des Jüngeren gewesen ist.

Inzwischen war die Kapelle weiter vervollkommnet worden. Fürst Paul Anton, der Sohn Maria Octavias, war 1734 grossjährig geworden und zur Regierung gelangt. Er vervollständigte zuerst das Orchester durch Flöte, Oboe, Posaunen und Pauken. Bei dem Chore waren schon vorher ständige Solisten angestellt, und so konnte sich die Kapelle nun auch an Konzerten und selbst an theatralischen Aufführungen beteiligen, zu denen meist von auswärts italienische Sänger zugezogen wurden. Immer noch haben wir uns diese Produktionen in sehr beschränktem Rahmen vorzustellen. Bei festlichen Anlässen erhielt wohl die kleine Musikerschaft Verstärkung durch die Kantoren und Organisten der zur Herrschaft gehörigen umliegenden Ortschaften, und die Sitte der Zeit, die künstlerischen Talente des dienenden Personals zu verwenden, kam der schwachen Besetzung zu Hilfe. Eine Ankündigung, wie sie Pohl aus der Wiener Zeitung vom Jahre 1789 mitteilt: „In ein hiesiges Herrschaftshaus wird ein Bedienter gesucht, welcher die Violine gut spielen und schwere Klaviersonaten zu akkompagnieren versteht", war durchaus nichts Ungewöhnliches. Andererseits waren die Mitglieder der Kapelle vielfach in einem Nebenamte zugleich als Sekretär, Kanzleibeamter oder dergleichen beschäftigt. Auf diese Weise wurde der kostspielige Unterhalt solcher Privatkapellen ermöglicht.

So lagen die Verhältnisse, als Haydn am 1. Mai 1761 die Stellung eines zweiten Kapellmeisters in Eisenstadt antrat. Er begab sich sofort von Wien aus an die Stätte seiner neuen Wirksamkeit, in die er infolge der zunehmenden Gebrechlichkeit Werners, hauptsächlich aber wohl infolge des Eindruckes berufen war, den seine Leistungen beim Grafen Morzin auf den Fürsten Paul Anton gemacht hatten. Werner behielt zwar bis zu seinem Tode den Titel „Oberkapellmeister"; tatsächlich jedoch lag die Leitung der musikalischen Angelegenheiten in Haydns Hand. So hatte er gleich bei seiner Ankunft vollauf zu tun. Die „Konvention und Verhaltungs-Norma", laut deren er angestellt war, überwies ihm, ausser seinen Pflichten als Dirigent und Komponist, noch das Studium mit den Sängern, die Aufrechterhaltung der Disciplin unter seinen Untergebenen, sowie die Sorge für Instandhaltung der Instrumente und Musikalien. Das merkwürdige Schriftstück, dessen interessanter Wortlaut im Anhange mitgeteilt ist, charakterisiert recht deutlich die Zwitterstellung von Beamten- und Bediententum, die man selbst einem hervorragenden Künstler anzutragen damals kein Bedenken trug. Die Stellung reihte den Kapellmeister unter die fürstlichen Hausoffizianten; Haydn hatte (wie sämtliche Musiker) in vorgeschriebener Uniform zu erscheinen und zweimal täglich in der Antichambre die Befehle der Herrschaft entgegenzunehmen. Selbst die Komposition war eine Sache, die ihm „anbefohlen" wurde. Trotzdem ist es nicht nur begreiflich, dass Haydn, der sich durch die Gründung seines Hausstandes schwere Sorgen auferlegt hatte, freudig zugriff, sondern die damaligen Ansichten über diese Dinge lassen es auch erklärlich erscheinen, dass er sich in solcher Stellung sogar glücklich fühlen konnte. Gewiss hatte das Abhängigkeitsverhältnis, das nicht nur seiner persönlichen Freiheit, sondern auch seinem künstlerischen Schaffen lästige Fesseln anlegte, Schattenseiten, die zu Zeiten recht fühlbar wurden; nicht zu unterschätzen aber und viel schwerer in die Wagschale fallend waren die unleugbaren Vorteile seiner gesicherten und von förderndem Interesse gehobenen Position. Haydns eigene Worte zeigen, wie er selbst darüber dachte, und geben der Beurteilung den besten Massstab. „Mein Fürst war mit allen meinen Arbeiten zufrieden, ich erhielt Beifall, ich konnte als Chef eines Orchesters Versuche machen, beobachten, was den Eindruck hervorbringt und was ihn schwächt, also verbessern, zusetzen, wegschneiden, wagen; ich war von der Welt abgesondert, niemand in meiner Nähe konnte mich an mir selbst irre machen und quälen, und so musste ich original werden". Hayen erkannte also sehr wohl den immensen Vorteil, der in der Möglichkeit des Experimentierens liegt und der so wenigen Komponisten geboten ist. Das allein schon musste ihm die Stellung beim Fürsten wertvoll machen. Zu jeder Stunde stand ihm sein Orchester zu Gebote; so konnte er aus der Praxis heraus schaffen und das werden, was ihm seine eigenste Bedeutung gibt: der Pfadfinder auf instrumentalem Gebiete Nicht weniger wertvoll für ihn war der Antrieb zum Schaffen, den er aus der Musikliebe seines Herrn empfing, mochte sie immerhin ihm zuweilen auch Aufgaben stellen, an die er seine Kraft nutzlos verschwendete. Michael Haydn empfand das sehr tief, wenn er ausrief: „Verschafft mir die ermunternde Hand, wie sie über meinem Bruder waltet, und ich will nicht hinter ihm zurückbleiben." Und so konnten mit Recht viele den Esterházyschen Kapellmeister beneiden, der gerade den günstigsten Wirkungskreis für die Entfaltung seiner eigentümlichen Gaben gefunden hatte. Es muss hervorgehoben werden, welches Verdienst sich das Haus Esterházy in dieser Beziehung um ihn erworben hat; die treue Anhänglichkeit und Dankbarkeit, die Haydn bis an sein Lebensende seinen Gönnern bewahrte, war keineswegs unbegründet. Je reifer freilich der Künstler sich fühlte, je mehr ihm die Anerkennung der Aussenwelt das Selbstbewusstsein gestärkt hatte, desto mehr sehnte er sich in weitere Verhältnisse. Obgleich auch von dem kleinen Eisenstadt aus sein Ruf bis nach Frankreich, England und Russland hin sich verbreitete, und andererseits ihm am Hofe des Fürsten oder bei seinen Besuchen in Wien die wichtigsten Erscheinungen der

Kunst nicht fremd blieben — mit den Jahren wurde doch der Wunsch, in die Welt, besonders nach Italien zu kommen, bei Haydn immer lebhafter. Man könnte also höchstens beklagen, dass seine Anhänglichkeit an den Fürsten ihn gar zu lange an ein Amt gefesselt hielt, das der vollen Entfaltung seiner Begabung schliesslich doch nicht den genügenden Spielraum bot. Mit der Zeit wurde er auch empfindlicher gegen gewisse Aeusserlichkeiten. Nach der Rückkehr von seiner Londoner Reise, die ihn auf den Gipfel des Ruhmes geführt hatte, beklagte er sich über die Anrede mit „er", die wenigstens in den schriftlichen Erlassen nach altem Brauche noch immer beibehalten war, und von nun an hiess es von ihm in Dienstangelegenheiten: „Herr von Haydn", oder „Wohledelgeborner", oder auch „Lieber Kapellmeister von Haydn". Dass der Meister trotz aller Ergebenheit und persönlichen Bescheidenheit im Umgange mit Fürsten seine Künstlerwürde zu wahren wusste, beweist eine freimütige Antwort, die er gelegentlich gab. Bei einer Probe in den 90er Jahren hatte einst der junge Fürst den schlechten Geschmack, tadelnde Bemerkungen zu machen. Haydns Erwiderung lautete kurz: „Fürstliche Durchlaucht! Dies zu verstehen ist meine Sache." Ungnädig erhob sich die Durchlaucht und verliess den Saal

Die äussere Erscheinung, das Benehmen und Wesen unseres Komponisten aus der Zeit seines Eisenstädter Aufenthaltes können wir uns nach einer Schilderung vergegenwärtigen, die sein Biograph Pohl nach zeitgenössischen Berichten von ihm entwirft. Seine Statur war etwas unter mittelmässiger Grösse, stämmig und von derbem Knochenbau; auch schien die untere Hälfte der Figur zu kurz gegen die obere, wozu seine Art sich zu kleiden beitragen mochte. Seine Gesichtszüge waren ziemlich regelmässig, voll und stark gezeichnet und hatten etwas Energisches, fast Herbes, konnten aber im Gespräch durch den Blick und ein anmutiges Lächeln einen überaus milden und lieblichen Ausdruck gewinnen. Im gewöhnlichen Umgang sprach aus der ganzen Physiognomie und Haltung Bedächtigkeit und ein sanfter Ernst, der eher zur Würde hinneigte. Die Stirne war breit und schön gewölbt, erhielt aber ein sehr kurzes Verhältnis durch die Art, wie Haydn seine Perücke trug, welche, nur zwei Finger breit über den Augenbrauen entfernt, den oberen Teil der Stirne verdeckte. Dieser Perücke mit Zopf und einigen Seitenbuckeln bediente sich Haydn zeitlebens; die Mode hatte keinen Einfluss auf die Form, Haydn blieb ihr treu bis zu seinem Tode. Da der Meister an einem Polypen litt (einem Erbteil seiner Mutter), so war der untere Teil der Nase unförmlich aufgetrieben und obendrein, wie alle übrigen stark gebräunten Gesichtsteile mit Pockennarben bedeckt. Dazu trat noch eine derbsinnliche, vorragende Unterlippe und ein massiv breiter Unterkiefer. Haydns Kopf bot somit ein wunderliches Gemisch von Anziehendem und Abstossendem, Genialem und Trivialem, welches Lavater, der in seiner Porträtsammlung auch Haydns Schattenriss besass, zu der Charakteristik veranlasste:

„Etwas mehr als Gemeines erblick' ich im Aug' und der Nase,
Auch die Stirne ist gut; im Munde 'was vom Philister."

Haydn sprach im breiten österreichischen Dialekt; die Stimme klang mehr hoch als tief und näselte etwas infolge des erwähnten Uebels. In der französischen Sprache hatte er wenig Fertigkeit, dafür aber sprach er italienisch geläufig und gerne. Des Ungarischen war Haydn trotz seines langjährigen Aufenthaltes im Lande der Magyaren nicht mächtig, da in jenen Orten, wo er lebte, vorwiegend deutsch gesprochen wurde; am fürstlichen Hofe bediente man sich offiziell ebenfalls des Deutschen, und nur die Dienerschaft sprach unter sich in der Landes-

sprache. Obwohl mehr ernster, ruhiger Gemütsart, liebte es Haydn, dem Gespräch eine launige Wendung zu geben und gelegentlich auch eine heitere Anekdote einzuflechten. Den Kindern war er von Herzen zugetan, und diese wieder hingen an ihrem „Haydn-Papa" (wie sie ihn nannten) mit ganzer Seele. Haydn hatte auch immer in seinen Taschen Süssigkeiten in Bereitschaft, und jeder Gang ins Freie bot ihm Gelegenheit zu neuen Eroberungen unter der dankbaren Kinderschar. Wohlwollend gegen Jedermann, war er doch empfindlich, wenn er merkte, dass man seine Güte missbrauchen wollte; er wurde dann selbst reizbar und liess seiner Ironie freien Lauf.

Wir dürfen dieser Schilderung hinzufügen, dass der Meister trotz seiner wenig anziehenden Erscheinung das Interesse der Frauen zu erwecken vermochte und von mehr als einer geliebt worden ist. Er war dafür empfänglich, sah hübsche Frauenzimmer, wie er freimütig gestand, immer gern und wusste, auch noch im Alter, ihnen stets etwas Artiges zu sagen.

Dank seiner kräftigen Natur und seiner einfachen Lebensweise erfreute sich Haydn einer stetigen Gesundheit. Darin lag wohl ein Hauptgrund seines Frohsinns und des behaglichen Daseinsgefühles, das sich so charakteristisch in den Worten äusserte: das Leben sei „eine köstliche Sache". Diese glückliche Frohnatur gab auch seinen Werken die Grundstimmung.

Während seiner Stellung beim Fürsten trug Haydn, wie schon erwähnt, Uniform. Wir haben ihn uns in einem lichtblauen Frack und Weste mit silbernen Schnüren und Knöpfen zu denken, mit gestickter Halskrause und weisser Halsbinde. Kniehosen, weisse Strümpfe, Schnallenschuhe und Degen vervollständigten dies Kostüm. So stellt ihn ein Oelgemälde in Esterház dar, das Ende der 60er Jahre entstanden sein mag. Ein auf Holz gemaltes Bild von Gutenbrunn aus dem Jahre 1770, von dem ein Kupferstich von Schiavonetti in London erschienen ist, zeigt Haydn im Zivilanzuge, am Klavier sitzend und träumerisch in seine Gedanken versunken; die rechte Hand hält eine Feder, während die linke auf den Tasten des Instrumentes ruht. Ein späterer Stich von Mansfeld (1781) trägt die Umschrift: Blandus auritas fidibus canores ducere quercus, und ist in der grossen Porträtsammlung erschienen, die Artaria von den bedeutendsten Männern der Zeit herausgab. Man sieht, Haydn ist bereits der Mann des Tages. In die zweite Hälfte der 80er Jahre fällt ein in Aquarell auf Elfenbein gemaltes Miniaturporträt des Meisters, das die Leser auf Seite 47 finden.

Haydn kleidete sich stets peinlich sauber, auch in seiner Häuslichkeit, jederzeit bereit, Gäste zu empfangen oder vor seinem Fürsten zu erscheinen. Es war ihm zur Gewohnheit geworden, sich so, auch äusserlich vorbereitet, zur Arbeit niederzusetzen. Früh am Morgen begann er zu komponieren. „Ich stehe früh auf", erzählte er dem durch seine volkstümlichen Lieder bekannt gewordenen Komponisten J. A. P. Schulz, der ihn 1770 in Esterház besuchte, „und sobald ich mich angekleidet habe, fall ich auf meine Kniee und bete zu Gott und zur heiligen Jungfrau, dass es mir heute wieder gelingen möchte. Hab ich dann etwas gefrühstückt, so setze ich mich ans Klavier und fange an zu suchen." Er phantasiert so lange, bis er das Gesuchte fand; dann brachte er seine Ideen sofort zu Papier. „Hatte ich eine Idee erhascht, so ging mein ganzes Bestreben dahin, sie den Regeln der Kunst gemäss anzupassen und zu soutenieren". Den Nachmittag verwendete er dazu, seine Skizzen im Geiste auszuarbeiten, dann schrieb er das Ueberdachte reinlich und in einem Zuge auf;

selten finden sich Korrekturen in seinen Manuskripten. „Das rührt daher", sagte er selbst, „weil ich nicht eher schrieb, als bis ich meiner Sache gewiss war." Es entsprach seinem frommen Sinn, dass er seine Kompositionen, auch die weltlichen, gewöhnlich mit der Ueberschrift „In Nomine Domini" begann und an ihren Schluss die Worte „Soli Deo Gloria et Beatae virgini Mariae et omnibus Sanctis" oder deren Initalen zu setzen pflegte.

Nach einem 1794 gemalten Bilde von G. Dance.
(Aus der Portrait-Sammlung der Musikbibliothek Peters in Leipzig.)

Seinem Schaffenstriebe, der sich immer fruchtbarer und immer bedeutsamer äusserte, kam die neue Umgebung sehr zu statten. In den Reizen ihrer ländlichen Einfachheit gewährte sie ihm Ruhe und Anregung. Eisenstadt, ziemlich hoch an den Abhängen des Leithagebirges gelegen, bot gegenüber den bisherigen Aufenthalten Haydns einen Wechsel der Scenerie, der nicht ohne Einfluss auf sein leicht empfängliches Gemüt bleiben konnte. Von hier aus geniesst der Blick eine malerische Fernsicht in die bis zum Neusiedler See sich ausdehnende, von Bergen begrenzte Ebene, oder ruht auf den mit Reben und üppigen Wäldern bewachsenen Hügeln, an deren Fuss sich das Städtchen hinzieht. Kunst und

Natur verbanden sich, den prachtvollen Schlossbau und den angrenzenden Park mit seinen schattigen Laubgängen, Tempeln, Kaskaden und Treibhäusern zu einem anmutigen und erfrischenden Aufenthalte zu machen. Das Innere des Schlosses enthielt einen grossen, mit Freskomalereien gezierten Konzert- und Theatersaal und einen kleineren Saal für Aufführungen von Kammermusik. In der Schlosskapelle wie in der am Eingang der Stadt befindlichen Bergkirche, wo nun sein Leichnam ruht, hat Haydn oft seine Messen dirigiert. In der Klostergasse besass er später ein kleines Wohnhaus, dessen Fenster rückwärts auf den nah gelegenen Schlosspark führten; zweimal brannte es ab, wurde aber durch die Munificenz seines Fürsten wieder aufgeführt. Das Haus steht jetzt noch und hat im Jahre 1898 eine Gedenktafel erhalten.

Paul Anton starb im Jahre 1762, und es folgte ihm in der Regierung sein Bruder Nicolaus, unter dem Haydn die längste Zeit — fast 30 Jahre — seinen Dienst versehen hat. Die Prunkliebe dieses Fürsten und sein Hang zu äusserem Glanze verschafften ihm den Beinamen des „Prächtigen". Sein Erscheinen bei Hofe, besonders die mit Diamanten besetzte Uniform erregte allgemeines Aufsehen. Auf seinen Gütern war er ein freigebiger und liebenswürdiger Wirt. Die höchsten Fürstlichkeiten weilten dort zum Besuch; berühmt waren die Jagden, Bälle und auserlesenen Festlichkeiten aller Art, die er veranstaltete, und fast ununterbrochen war der Strom von Gästen, der diesem bunten Treiben den Anlass gab. Von den Vorfahren hatte Nicolaus die Liebe zu den schönen Künsten geerbt. Er war ein leidenschaftlicher Freund der Musik und übte sie selbst als Barytonspieler aus. Sein Regierungsantritt brachte Haydn eine wesentliche Verbesserung seiner materiellen wie künstlerischen Lage. Fürst Nicolaus bestätigte ihn im Amte und erhöhte sofort sein Gehalt um die Hälfte. Das Wichtigte aber waren die Veränderungen, die er mit der Musikkapelle vornahm. Er ordnete ihre Verhältnisse, vergrösserte sie durch Hinzuziehung eines zweiten Oboisten und Fagottisten, zweier Waldhornisten sowie zweier weiterer Violinisten, und sorgte beständig dafür, dass die Körperschaft in Uebung und Betätigung erhalten wurde. Die Kammermusik fand unter ihm eine eifrige Pflege, grosse Konzerte wurden — wie wir sehen werden, sogar ausserhalb — veranstaltet, und immer mehr bürgerten sich die Aufführungen dramatischer Werke ein. In dem vervollständigten Orchester stand nunmehr Haydn das geeignete Werkzeug zur Verfügung, wie er es für seine symphonischen Experimente gebrauchte. Fast gleichzeitig mit Haydn war in die Kapelle ein junger Geiger eingetreten, der für ihn wie für die ganzen Musikzustände in Eisenstadt von Bedeutung wurde: Luigi Tomasini. Er war ein hervorragender Virtuose und zeichnete sich ausser durch seine Technik namentlich durch feurigen Vortrag aus. Haydn schätzte ihn so hoch, dass er mit dem bedeutend Jüngeren eine intime Freundschaft schloss. „So wie Du", sagte er ihm später, „spielt mir niemand meine Quartette zu Dank". Es ist anzunehmen, dass der begabte Künstler unserm Meister zu manchem in seinen Werken die Anregung gegeben hat. Auch sonst befanden sich tüchtige Kräfte in der Kapelle des Fürsten, wie der Violoncellist Weigl, der mit der Sängerin Scheffstoss verheiratet war. Seinen ältesten Sohn Joseph, den Komponisten der später so berühmt gewordenen „Schweizerfamilie", hat Haydn aus der Taufe gehoben. Die aufrichtige Teilnahme seines Paten blieb dem talentvollen Tonsetzer erhalten. Nach der Aufführung der Oper „La Principessa d'Amalfi" heisst es in einem Briefe Haydns: „Schon seit langer Zeit habe ich keine Musik mit solchem

Enthusiast empfunden", und weiter: „erhalten Sie mich alten Knaben in Ihrem Angedenken; ich liebe Sie herzlich" u. s. w.

Das Verhältnis Haydns zum Fürsten Nicolaus war bei aller Beobachtung der Etikette ein beinahe herzliches zu nennen. Der Fürst erkannte die Bedeutung seines Kapellmeisters und gab ihm oft genug Beweise seiner Wertschätzung, ermunterte ihn auch durch seine Teilnahme zu immer neuem Schaffen. Dem Komponisten wiederum war es aufrichtig um die Zufriedenheit seines Herrn zu tun; er fühlte sich zu Dank verpflichtet und bewahrte dem Hause Esterházy eine treue Anhänglichkeit, als er längst nicht mehr in seinen Diensten stand. Fürst Nicolaus, selber gütig und grossmütig von Charakter, mochte in dem Künstler auch den edlen Menschen schätzen. In seiner Stellung hatte Haydn durch die Art, wie er seine Musiker behandelte, wie er für sie eintrat, wie er die Dienstvergehen Einzelner zu entschuldigen wusste, vollauf Gelegenheit, seine Gutmütigkeit und Hilfsbereitschaft zu beweisen. In langen Bittschriften wendet sich der Meister an den Fürsten und weiss alles Mögliche zu Gunsten der Schuldigen vorzubringen, um sein Herz zu rühren. So wurde mancher schon Entlassene auf seine Bitte wieder angestellt. Dafür hingen aber auch die Mitglieder der Kapelle an ihm wie an einem Vater. Ein merkwürdiges Schriftstück hat sich vorgefunden, aus dem hervorgeht, dass Haydn selbst einmal einen Verweis erhalten hat, und ungemein komisch berührt es, wenn man liest, wie einer unserer produktivsten Meister der Nachlässigkeit beschuldigt und verwarnt wird, künftig im Komponieren fleissiger zu sein! Der also Verkannte stand jedoch bald wieder in alter Gunst, zumal er seinen Gönner

Joseph Weigl.

durch einige Kompositionen für sein Lieblingsinstrument, das Baryton, erfreute. Das Baryton (Viola di Bardona) hatte sich zu Anfang des vorigen Jahrhunderts aus der Viola da Gamba entwickelt und war lange Zeit seines zarten und lieblichen Klanges wegen sehr beliebt. Als Soloinstrument wurde es von Dilettanten und Virtuosen vielfach gepflegt; in das Orchester fand es keine Aufnahme, seine Technik war kompliziert, und allmählich wurde das Violoncell verdrängt. Seit den 20er Jahren ist es aus den Konzertsälen verschwunden. Der Fürst war der Meinung, das Baryton sei auf eine einzige Tonart beschränkt. Haydn, der dies bezweifelte, aber das Instrument nicht genau genug kannte, übte sich darauf heimlich ein halbes Jahr lang, bis er eine ziemliche Fertigkeit erlangt hatte. Dann liess er sich vor dem Fürsten hören, spielte in mehreren Tonarten und erwartete Ueberraschung und Beifall. Der Fürst aber sagte ganz ruhig: „Haydn, dass muss Er besser wissen." Ich verstand den Fürsten", bekannte Haydn, wie Diez erzählt, „und ob mich gleich im ersten Augenblick die Gleichgiltigkeit desselben schmerzte, so verdanke ich es doch seiner kurzen Erinnerung, dass ich plötzlich den Vorsatz fallen liess, ein guter Barytonspieler zu seyn. Ich erinnerte mich, dass ich mir als Kapellmeister und als ausübender Virtuos schon einigen Ruhm erworben hatte; machte mir selbst Vorwürfe, die Komposition seit einem halben Jahre vernachlässigt zu haben, und wandte mich wieder mit neuem Eifer zu derselben." Haydn hat im ganzen 175 Kompositionen für das Baryton geschrieben; das meiste davon hat sich, wenn auch manches nur in Bruchstücken, erhalten, vieles verwendete er später in anderen Arbeiten. Nach dem Jahre 1775 sind keine Werke für Baryton mehr nachweisbar; vielleicht hatte der Fürst sein Spiel aufgegeben. Für die weitere Ausbildung von Haydns Kammerstil sind diese Kompositionen sicher nicht ohne Nutzen gewesen.

Von Erzeugnissen seiner Muse sind ferner bis zum Jahre 1766 ausser zahlreichen Kammerwerken etwa 30 Symphonien, eine Oper, eine Cantate und ein Tedeum zu nennen. Diese ganze in Eisenstadt verlebte Zeit verlief somit bei aller äusseren Einförmigkeit in rastloser Arbeit und stetig sich steigernder Produktivität. Zu erwähnen wäre noch, dass Joseph nach dem Tode des Vaters seinen jüngeren Bruder Johann Evangelist zu sich nahm und ihm eine Stelle als Tenorsänger im Kirchenchor verschaffte. Johanns Stimme war schwach und ohne besondere Ausbildung; seiner geringeren musikalischen Fähigkeit gemäss hielt er sich bescheiden zurück und lebte, stets kränkelnd, als Sänger und Lehrer in Eisenstadt bis zu seinem 1805 erfolgten Tode.

Das Jahr 1762 brachte zwei Ereignisse, die in Haydns Leben einen neuen Abschnitt bezeichnen. Der alte Werner starb, und somit rückte Haydn auch nominell in seine Stelle auf. Zugleich brachte Fürst Nicolaus einen Plan zur Ausführung, an dessen Verwirklichung er seit seiner Rückkehr aus Frankfurt am Main, wohin er 1764 als Churböhmischer Botschafter gesandt worden, gearbeitet hatte.[18]) Bevor er dort der Wahl und Krönung des Erzherzogs Joseph zum römischen König beiwohnte, hatte er Paris einen Besuch abgestattet und hierbei die Pracht des Versailler Schlosses und seiner Umgebung kennen gelernt. Damals fasste er den Entschluss, eine seiner Besitzungen nach diesem Muster umzuwandeln, und seine Wahl fiel auf das Jagdschloss Süttör, am südlichen Ende des Neusiedler Sees. Das einfache, im Jahre 1720 aufgeführte Gebäude lag in einer unwirtlichen, ungesunden Gegend, rings von Sumpf und Morästen umgeben. An seiner Stelle liess nun Fürst Nicolaus mit enormen Unkosten einen Prachtbau entstehen, entwässerte das Land durch Kanäle, legte Dämme und Baumpflanzungen an und schuf so einen Herrensitz, der es mit seinem Vorbilde aufnehmen konnte, und dem er nach dem Stammorte der fürstlichen Dynastie, dem magyarischen Dorfe Esterháza auf der Insel Schütt, den Namen „Esterház" beilegte. Hierhin übersiedelte der Fürst zum erstenmale im Jahre 1766; die neue Schöpfung wurde sein Lieblingsaufenthalt, an den ihm auch die Kapelle folgen musste, und so verbrachte Haydn fortan den grössten Teil des Jahres in Esterház.

Das Hauptgebäude des Schlosses war im italienischen Stile aufgeführt, reich mit Statuen, Reliefs und Säulen geschmückt und gewährte einen imposanten Anblick. Der dichte Wald, der sich unmittelbar angeschlossen hatte, war in einen herrlichen Hain umgewandelt und enthielt einen Wildpark, Blumengärten und Treibhäuser, aufs verschwenderischste ausgestattete Lusthäuser, Grotten, Eremitagen und Tempel. Das Schloss selbst war mit erlesenem Geschmack eingerichtet und barg kostbare Kunstwerke und Sammlungen. Von zwei grossen Festsälen diente der zu ebener Erde gelegene als Musiksaal bei grösseren Aufführungen. Unmittelbar neben dem Schlosse befand sich ein elegantes Theater für Opern, Dramen und Komödien, daneben noch ein zweites mit grossen, künstlerisch ausgeführten Marionetten. Als im Jahre 1779 ein Teil des Schlosses in Brand geriet, wurde das Theater zerstört und mit ihm die Instrumente und Musikalien, ein unersetzlicher Verlust für Haydn, der dadurch einen Teil seiner Manuskripte einbüsste. Die Aufführungen erlitten trotzdem keine Unterbrechung; während der elf Monate, die der Wiederaufbau des Schauspielhauses in Anspruch nahm, wurde auf einer interimistischen Bühne gespielt. So lange der Fürst in Esterház weilte, fanden täglich Vorstellungen statt; zweimal in der Woche war Oper, an den übrigen Tagen Schau- oder Lustspiel. Das Publikum bestand ausser dem Hofstaat des Fürsten aus den zu Besuch weilenden Fremden. Das Opernorchester war mit den Mitgliedern der fürstlichen Kapelle besetzt und stand unter Haydns Leitung, der auch den Sängern ihre Partien einstudierte. Um aber einen so regelmässigen Betrieb von dramatischen Aufführungen zu ermöglichen, musste eine stehende Truppe von Sängern und Sängerinnen, durchschnittlich 10 bis 12 an der Zahl, engagiert werden. Es waren zumeist Italiener, die gewöhnlich die kurze Winterpause zu einer Reise in die Heimat benutzten. Die Textbücher der aufgeführten Opern erschienen mit der Bemerkung „da rappresentarsi nel teatro d'Esterház" im Druck und zeigen, so weit sie noch vorhanden sind, dass die heitere Oper vorherrschte und im allgemeinen das Repertoire der Wiener Hofoper zum Vorbild diente. Für die Komödie wurden, oft für mehrere Monate, wandernde Schauspielertruppen verpflichtet, die zugleich das Lesen der Rollen im Marionettentheater übernehmen mussten. Diese Art der Belustigung, die wir nur noch als Spielzeug oder Unterhaltung für Kinder kennen, wurde damals sehr ernst genommen. Dekorationen und Maschinerien waren kunstvoll gearbeitet, und die aufgeführten Stücke gaben oft den Erzeugnissen der höheren dramatischen Literatur nichts nach, wenn sich die Verfasser auch mit Vorliebe burlesken Stoffen zuwandten. Haydn, der namentlich an dem parodistischen Genre dieser Darstellungen seine Freude hatte, schrieb zu mehreren Stücken die Musik und beschäftigte sich auch zu seinem Privatvergnügen mit der Puppenkomödie. Bis etwa 1778 stand in Esterház das Marionettentheater im Vordergrund der Vergnügungen. Die Leitung lag in den Händen Joseph Karl von Pauersbachs; er hatte die Figuren selbst verfertigt und schrieb auch zum grössten Teil die Stücke. Der Ruhm seines Puppenspiels drang bis nach Wien, sodass die Kaiserin einst den ganzen Apparat nach Schönbrunn kommen liess, um dort den Vorstellungen beiwohnen zu können.

Aber nicht nur das Marionettenspiel, auch die Oper in Esterház genoss einen guten Ruf, der weithin Interesse erweckte. Als im Jahre 1777 der Kurfürst von Trier und der Herzog Albert von Sachsen nebst seiner Gemahlin nach Wien kamen, erbat sich Maria Theresia vom Fürsten Esterház seine Oper und seine Kapelle. Die Musici konzertierten während der kaiserlichen Tafel in Schönbrunn, und das Singspiel fand allgemeinen Beifall. Schon im März 1770 hatte Haydn seine Oper „Lo Speciale" in einem Privathause Wiens, beim Freiherrn von Sumerau, aufgeführt. Die Vorstellung wurde in Form einer Akademie wiederholt, und dies war das erste Mal, dass Haydn sich öffentlich in Wien mit seiner Kapelle produzierte. In den 70er Jahren spielte die Kapelle auch mehrfach in Pressburg, und auf einer der Festlichkeiten, zu deren Verherrlichung Künstler aus Esterház zugezogen waren, stand während eines glänzenden Kavalierballes sogar die Tanzmusik unter der Direktion „des berühmten Haydn." Vor allem aber im eigenen Heim bildete das fürstliche Theater einen mächtigen Anziehungspunkt. Im September 1773 hatte Nicolaus die Genugtuung, dass die

Kaiserin, neugierig gemacht durch die enthusiastischen Schilderungen der Besucher, nach Esterház kam, um all die Herrlichkeiten selbst in Augenschein zu nehmen. Bei den Festlichkeiten, die ihr zu Ehren veranstaltet wurden, und bei denen der Fürst alles aufbot, seinen Lieblingssitz in glänzendstem Lichte zu zeigen, spielten natürlich die Aufführungen im Opernhause eine hervorragende Rolle. Welch günstigen Eindruck die Kaiserin empfing, geht aus dem Ausspruch, den sie tat, hervor: „Wenn ich eine gute Oper hören will, gehe ich nach Esterház." Trotz der Gunst, die infolgedessen auch auf den Dirigenten dieser Veranstaltungen fiel, und trotz seiner guten Beziehungen zum Wiener Hofe vermochte Haydn nicht, sich als Opernkomponist an dem kaiserlichen Theater durchzusetzen. Die Aufführung seiner Oper „La vera costanza" wurde durch Ränke und Kabalen hintertrieben, obgleich Kaiser Joseph selbst sich dafür interessierte, und Haydn sah sich genötigt, seine Partitur zurückzuziehen. Erst 1790 erschien sie auf einem Wiener Vorstadttheater, nachdem schon vorher (1784) eine andere Oper Haydns, „La fedeltà premiata", mit Beifall gegeben war. Sein immerhin geringer Erfolg auf der Bühne, zu einer Zeit, wo er als Instrumentalkomponist bereits eine hochgeachtete Stellung einnahm, erklärt sich aber wohl hauptsächlich aus der Natur der Werke; er hatte es in Wien mit Männern zu tun, die ihn auf diesem Felde weit überragten.

Ausser den theatralischen Unterhaltungen, die, wie wir gesehen haben, in dem Kunstleben des fürstlichen Hofes einen breiten Raum einnahmen, und der Tafelmusik bei festlichen Anlässen herrschte auch sonst in Esterház ein reges Musiktreiben. Das Streichquartett wurde mit Tomasini an der Spitze eifrig gepflegt, und in dem Musikzimmer des Fürsten fanden regelmässig Vokal- und Instrumentalakademien statt, in denen die einzelnen Virtuosen oder die ganze Kapelle mitwirkten. Zuweilen nahmen auch fremde Künstler, die auf Einladung des Fürsten nach Esterház gekommen waren, daran teil. Da nun andererseits im Laufe der Jahre die Mitglieder der Kapelle häufig wechselten, so konnte es nicht fehlen, dass Haydns Musik aus der stillen Abgeschiedenheit ihres Entstehungsortes bald in alle Welt getragen wurde, und dass zugleich ihm selbst die Kenntnis fremden Wesens und anderer Anschauungen nicht vorenthalten blieb.

Ueberblickt man die vorstehend geschilderten Verhältnisse, so wird man zugeben müssen, dass es Haydn an Anregung zu künstlerischem Schaffen in seiner Stellung als Esterházyscher Kapellmeister nicht gebrach. Er machte denn auch einen ausgiebigen Gebrauch von der ihm gebotenen Gelegenheit, seine Fähigkeiten produktiv zu verwerten. Da die Proben für die fast täglichen musikalischen Unterhaltungen gewöhnlich die Vormittage in Anspruch nahmen, so blieben ihm hauptsächlich der Morgen und der späte Abend für die schöpferische Tätigkeit. Von seiner Gewohnheit, früh aufzustehen, wurde schon gesprochen; es kam aber auch vor, dass er zu vorgerückter Stunde, ermüdet von des Tages Arbeit, seine Gedanken zu Papier brachte. Wenigstens trägt die letzte Seite eines Manuskriptes die wie zur Entschuldigung beigefügte Bemerkung: „im Schlaf geschrieben", Besonderes Interesse beansprucht natürlich alles, was uns über Haydns Art, zu dirigieren, über seine Ansichten von Musik und Musikern erhalten ist. Bei den Proben nahm er es sehr genau. Einzelne Stellen, so berichtet Pohl, liess er so lange wiederholen, bis die Ansführung seinem Wunsche entsprach, ohne dabei je heftig oder ungeduldig zu werden; lautes Rufen kam nie vor. Er dirigierte vom ersten Violinpult aus und griff

Hochedelgebohrner

Sonders Hochzuverehrender Herr!

Sie werden mir nicht ungütig nehmen, dass ich Ihnen diess Mahl der Zeit nicht folgsam wegen dem Oratorio die geschickt habe: sobald dieses Oratorium wie ich hoffe, schon copirt seyn, so bitte, es unseren Portier zu geben, von welchem ich es alsdann sicher erhalten werde. übersenden sie ihm zugleich den betrag der Copialien, welchen ich bei der ersten gelegenheit mit Danck bezahlen werde. nebst bin ich Ihnen sehr verbunden für den übersendeten Kastchen diess, und für die wienste, sie machen mich hierdurch zum schuldner, werde aber nicht ermangeln es bey gelegenheit zu vergelten. nebst daran bitte ich euch noch die letzte 2 wercke für das Clavier von C. P. Emanuel Bach zu übersenden. der ich indessen mit aller Hochachtung bin Eure Hochedelgebohren

Estorg, den 16: Febr. 788.

ganz dienstfertigste D.
Joseph Haydn

BRIEF AN ARTARIA & C.IE IN WIEN.

(Von Herrn Dr. Max Friedländer in Berlin zur Reproduktion freundlichst überlassen.)

Schmidt, Haydn.

gelegentlich auch selbst mit ein. In England eignete er sich später die Sitte an, vom Klavier aus den Takt zu geben. Sein Mienenspiel soll beim Dirigieren sehr lebhaft gewesen sein. „Mir war seine Mimik höchst interessant", schreibt ein Korrespondent gelegentlich einer Aufführung der Schöpfung; „er hauchte dadurch dem Personal der Tonkünstler den Geist ein, in welchem sein Werk komponiert war und aufgeführt werden musste. Man las in allen seinen nichts weniger als übertriebenen Bewegungen sehr deutlich, was er bei jeder Stelle gedacht und empfunden haben musste". Haydn war ein Feind aller Willkürlichkeiten und gestattete den Sängern und Spielern nicht, eigenmächtig ihren Part durch Verzierungen auszuschmücken. „Ich kann das schon auch", pflegte er dann zu sagen, „und wenn ich es gewollt hätte, würde ich es so geschrieben haben." Die vorgeschriebenen Verzierungen dagegen wollte er genau ausgeführt wissen, wie aus den Anweisungen hervorgeht, die er einem nach ausserhalb gesendeten Werke beigefügt hat. Hier findet sich zum Beispiel schon die Regel, dass der Vorschlag vor gleichen Noten: so: nicht auszuführen ist. In Briefen an seinen Verleger Artaria beklagt er sich, dass in Stellen wie der Stecher den Doppelschlag nicht genau über den Punkt gestellt habe, und protestiert gegen das Setzen eines tr. statt eines ∽ „dan das erste bedeutet einen Triller, meines aber einen halben Mordent." Ueberhaupt legte er grosses Gewicht auf Einzelheiten. Die sorgsame Fixierung des Tempo lag ihm ebenso am Herzen, wie die peinliche Befolgung der dynamischen Vorschriften und der Bindebögen. Vortragszeichen findet man trotzdem in Haynds Werken nicht allzu häufig; er überliess vieles der Einsicht und dem Geschmack der Ausführenden. Bei den Rezitativen, meinte er, müsse der Akkord immer erst eintreten, wenn der Sänger geendet hat, „denn es würde sehr lächerlich seyn, wenn man den Sänger das worth vom Mund herabgeigete". Ferner drang er auf eine gute Aussprache, „damit man jede Sylbe verstehn könne. In der musikalischen Theorie war Haydn nichts weniger als ein Pedant. Grammatikalische Freiheiten im Satze verteidigte er mit dem Hinweis auf das Wesen der Kunst, die durch keine Handwerksfesseln beschränkt werden dürfte. „Das Ohr, versteht sich ein gebildetes, muss entscheiden, und ich halte mich befugt wie irgend einer, hierin Gesetze zu geben." Künstlereien imponierten ihm nicht; wichtiger erschien ihm, wenn jemand versuchte, „einen wahrhaft neuen Menuett zu komponieren". Einen Tadler, der in Mozarts C-dur-Quartett unharmonische Querstände bemerkte, fertigte er mit den Worten ab: „Hat Mozart es geschrieben, so hat er seine gute Ursache dazu." Gegen alles Aesthetisieren hegte er, wie Goethe, einen tiefen Widerwillen, und auf die Recensenten war er schlecht zu sprechen. Er verspottete ihre „spitzigen und witzigen Federn" und meinte: „Die Herren dünken sich wohl sehr weise; ach! wenn ich mich aufs Kritisieren verlegen wollte, wie vieles fände ich da zu tadeln!" Erst im Alter wurde er milder gestimmt und wünschte bei Uebersendung seiner „Schöpfung" an Breitkopf, dass die Herren Rezensenten sein Werk „nicht allzu streng anfassen und ihm dabei zu wehe tun" möchten. Doch ist es fraglich, ob diese Stelle nicht vielleicht halb ironisch gemeint war. Sein eigenes Spiel schätzte Haydn nicht hoch. Einem jungen Geiger, der sich ängstlich zeigte, rief er einst zur Ermunterung zu: „Nur Courage, Junge! Du wirst Dich doch nicht vor mir fürchten, ich bin ja selber nur ein schlechter Spieler." Oeffentlich liess er sich nie hören; selten spielte er Violine, häufiger Bratsche, am liebsten im Quartett, wenn vor dem Fürsten und seinen

Gästen, oder in Wien bei Freunden (z. B. bei Kelly und der Familie von Genzinger) und später in seinem eigenen Hause musiziert wurde. Auf dem Klavier pflegte er nur zu akkompagnieren, und nach seiner Rückkehr aus London gab er das Solospiel überhaupt auf.

Das Verhältnis Haydns zu seiner Kapelle war ein wahrhaft patriarchalisches. Hier war er wirklich der „Papa Haydn", als der er sich in der allgemeinen Vorstellung erhalten hat. Er nannte die Mitglieder seine Kinder, behandelte sie mit liebenswürdiger Kollegialität und wurde nicht müde, für ihr Wohl zu sorgen. Dafür hingen die Musiker an ihm mit unbegrenzter Liebe und Verehrung. Manche Züge eines guten Herzens sind uns überliefert; der Fürsprache, die er mündlich und schriftlich beim Fürsten für so manchen seiner Untergebenen einlegte, ist schon gedacht worden. Eine vielerzählte Anekdote, die sich an eines seiner Werke knüpfte, zeigt uns Haydn zugleich von seiner gemütreichen wie von seiner humorvollen Seite. Fürst Nicolaus, der, wie erwähnt, eine Vorliebe für Esterház, die Schöpfung seiner Laune, besass, pflegte seinen Aufenthalt dort immer länger in den Winter hinein auszudehnen. In Eisenstadt hielt er sich nur vorübergehend auf, und gegen Wien hegte er eine lebhafte Abneigung. die mit den Jahren zunahm, so dass sich seine Besuche zuletzt fast nur noch auf die übliche Vorstellung bei Hofe am Jahreswechsel beschränkten. Das lange Verweilen des Fürsten in Esterház gab dem Hofstaat um so mehr Veranlassung zu mancherlei Klagen, als die Abgeschiedenheit des Ortes nur wenig Zerstreuungen bot, und überdies das Klima durch die Lage des Schlosses in einer vormals sumpfigen Gegend in hohem Grade ungesund war. Zumal die Musiker, die in dem Lustschloss ganz besonders anstrengenden Dienst hatten, sehnten sich mit eintretendem Herbst nach Eisenstadt zurück. Das ihnen zur Wohnung angewiesene Gebäude reichte kaum für die Mitglieder der Kapelle aus, und die Unterbringung der Frauen und Kinder hatte bei dem Raummangel zu allerhand Unzuträglichkeiten geführt. Deshalb verordnete der Fürst, dass auch die Verheirateten allein zu erscheinen hätten; er wollte künftighin ihre Angehörigen nicht einmal auf 24 Stunden in Esterház sehen. Nun Haydn und einige bevorzugte Künstler, wie Tomasini, waren von dem Verbot ausgenommen. Nun war im Jahre 1772 wieder einmal der Herbst schon längst herangekommen, ohne dass Fürst Nicolaus Miene machte, seinen Sommersitz zu verlassen. Die begreifliche Sehnsucht der so lange von ihren Familien Getrennten steigerte sich zur Ungeduld, und sie bestürmten Haydn mit Bitten, seinen Einfluss aufzubieten und den Fürsten zur Abreise zu bewegen. Mitleid und die ihm eigene Schalksnatur brachten den Meister auf ein ganz originelles Mittel, an die freundliche Gesinnung seines Herrn zu appellieren und ihm die Stimmung und die Wünsche seiner Künstler vorzutragen. Es war eine Abendmusik, bei der eine neue Symphonie Haydns gespielt werden sollte. Die ersten drei Sätze gingen in gewohnter Weise vorüber, im Finale aber geschah etwas Unerhörtes. Nachdem das Thema des Adagio wieder eingetreten ist, erheben sich, während die anderen weiter spielen, der zweite Hornist und der erste Oboist, in deren Noten sich an dieser Stelle ein „geht ab" befindet, packen ihre Instrumente ein, löschen die Lichter an ihren Pulten und verlassen geräuschlos den Saal. Nach einigen Takten folgt ihnen der Fagottist, ein wenig später die beiden letzten Bläser, und nicht lange währt es, so beginnen auch die Streicher nach und nach zu verschwinden. In dem fast dunkel gewordenen Orchesterraum sitzen nur noch Tomasini und ein zweiter Geiger an einem Pult und führen den wunderlichen Satz mit leisem, durch Sordinen gedämpften Zwiegesang zu Ende. Schliesslich löschen auch sie die Lichter und begeben sich stillschweigend hinaus. Der Fürst, nachdem er sein erstes Befremden überwunden hatte, folgte dem Vorgange gerührt, trat auf Haydn zu und sagte: „Ich habe die Absicht verstanden, die Musiker sehnen sich nach Hause — nun gut — morgen packen wir ein." Unter dem Namen „Abschiedssymphonie" fand das Werk grosse Verbreitung und wurde früher viel gespielt. Schumann sagt über den Eindruck einer Aufführung in Leipzig (1837): „Die Musiker (auch unsere) löschten dabei, wie bekannt, die Lichter aus und gingen sachte davon; auch lachte niemand, da es garnicht zum Lachen war."

Bei der angestrengten Tätigkeit, die Haydn als Komponist und Dirigent in Esterház entwickelte, fand er doch noch Zeit, so manchem ein anregender und gewissenhafter Lehrer zu sein. Die Violinisten Niemecz, Distler und Rosetti, der Harfenist Krumpholtz, der Violoncellvirtuose Kraft und vor allen Ignaz Pleyel zählten zu seinen Schülern in der Komposition. Pleyel schrieb in der Manier seines Meisters und wurde ein geachteter und ausserordentlich fruchtbarer Komponist, über den selbst Mozart günstig urteilte. Wir werden ihm noch in London begegnen. Aber er hielt nicht, was sein Talent versprach, sondern verflachte sich mehr und mehr. In Paris gründete er einen Musikalienverlag und die weltberühmte Pianofortefabrik; er gab zuerst eine vollständige Sammlung der Quartette Haydns, mit einem Porträt des Meisters, heraus. Hier sei gleich hinzugefügt, dass Haydn später den Stiefbrüdern Carl Marias von Weber, Fritz und Edmund von Weber, die ihr Vater 1784 zu ihrer Ausbildung nach Wien brachte, Unterricht erteilt hat. Fritz, der erste Musiklehrer seines berühmten Halbbruders, trat vorübergehend als Violinist in die fürstliche Kapelle; der begabtere von beiden war Edmund, den Haydn sehr schätzte und von dem auch Kompositionen im Druck erschienen sind. Dass Haydn persönlich das Studium der Sänger an der Oper überwachte, wissen wir bereits. Ausserdem aber brachte es seine Stellung mit sich, dass er in vornehmen Häusern, die mit der Familie des Fürsten verwandt oder befreundet waren, hier und da Musikunterricht erteilte. Bei ihrer Anwesenheit in Wien (1781) nahm auch die Grossfürstin Paul, nachmalige Kaiserin von Russland, einige Lektionen bei unserem Meister, der ihr in Erinnerung daran als Greis im Jahre 1802 ein Exemplar seiner drei- und vierstimmigen Gesänge übersandte und dafür ein Dankschreiben und einen kostbaren Ring erhielt. Auch sonst wurden ihm fürstliche Geschenke zu Teil; so von seinem Schüler, dem Grafen Erdödy, ein Wagen und zwei Pferde, für die ihm der Fürst die Fourage bewilligte. Haydn benutzte dies Gefährt, zu dem er sich einen eigenen Kutscher hielt, bisweilen auf der Reise.

Da die Gäste des Fürsten, die nach Esterház kamen, zumeist den höchsten Gesellschaftskreisen angehörten, so hielt bei aller Huld und Bewunderung, die den Künstlern und namentlich ihrem Oberhaupte gespendet wurde, die soziale Schranke sie doch immer in respektvoller Entfernung, und im Umgange blieben sie schliesslich auf einander angewiesen. Zum Glück für Haydn besass die fürstliche Kapelle einige hervorragende Mitglieder, die als Künstler und Menschen wohl einen anregenden Verkehr ermöglichten. In seinen Mussestunden pflegte sich der vielgeplagte Meister mit Vorliebe dem Vergnügen der Jagd und des Fischfangs zu widmen; auch das Kegelschieben war für ihn (wie für Mozart) eine Lieblingserholung. Dass er als wahrer Naturfreund sich gern im Freien bewegte und fleissig Spaziergänge im fürstlichen Park und in die Umgebung gemacht hat, ist anzunehmen. Das eigentümliche Gepräge der Puszta, der melancholische Reiz des Oeden, unermesslich Weiten, die Pracht des unbegrenzten Sternhimmels, die hier dem Auge sich bietet, das alles wird nicht ohne Wirkung auf sein Gemüt geblieben sein. Und neben den Spuren solcher Eindrücke findet sich — zum erstenmal in der Kunstmusik — in seinen Instrumentalwerken ein Nachhall der ungarischen Volksweisen.

Bei der einfachen und geregelten Lebensweise, die Haydn führte, war es natürlich, dass er bis ins hohe Alter sich dauernder Gesundheit und Rüstigkeit erfreute. Nur vorübergehend hören wir von einer Krankheit, einem hitzigen Fieber, das ihn im Jahre 1770 in Esterház ergriffen hat. Von dem schon erwähnten Erbübel seiner Mutter freilich, dem Nasenpolypen, wurde er nicht befreit, und hatte viel darunter zu leiden. Die Operationen, denen er sich bei einem Wundarzte in Eisenstadt unterwarf halfen nur vorübergehend, wenn das Hindernis ihm das Atmem erschwerte, und humorvoll resignierend meinte er, er müsse „den Kerl schon unter der Erde verfaulen lassen".

Die häuslichen Verhältnisse, die schon bald nach Schliessung seiner unglückseligen Ehe recht unerquickliche wurden, hatten sich inzwischen stetig verschlimmert. In stiller Entsagung hatte Haydn sich in das Schicksal gefunden, neben einer unverträglichen Frau zu leben, und war schliesslich dahin gekommen, ausser dem Hause zu suchen, was ihm daheim versagt blieb. Es war eine Sängerin des Theaters, Luigia Polzelli, die Frau eines unbedeutenden und durch Kränklichkeit an der Ausübung seines Dienstes stets verhinderten Violinisten, die dem Gemütsleben unseres Meisters einen Inhalt gab und seine Phantasie gänzlich gefangen nahm. Das Ehepaar war 1779 engagiert worden und verdankte, da auch die Frau nur in untergeordneten Rollen verwendet werden konnte, seine dauernde Anstellung wohl lediglich der Fürsprache Haydns. Luigia, eine Neapolitanerin, war damals 19 Jahre alt und, wenn auch nicht schön, doch eine anmutige Erscheinung. Das Signalement eines italienischen Passes schildert ihr schmales, längliches Gesicht von dunklem Teint, die Augen schwarz, das Haar kastanienfarbig; der Körper war von mittlerer Grösse und zierlichem Wuchse. Zu dieser Frau fasste Haydn eine tiefe und andauernde Leidenschaft. Die Polzelli war in derselben Lage wie er: sie lebte unglücklich mit ihrem Gatten. Ob sie Haydns Liebe aufrichtig erwiderte, lässt sich nicht feststellen; die Tatsachen sprechen dafür, dass sie seine Gutmütigkeit vielfach missbraucht und ausgenutzt hat. Jedenfalls aber hat sie dem oft so Freudelosen das Leben durch Empfindungen verschönt, die sie in ihm wachrief; und die Frau, die das zwanzig Jahre hindurch vermocht hat, verdient wohl um des Mannes willen, dem sie Freundin war, unsere Beachtung und Sympathie. Noch aus London schreibt ihr der Meister die zärtlichsten Briefe. Beide, wie die Korrespondenz ergibt, warteten, um sich zu vereinen, auf den Tag, wo „vier Augen sich schliessen würden." Als indessen endlich beide frei waren, hatte die Zeit ihren allmächtigen Einfluss geübt; Haydn war ein Greis geworden, äusserlich und wohl auch seelisch war zwischen beiden eine Entfremdung eingetreten, und von der einst so ersehnten Vereinigung ist nicht mehr die Rede. Doch hat Haydn nie aufgehört, die Freundin zu unterstützen, wie er auch für die Erziehung und das Fortkommen ihrer Söhne gesorgt hat. Der ältere, Pietro, Haydns Liebling, an dem er mit ganzem Herzen hing, starb früh; der jüngere, Anton, den man ohne nachweisbare Berechtigung für Haydns natürlichen Sohn ausgab, wurde später Musikdirektor der fürstlichen Kapelle, entsagte dann aber der Musik, wandte sich der Landwirtschaft zu und starb in Pest in traurigen Verhältnissen. Luigia Polzelli verheiratete sich noch vor Haydns Tod mit einem Sänger in Bologna, mit dem sie später nach Ungarn zog; auch sie starb in Dürftigkeit in ihrem 72. Lebensjahre. Ein Dokument hat sich vorgefunden, das auf das Ende dieser Liebesaffaire ein merkwürdiges Licht wirft. Es ist von Haydn am 23. Mai 1800, also kurz nach dem Tode seiner Frau ausgestellt und lautet (im Original italienisch):

> Ich, der hier Unterfertigte, verspreche der Signora Loisa Polzelli (im Falle ich gesonnen sein sollte, mich wieder zu verheirathen) keine andere zur Frau zu nehmen, als genannte Loisa Polzelli, und wenn ich Wittwer bleibe, verspreche ich genannter Polzelli, ihr nach meinem Tode eine lebenslängliche Pension von dreihundert Gulden, d. i. 300 Fl. in Wiener Münze zu hinterlassen. Rechtsgültig vor jedem Richter unterfertige ich mich
> Joseph Haydn,
> Capellmeister s. Hoheit des Fürsten Esterházy.

Die Form dieses Schriftstückes legt den Schluss nahe, dass Haydn durch die Polzelli dazu gedrängt worden ist. Das wirft allerdings kein gutes Licht auf ihren Charakter. Und doch dürfen wir die Bedeutung nicht unterschätzen, die zwanzig Jahre früher diese Liebschaft für das Leben, vielleicht auch für das Schaffen des Meisters gehabt hat.

Ein kurzer Ueberblick über den reichen Schatz von Werken, deren Entstehung in die dreissigjährige Periode seiner Kapellmeisterschaft fällt, und in denen allmählich seine Persönlichkeit sich zu ihrer ganzen Grösse entwickelt hat, mag dem folgenden Kapitel vorbehalten bleiben. Hier sei nur die schon mehrfach zitierte autobiographische Skizze erwähnt, deren Wortlaut im Anhange wiedergegeben ist. Haydn schrieb, auf eine Aufforderung hin, diesen Brief im Jahre 1776 für „Das gelehrte Oesterreich", eine von de Lucca herausgegebene Zeitschrift, in deren erstem Bande er (mit dem von Haydn selbst falsch angegebenen Geburtsjahr) 1778 erschienen ist. Die Mademoiselle Leonore, an die er gerichtet ist, war die spätere Gattin eines Esterházy'schen Wirtschaftsrates.

Haydns Beziehungen zu Wien knüpften sich im Laufe der achtziger Jahre wieder an und wurden immer intimer und für ihn bedeutsamer. Wenn der Fürst nach der Hauptstadt kam, pflegte er seinen Kapellmeister mitzubringen, und Oper und Konzerte wurden dann fleissig besucht, um neue Anregungen für das Musikleben in Esterház zu gewinnen. Das künstlerische Wien hatte, seitdem Haydn es verlassen, sich rasch entwickelt. Namentlich für die Tonkunst war es, infolge der eifrigen Betätigung weiter Dilettantenkreise und durch den Zusammenfluss der hervorragendsten Geister, bereits zu der Bedeutung gelangt, die es zur musikalischen Metropole Deutschlands machte. Gluck stand auf der Höhe seines Ruhmes, Männer wie Salieri, Hasse, Paisiello, Benda und Dittersdorf brachten hier in ununterbrochener Folge ihre Werke zu Gehör, das Genie Mozarts, der seit 1781 bleibend seinen Aufenthalt in Wien genommen hatte, begann alles zu überstrahlen, und nicht lange, so gesellte sich der junge Beethoven diesem Kreise zu. Die ausgezeichnetsten Sänger und Virtuosen lebten entweder in Wien oder liessen sich auf der Durchreise hören. Die Oper stand in hoher Blüte, und zu den Akademien der Solisten kamen immer häufiger solche für Orchester; die Liebhaberkonzerte im Augarten erfreuten sich grossen Zuspruchs, und in den Häusern der Schwarzenberg und van Swieten begann man Oratorien (darunter solche von Händel) aufzuführen.

In diesen musikalischen Kreisen der Kaiserstadt war die Bedeutung Haydns in den achtziger Jahren voll anerkannt. Seine Werke (mit Ausnahme der Opern) waren von Eisenstadt und Esterház aus rasch bekannt geworden und hatten sich überall Freunde erworben. Bei seinen Besuchen in Wien brachte er jedesmal neue Beweise seiner Schöpferkraft mit, denen stets eine freudige, zuweilen enthusiastische Aufnahme bereitet wurde. Freilich fehlte es ihm auch nicht an Neidern und überzeugten Gegnern, die ihn herabzusetzen suchten. Namentlich vom akademischen Standpunkt aus wurde er angegriffen; man suchte das vorwiegend Fröhliche und Volkstümliche seiner Musik als eine Entwürdigung der Kunst darzustellen. Die Erkenntnis, dass in der Kunst jeder Gefühlsinhalt, auch der heitere, ernsthaft behandelt werden kann, und dass gerade Haydn dafür ein leuchtendes Beispiel bietet, hatte sich noch nicht allgemein Bahn gebrochen. Wohl fühlten aber feine Künstlernaturen das Richtige heraus; Abraham Peter Schulz, der selbst ein Schüler des strengen Kontrapunktikers Kirnberger war, bekannte offen: „Vor diesem Lustigmacher fall' ich nieder und bete ihn an." Konnte nun Haydn auch nicht die Anerkennung aller Zunftgenossen erlangen, so genoss er doch das Glück, frühzeitig populär zu werden. Namentlich war es seine Menuettmusik, die in alle Schichten der Bevölkerung drang und dort seinen Namen beliebt machte. Eine Anekdote, die davon zeugt, reicht bis in den Anfang der 60er Jahre zurück. Damals hörte Haydn auf einem Spaziergange, den er mit Dittersdorf durch die Gassen Wiens machte, eines seiner Menuetts in einer Bierkneipe fiedeln. Rasch entschlossen traten beide ein, um sich einen Spass mit den Musikanten zu machen. Auf ihre Frage, von wem denn die Musik sei, erhielten sie prompt die Antwort: „von Haydn"; als aber der unbekannte Verfasser darauf die Bemerkung wagte: „Das ist ein rechter Saumenuett", entrann er nur mit Not der Gefahr, von den empörten Geigern geprügelt zu werden, so tief fühlten sich diese Leute in ihrem Liebling beleidigt.

Mit der 1771 von Florian Gassmann in Wien gegründeten Tonkünstler-Sozietät machte Haydn schlimme Erfahrungen. Er hatte die Absicht, dem Verein, der durch Beiträge und den Ertrag von Aufführungen die Witwen und Waisen der Mitglieder sicher stellen wollte, beizutreten und überliess ihm unentgeltlich sein Oratorium „Il ritorno di Tobia," das 1775 in einer Akademie unter seiner eigenen Leitung im Theater am Kärnthnertor mit grossem Beifall aufgeführt worden war. Sein Gesuch um Aufnahme wurde auch berücksichtigt, damit aber die Zumutung verbunden, er solle sich durch Revers verpflichten, jederzeit auf Verlangen der Sozietät Kompositionsaufträge auszuführen. Darauf zog Haydn seine schon geleistete Einlage wieder zurück und verschaffte sich Genugtuung in einem Schreiben, das sich noch erhalten hat und aus dem man ersehen kann, welch selbstbewussten Ton der sonst so bescheidene Mann anschlagen konnte, wenn er sich verletzt fühlte.[16]) Später suchte die Gesellschaft den Verstoss wieder gut zu machen, indem sie ihn (1797) ohne seinen Antrag zum Ehrenmitglied und Assessor senior auf Lebenszeit ernannte. Für diese Auszeichnung erwies sich dann der Meister erkenntlich, indem er seine Oratorien „Schöpfung" und „Jahreszeiten" dem Vereine als Eigentum überreichte und dadurch den Grund zu dessen künstlerischer Bedeutung legte.

Unter den Beziehungen Haydns zu anderen Künstlern ist als der wichtigsten und folgenschwersten des innigen Verhältnisses zu gedenken, in dem unser Meister zu dem um 24 Jahre jüngeren Mozart stand. Wann und wie diese Freundschaft geschlossen wurde, ist nicht bekannt[17]), wohl aber, dass der Verkehr, namentlich in den letzten Jahren, ein herzlicher war. Er ist nicht nur deshalb interessant, weil er die beiden bedeutendsten Künstler des damaligen Wiener Kreises verband, sondern auch weil er uns die beiden grossen Männer menschlich von der schönsten Seite zeigt. Obgleich Rivalen auf demselben Gebiete, waren sie über jede Regung des Neides erhaben, suchten von einander zu lernen und erkannten freudig einer die Grösse des andern an. Mozart, der sich schon als Knabe Haydn'sche Menuetten hatte nach Italien schicken lassen, um dort, wie er schreibt, „den deutschen Menuett-Geschmack" einzuführen, sprach stets mit der grössten Bewunderung von Haydn und duldete nicht, dass man ihn in seiner Gegenwart herabsetzte. „Herr!" antwortete er einst Kozeluch, der an einem Werk des Altmeisters etwas zu tadeln fand, „und wenn man uns beide zusammenschmilzt, wird doch noch lange kein Haydn daraus". Als derselbe Komponist einmal bemerkte: „Das hätte ich nicht so gemacht," entgegnete Mozart: „Ich auch nicht, und wissen Sie warum? Weil weder Sie noch ich auf diesen Einfall gekommen wären". Die Dedikation seiner eigenen Streichquartette motivierte er mit den Worten: „Das war Schuldigkeit, denn von Haydn habe ich gelernt, wie man Quartette schreiben müsse." Fast noch enthusiastischer äusserte sich Haydn über seinen grossen Zeitgenossen. Er nannte ihn „den grössten Komponisten, den die Welt jetzt hat" und versichertte: „Die Nachwelt bekommt nicht in hundert Jahren wieder ein solch Talent!" Als Leopold Mozart zum Besuch in Wien war, berichtete er voll Stolz nach Hause, Haydn hätte den Ausspruch gethan: „Ich sage Ihnen vor Gott, als ein ehrlicher Mann, Ihr Sohn ist der grösste Komponist, den ich von Person und dem Namen nach kenne; er hat Geschmack und überdies die grösste Kompositionswissenschaft." Nie versäumte Haydn eine Gelegenheit, wo er Musik von Mozart hören konnte, und beteuerte, dass er nie eine Komposition von ihm gehört habe, ohne etwas zu lernen. Noch im Alter erinnerte er sich des Klavierspiels Mozarts und meinte: „Das ging ans Herz." Am schönsten spricht sich seine neidlose Anerkennung in einem Briefe aus, mit dem er 1787 die Aufforderung, eine seiner Opern in Prag zur Aufführung zu bringen, beantwortete. Haydn glaubte das Anerbieten ablehnen zu müssen im Hinblick auf den grossen Erfolg des „Don Giovanni" („indem der grosse Mozart schwerlich jemanden andern zur Seite haben kann") und fährt dann fort:

„. . . Könnt ich jedem Musikfreunde, besonders aber den Grossen, die unnachahmlichen Arbeiten Mozarts, so tief und mit einem solchen musikalischen Verstande, mit einer so grossen Empfindung in die Seele prägen, als ich sie begreife und empfinde: so würden die Nationen wetteifern, ein solches Kleinod in ihren Ringmauern zu besitzen. Prag soll den theuern Mann festhalten — aber auch belohnen; denn ohne dieses ist die Geschichte grosser Genien traurig und gibt der Nachwelt wenig Aufmunterung zum ferneren Bestreben; wesswegen leider so viel hoffnungsvolle Geister darnieder liegen. Mich zürnet es, dass dieser einzige Mozart noch nicht bey einem kaiserlichen oder königlichen Hofe engagirt ist! Verzeihen Sie, wenn ich aus dem Geleise komme; ich habe den Mann zu lieb."

Haydn hat seine Ansicht auch später nicht geändert. „Er stand weit über mir", äusserte er, als ihn in England die schmerzliche Kunde von dem unerwarteten Hinscheiden seines Freundes traf. Er war sich vollkommen des Einflusses bewusst, den der Jüngere auch auf ihn geübt hat. Die befruchtende Wechselwirkung, die zwischen den beiden Meistern stattfand, dies gegenseitige Geben und Nehmen, vor allem das Bewusstsein ihrer Dankesschuld ist ein seltener Fall in der Kunstgeschichte. Die Spuren Mozartschen Geistes zeigen sich deutlich in den Arbeiten Haydns schon von der mittleren Periode ab. Wie Mozart ohne die geniale Vorarbeit Haydns nicht in der Instrumentalmusik die Formen für seine Ideen vorgefunden hätte, so wäre die Entwicklung Haydns zu dem, was er in seinen reifsten Werken geworden, nicht ohne Mozart zur Vollendung gediehen. Von ihm wurde die Melodie Haydns befruchtet, seine Befähigung zum Vocalen gesteigert, sein ganzes musikalisches Naturell vertieft und geläutert. Mit Recht konnte daher Otto Jahn von einem vormozartischen und einem nachmozartischen Haydn sprechen. Der Komponist, wie er noch heute in aller Bewusstsein lebt, ist aber der Zeitgenosse und Nachfolger, nicht der Vorgänger Mozarts.

Im Jahre 1785 trat Haydn in den Orden der Freimaurer ein. Man weiss, mit welch innerer Teilnahme Mozart der Loge angehörte, und wie er selbst seine Kunst in ihren Dienst stellte. Welche Beweggründe Haydn, dessen ganze Sinnesart, vor allem seine dogmatische Ansicht über religiöse Dinge, ihn eigentlich auf andere Kreise wies, zu diesem Schritt veranlasst haben mögen, darüber erfahren wir ebensowenig, wie über die Befriedigung, die er etwa aus seiner Tätigkeit als Maurer gewann. Wir wissen nur, dass er der Loge „Zur Eintracht" angehörte und mit Ungeduld seiner Aufnahme entgegensah, die im Februar des genannten Jahres stattfand.

Das mächtig sich hebende Musikleben Wiens hatte auch dem Musikalienhandel einen unerwarteten Aufschwung gegeben. Unter den Geschäftshäusern, die in dem bewegten Kunsttreiben diesem neuen Zweige des Buchhandels zu rascher Blüte verhalfen, ist die Firma Artaria & Co. als die wichtigste zu nennen. Seit 1780 stand Haydn mit dieser Handlung in Verbindung. Sein lebhafter Briefwechset mit dem Chef des Hauses enthält manches Interessante über seine Werke und sein Leben in Esterház. So oft er nach Wien kam, führte ihn sein Weg in das Haus seines Verlegers, zu dem er ebenso in freundschaftlichem wie in geschäftlichem Verhältnisse stand. Sechs den Schwestern v. Auenbrugger gewidmete Klaviersonaten waren das Erste, was Haydn bei Artaria herausgab. Sie fanden guten Abgang, und von nun an erwarb Artaria fast alle neu erscheinenden Werke des Meisters, der ihm dafür stets den Vorrang vor auswärtigen Verlegern liess. Bei der Verwertung seiner Kompositionen verstand Haydn sehr wohl zu rechnen, und wenn er auch vorübergehend klagt, dass er nicht genug bezahlt werde, so ist doch nachgewiesen, dass er wenigstens seit dem Ende der siebziger Jahre einen beträchtlichen Nutzen aus seinen Arbeiten zog. Artaria zahlte ihm für jene Zeit sehr ansehnliche Honorare, und noch besseren Gewinn boten ihm die Verbindungen, die er mit französischen und englischen Verlegern eingegangen war. Da die im Auslande erscheinenden Werke zum Teil dieselben waren, die er bereits an Artaria oder einen anderen deutschen Musikalienhändler verkauft hatte, so kam es vor, dass er für ein und dasselbe Stück ein dreifaches Honorar erhielt. Brauchte Haydn Geld, was öfters der Fall war, so zahlte Artaria wohl auch im voraus. Seine pekuniäre Lage war also, entgegen einer weitverbreiteten Annahme, eine durchaus günstige; nach dem Aufenthalte in England darf sie geradezu glänzend genannt werden. Die Korrekturen seiner Kompositionen pflegte er übrigens selbst, und zwar mit peinlichster Sorgfalt zu machen. Nachlässigkeiten der Stecher konnten den Meister ebenso aufbringen, wie die Unehrlichkeit der Kopisten, die zuweilen seine Sachen unrechtmässig abschrieben und verkauften.

Was Haydn jede Gelegenheit, nach Wien zu kommen, freudig ergreifen liess, waren aber nicht nur die künstlerischen Anregungen, die er dort erhoffen, die geschäftlichen Angelegenheiten, die er persönlich betreiben konnte; auch der Freundesverkehr zog ihn in die Donaustadt, der behagliche Aufenthalt in manchem gastlichen Hause, das ihn zu seinen Intimen zählen durfte. Hier ist vor allem die Familie des Professors von Genzinger, eines gesuchten Damenarztes, zu nennen, in deren Heim im „Schlottenhof" er sich besonders wohl fühlte. Als Leibarzt des Fürsten Nicolaus war Genzinger in Esterház mit Haydn in Berührung gekommen. Seine Frau Marianne war eine gute Klavierspielerin, eine feine Kennerin der Musik und eine grosse Verehrerin unseres Meisters. Im Kreise dieser Familie war Haydn, so oft er nach Wien kam, ein gern gesehener Gast, hier nahm er am Quartettspiel teil oder musizierte mit der Frau und den Töchtern des Hauses. Für Marianne von Genzinger, die 1793, erst 38 Jahre alt, starb, hegte er eine tiefe und zugleich respektvolle Neigung. Die Briefe, die er an sie richtete, bekunden bei aller Wärme eine hohe Verehrung. Das feingebildete Wesen dieser Frau zog ihn an, und das Bewusstsein, in ihr eine wahrhafte Freundin zu besitzen, machte ihn glücklich. Für Marianne bestimmte er auch die Sonate in Es, die „in keine andere Hände kommen" durfte, und von deren Adagio er meinte: „Es hat sehr viel zu bedeuten, welches ich Euer Gnaden bei Gelegenheit zergliedern werde." Diese Bemerkung ist deshalb interessant, weil sie uns Haydn als Vorläufer Beethovens und der Modernen zeigt, insofern sie einem rein instrumentalen Tonstück einen durch Begriffe bestimmbaren Empfindungsgehalt vindiziert. Je glücklicher die Tage in Wien für Haydn verrannen im Verkehr mit Genzinger und mit Mozart, dessen „Cosi fan tutte" und „Figaro" er damals mit Entzücken hörte, desto schmerzlicher wurde ihm jedesmal die Abreise, wenn der Fürst, wie es oft geschah, seinen Aufenthalt jäh abbrach. Aus Esterház schreibt er an seine Freundin:

„Da sitz ich in meiner Einöde, verlassen — wie ein armer Waiss — fast ohne menschlicher Gesellschaft - traurig — voll Erinnerung vergangener Edlen Tage, — ja leyder Vergangen — und wer weis wan diese angenehme Täge widerkomen werden? diese schöne Gesellschaften? wo ein ganzer Kreiss Ein Herz, eine Seele ist — alle diese schönen Musikalische Abende — welche sich nur denken, nicht beschreiben lassen — wo sind alle diese begeisterungen? — weg sind Sie — und auf lange sind Sie weg, wundern sich Euer Gnaden nicht, dass ich so lange von meiner Danksagung nichts geschrieben habe ich fande zu Haus alles verwürrt, 3 Tag wust ich nicht, ob ich Kapell Meister oder Kapell Diener war, nichts konnte mich Trösten, mein ganzes quartier war in unordnung, mein Forte piano, das ich sonst liebte, war unbeständig, ungehorsam, es reizte mich mehr zum ärgern, als zur beruhigung, ich konte wenig schlafen, sogar die Träume verfolgten mich, dan, da ich am besten die Opera le Nozze di Figaro zu hören Traumte; wegte mich der Fatale Nordwind auf, und blies mir fast die schlafhauben von Kopf; ich wurde in 3 Tagen um 20 Pfund mägerer, dann die guten wienner bisserl verlohren sich schon unterwegs. ja, ja, dacht ich bey mir selbst, als ich in meinem Kost Hauss statt dem kostbahren Rindfleisch ein stuck von einer 50jährigen Kuhe, statt dem Ragou mit kleinen Knöderln, einen alten schöpsen mit gelben Murken, statt dem böhmischen Fason ein ledernes Rostbrätl, stat den so guten und delicaten Pomeranzen einen Dschabl oder sogenannten Gross-Sallat, stat der bäkerey düre Aepfel spältl und Haslnuss — und so weiter speisen muste, — ja ja dacht ich bey mir selbst, hatte ich jezo manches bisserl, was ich in wienn nicht habe verzehren können — Hier in Estoras fragt mich niemand, schaffen Sie Cioccolate — mit oder ohne milch; befehlen Sie Caffe, schwarz oder mit Obers, mit was kann ich Sie bedienen bester Haydn, wollen Sie Gefrorenes mit Vanillie oder mit Ananas? hätte ich jez nur ein stuck guten Parmesan Käss, besonders in den Fasten, um die schwarzen Nocken und Nudln leichter hinabzutauchen; ich gabe eben heute unserm Portier Commission, mir ein halb Pfund herab zu schüken."

Man sieht aus dem Brief, der bei jeder Einzelheit verweilt, wie wohl es Haydn tut, in dem Genzingerschen Salon als Gleicher unter Gleichen verkehren zu dürfen und von feingebildeten Frauen verwöhnt zu werden. Sein Wunsch nach Befreiung aus Verhältnissen, die seinen Ansprüchen nicht mehr genügen konnten und die, so segensreich sie ursprünglich der Entwickelung seines Talentes gewesen, ihm jetzt eine lästige Fessel wurden, sollte früher, als er dachte, in Erfüllung gehen. Am 28. September 1790 starb in Wien nach kurzer Krankheit Fürst Nicolaus. Esterházy im 76. Lebensjahre, von Haydn aufrichtig betrauert. Er bestimmte testamentarisch seinem Kapellmeister eine lebenslängliche Pension ven 1000 Gulden, die sein Nachfolger noch um 400 Gulden erhöhte unter der Bedingung, dass Haydn den Titel eines fürstlichen Kapellmeisters weiterführe. Fürst Anton, der zur Regierung kam, teilte nicht die Musikliebe seiner Vorfahren; er löste die Kapelle auf und behielt nur die Feldmusik und einige Kirchensänger. Haydn konnte nun ganz nach Wien übersiedeln. Er tat es mit solcher Hast, dass er fast alle seine Sachen in Esterház zurückliess, und nahm vorläufig Wohnung auf der sogenannten Wasserkunst-Bastei. Pläne für die Zukunft scheint er nicht gefasst zu haben. Einen Antrag, die Kapellmeisterstelle beim Fürsten Grassalkovics zu übernehmen, lehnte er ab, wohl in der Absicht, vorerst einmal seine Freiheit gründlich zu geniessen. Hatte er doch kurz zuvor seiner Freundin Marianne geschrieben: „Es ist doch traurig, immer Sclave zu seyn: allein die Vorsicht will es. Ich bin ein armes Geschöpf! Stets geplagt von vieler arbeith, sehr wenige Erholungsstunden." Er sollte sich aber nicht lange seiner Musse erfreuen. Schon früher waren von England aus Versuche gemacht worden, ihn für die dortigen Konzerte zu gewinnen; Haydn hatte im Grunde wenig Lust dazu. Jetzt aber kam ein Antrag, so verlockend und von einem so beredten Anwalt überbracht, dass er, der durch keine Rücksicht mehr gebunden war, nicht länger widerstand. So werden wir denn nach einem kurzen Rückblick, der uns im nächsten Kapitel die bedeutendsten Werke der geschilderten Periode vorführen soll, dem Meister nach London folgen, wo ein wichtiger Abschnitt seines Lebens sich abgespielt hat.

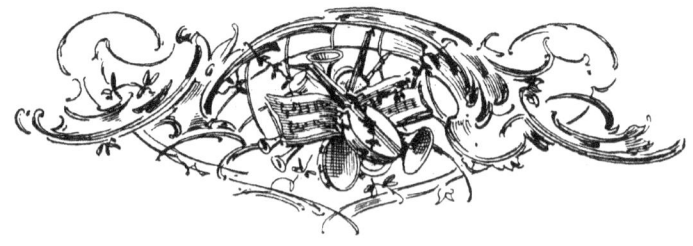

Die Werke der mittleren Periode.

Haydns Ruf als Komponist nahm seinen Ausgang von Eisenstadt. Bald nachdem er seine Stellung beim Fürsten Esterházy angenommen hatte, verbreiteten sich seine Werke, zunächst in Wien, trotz der Gegner mancherlei Art, die er gerade hier besass. Wie man in der Kaiserstadt von ihm dachte, zeigt das Wiener Diarium, das seinen Namen schon mit Stolz nennt. „Herr Joseph Haydn", heisst es in einem Artikel vom Jahre 1766, „der Liebling unserer Nation, dessen sanfter Charakter sich jedem seiner Stücke eindrücket. Sein Satz hat Schönheit, Ordnung, Reinigkeit, feine und edle Einfalt, die schon eher empfunden wird, als die Zuhörer noch dazu vorbereitet sind. Es ist in seinen Kassationen, Quattros und Trios ein reines und helles Wasser, welches ein südlicher Hauch zuweilen kräuselt, zuweilen hebt, in Wellen wirft, ohne dass es seinen Boden und Abschuss verlässt. Die monotonische Art der Stimmen mi gleichlautenden Oktaven, hat ihn zum Urheber, und man kann ihr das Gefällige nicht absprechen, wenn sie selten und in einem haydenischen Kleide erscheint. In Simphonien ist er ebenso männlich stark, als erfindsam. In Cantaten reizend, einnehmend, schmeichlerisch, und in Menuetten natürlich scherzend, anlockend. Kurz, Hayden ist das in der Musik, was Gellert in der Dichtkunst ist." Ein Vergleich mit diesem Dichter bedeutete aber zu jener Zeit das höchste Kompliment, das man einem Künstler machen konnte. Ausserdem enthält die obige Notiz einen wichtigen Hinweis. Sie bestätigt, dass Haydn als der Urheber der Manier, die Melodie durch Oktaven zu verstärken, zu betrachten ist. Dies Kunstmittel, das in der modernen Musik noch zu einer wichtigen Bedeutung gelangen sollte und unter den Neueren namentlich von Brahms zu eigentümlichen Wirkungen in der Kammermusik herangezogen ist, war eines der Merkmale, die den Stil Haydns so wesentlich von dem seiner Vorgänger unterschieden und ihm jene Freiheit und Anmut gaben, von der die strenge Schreibart der früheren Meister so gut wie nichts wusste.

Der Anerkennung seiner österreichischen Mitbürger sei das Urteil eines Norddeutschen an die Seite gestellt, in dessen Worten wir im besonderen die Ansichten Berlinischer Musikkreise zu erkennen haben. J. F. Reichardt spricht (im Jahre 1782) von originellster Laune und lebhaftestem, angenehmsten Witz" der Quartette und Symphonien unseres Komponisten. Es habe wohl Niemand soviel Einheit und Mannigfaltigkeit mit soviel Annehmlichkeit und Popularität verbunden. Sogleich die ersten Werke hätten die ihm eigene „gemütvolle Laune" gezeigt; nach und nach sei die Laune männlicher, die Arbeit durchdachter geworden, bis durch erhöhte Gefühle und reiferes Studium der reife, originelle Mann und bestimmte Künstler sich darstelle. „Wenn wir auch nur einen Haydn und Ph. E. Bach hätten, so könnten wir Deutsche schon kühn behaupten, dass wir eine eigene Manier haben und unsere Instrumentalmusik die interessanteste von allen ist."

Es währte nicht lange und Haydns Ruf drang über die Grenzen seiner weiteren Heimat auch ins Ausland. In Amsterdam, Paris und London waren seine Symphonien, Kassationen, Trios und Quartette im Stich oder in Abschriften erschienen. Aus einem Brief an Artaria erhellt, dass Haydn mindestens seit 1781 mit Pariser Verlegern in Verbindung stand. Das Schreiben ist ausserdem charakteristisch für das erwachte Selbstbewusstsein des Künstlers. „Monsieur Le Gros," heisst es, „Directeur vom Concert spiritualuel schrieb mir ungemein viel Schönes von meinem Stabat mater, so aldort 4 mahl mit grösstem Beyfall producirt wurde; die Herren batten um die erlaubnuss dasselbe stechen zu lassen. Sie machten mir den antrag, alle meine zukünftigen werke zu meinem nahmhaften besten stechen zu lassen, und sie wunderten sich sehr, dass ich in der Singcomposition so ausnehmend gefällig wäre; ich aber wunderte mich gar nicht, indem sie noch nichts gehört haben; wan sie erst meine Operette L'Isola disabitata und meine letzt verfasste Opera La Fedelta premiata hören wurden: dan ich versichere, dass dergleichen arbeith in Paris noch nicht ist gehört worden und vielleicht eben so wenig in Wienn; mein unglück ist nur mein aufenthalt auf dem lande." Schon vor 1780 waren durch die Concerts des amateurs, die dann den Namen Concerts de la Loge Olympique annahmen, Haydns Symphonien in Frankreich eingeführt. Hier war es, wo Cherubini sie kennen lernte und gleich einen solchen Eindruck gewann, dass er seitdem Haydn wie einen Vater verehrte. Im Jahre 1784 erhielt Haydn von der Direktion den Auftrag, eigens für diese Konzerte sechs Symphonien zu schreiben; wegen anderer Symphonien und wegen der Quartette traten verschiedene Verleger mit ihm in Verbindung. Sein Name war in Paris so geschätzt, dass er, wie Gyrowetz in seiner Selbstbiographie erzählt, sogar gemissbraucht wurde, um Symphonien unbekannter Komponisten gangbar zu machen.

In London war es zuerst der Musikalienhändler William Forster, der sich an Haydn wendete (1781) und [im Laufe weniger Jahre im ganzen 129 seiner Werke veröffentlichte. Die erste Nummer der Times, die am 1. Januar 1788 erschien, enthielt die Ankündigung Haydnscher Kompositionen noch von seiten anderer Verleger. Dass auch in Spanien unser Komponist schon in den 70er Jahren Ansehen genoss, beweist ein „La Musica" betiteltes didaktisches Gedicht des Thomas de Yriarte, in dessen letzten Strophen Haydn enthusiastisch gefeiert wird. Hier hatte er einen leidenschaftlichen Verehrer in dem Komponisten Boccherini gefunden. Auch König Karl III. gehörte zu seinen Bewunderern; für die ihm überschickten Musikalien liess er durch seinen Wiener Legationssekretär dem Meister eine mit Brillanten besetzte goldene Tabatière in Esterház überreichen. Haydn komponierte für den König auch Quartette; das wertvollste Ergebnis seiner Beziehungen zu Spanien war

CANZONETTA AUS DER MARIONETTEN-OPER „PHILEMON UND BAUCIS".

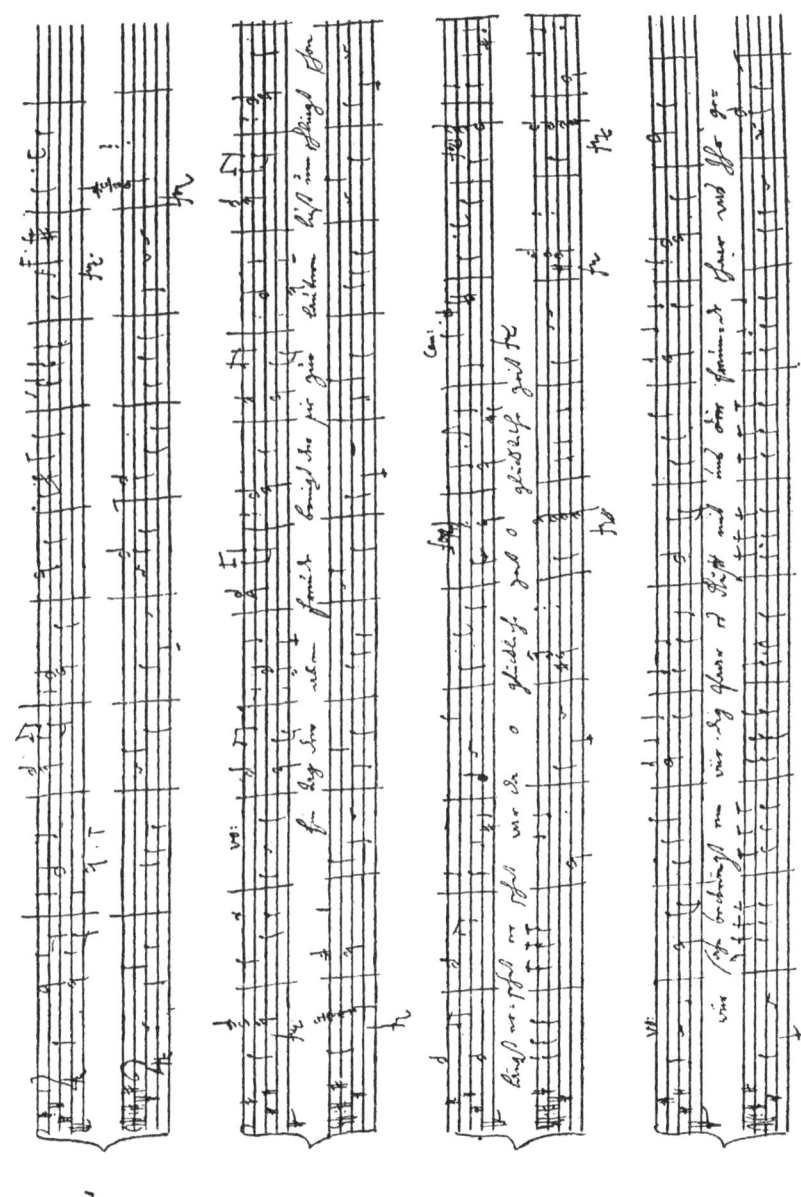

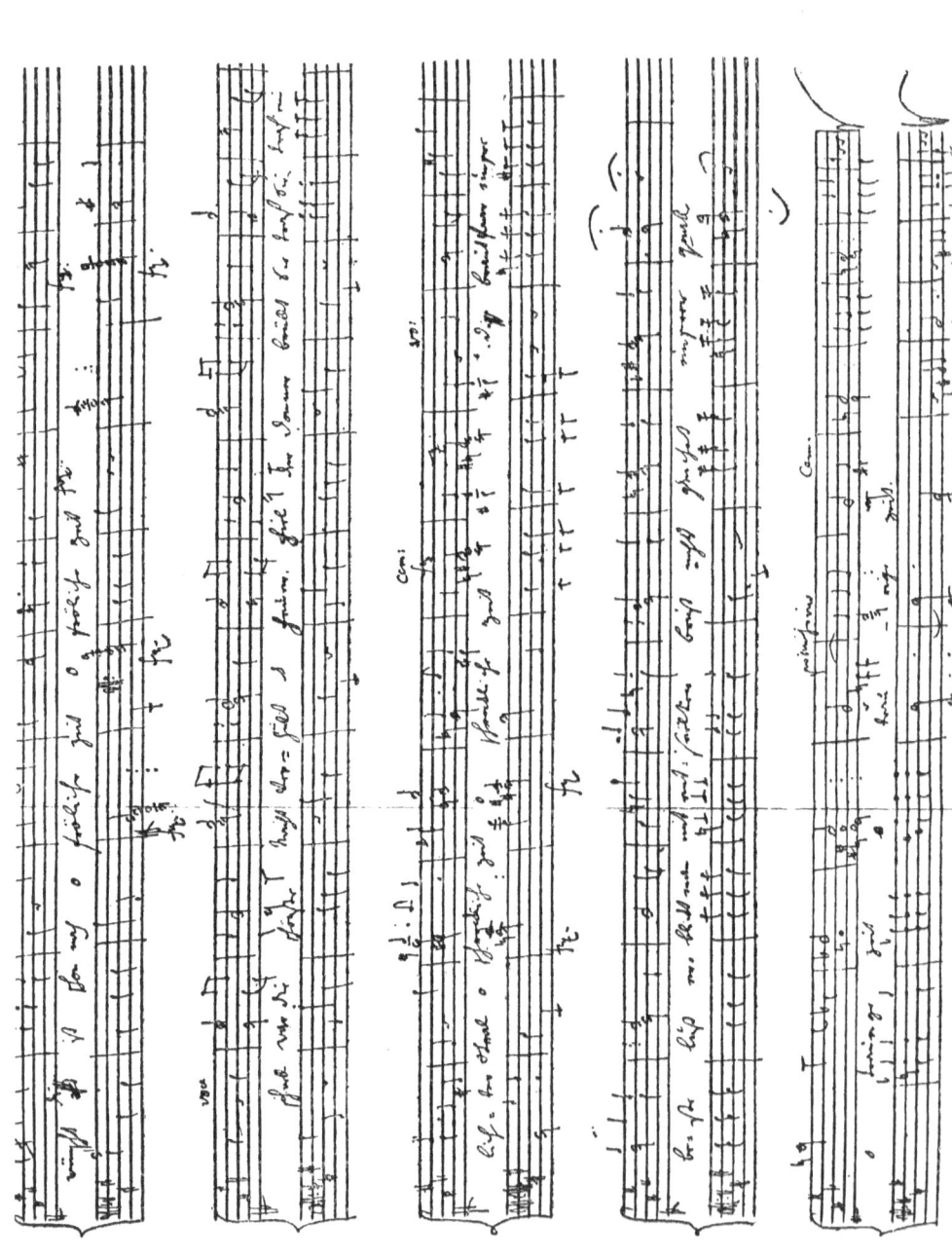

aber wohl die Kirchenkomposition „Die sieben Worte", die er 1785 im Auftrage für die Domherren in Cadix schrieb.

Was Haydn so viele Zeichen der Anerkennung eintrug und seinen Ruf im In- und Auslande verbreitete, das waren fast ausschliesslich seine Symphonien und Quartette, mit denen er den eigentlichen deutschen Instrumentalstil schuf und in denen sich seine Begabung am glücklichsten und originellsten aussprach. Was über diese Gattungen und Haydns Verhältnis zu ihnen im dritten Kapitel gesagt worden ist, das gilt auch in der Hauptsache für die Werke der mittleren Periode. Seine fast dreissigjährige Tätigkeit als Kapellmeister bot ihm die Gelegenheit, den Organismus der Instrumentalformen, die sein genialer Instinkt ihn hatte begründen lassen, auszugestalten und namentlich die symphonische Erweiterung der Quartettform aus der lebendigen Praxis heraus zu vollziehen. Das nach und nach vervollständigte Orchester der Esterházyschen Kapelle gab ihm die geeigneten Darstellungsmittel an die Hand, und unablässig sehen wir ihn bemüht, sich eine immer grössere Beherrschung dieser Mittel anzueignen. Wie er die verschiedenen Elemente, die Herkommen und Zufall ihm zugeführt hatten, zu einem organischen Ganzen, zu dem, was wir heut „das Orchester" nennen, verschmolzen hat, darin zeigt sich sein Genie am allerwunderbarsten. Die Gruppierung und Verwendung der Instrumente, die unter seinen Versuchen entstand, traf in solchem Grade das Natürliche, Notwendige, dass selbst der komplizierte Apparat unseres modernen Orchesters in seinem Kern nichts als eine Erweiterung und Bereicherung seiner Grundideen darstellt. Es kann dabei nicht genug betont werden, dass das Orchester Haydns auch in den Streichern nur schwach besetzt war. Erinnerte es darin einerseits an die Volksmusiken, aus denen es, wie wir gesehen haben, hervorgegangen war, so weist andererseits die schwache Besetzung auf den Zusammenhang mit der Kammermusik hin, in der ja die solistische Verwendung der Instrumente obligatorisch ist. Unsere grossen Konzertinstitute tun daher dieser Musik Unrecht, wenn sie zu ihrer Aufführung die Massenbesetzung moderner Kapellen verwenden. Haydn schrieb stets für ganz bestimmte Instrumentalkörper und individualisiert in hohem Grade die Klangvorstellungen, die ihn leiteten. Bei einem Werk, das er für unbekannte Verhältnisse schrieb, entschuldigte er sich, falls er das Richtige nicht getroffen haben sollte, damit, dass ihm die Ausführenden fremd wären. Für eine Komposition, die ihm besonders gelingen sollte, glaubte er auch ein neues Klavier sich anschaffen zu müssen, und ein anderes Mal schreibt er seiner Freundin Marianne v. Genzinger: „Ich weiss, dass ich diese Sonate hätte auf die Art ihres Klavieres einrichten sollen, allein es war mir nicht möglich, weil ich es ganz aus aller Gewohnheit habe." So mit voller Kenntnis der ausführenden Faktoren zu schreiben ist aber wahrlich etwas wesentlich anderes als das Schaffen unserer, in ihrem Studierzimmer nur zu oft von der konkreten Klangwelt abgeschlossenen modernen Komponisten. Diese sozusagen abstrakte, für kein bestimmtes Instrument, keinen bestimmten Künstler berechnete Komponieren, das erst durch Beethoven recht zur Geltung kam, wurde nur möglich, als die Natur der Instrumente und ihre Zusammenwirkung bis zu einem gewissen Grade erprobt war. Es zeigt sich auch, dass, seitdem das Individuelle immer mehr in den nivellierenden Fluten der anwachsenden Orchestermasse untergegangen ist, die Technik der einzelnen Instrumente, wenn sie nicht etwa durch Virtuosen gefördert wurde, keinerlei Fortschritt, zuweilen (wie bei den Bläsern) sogar Rückschritte aufweist. Unter den schaffenden Meistern der neueren

Zeit sind es wiederum solche, die, wie Weber oder Berlioz, mit bestimmten Klangkörpern in lebendiger Wechselwirkung standen, die auch in dieser Beziehung sich wahrhaft erfinderisch gezeigt haben.

Nach diesen allgemeinen Bemerkungen wollen wir uns nun zu den Werken selbst wenden, die während Haydns Aufenthalt in Eisenstadt und Esterház entstanden sind. Die Mehrzahl seiner gesamten Kompositionen stammt aus dieser Zeit; sie umfassen alle Gebiete der Tonkunst: Kirchenmusik, Oper, Oratorium und Kantate, Symphonie und alle Zweige der Kammermusik. Bei der ungeheuren Produktivität Haydns lässt sich die Gesamtzahl seiner Arbeiten nicht mehr feststellen; manches ist verloren gegangen, vieles durch Irrtum, andere Benennung, Umarbeitung, Transposition oder unvollständige Veröffentlichung mehrfach verzeichnet. In diese Verwirrung hat, so weit es anging, C. F. Pohl Licht gebracht. Der Meister selbst hat einen thematischen Katalog angelegt; von einem vollständigen Verzeichnis seiner Werke nahm er aber Abstand, da er oft selbst im Zweifel über die Echtheit eines Stückes war und überdies durch den Brand des Theaters in Esterház im Jahre 1779 einen Teil seiner frühesten Manuskripte eingebüsst hatte.

Zu den etwa 30 in Eisenstadt geschriebenen Symphonien kommen bis zum Jahre 1790 noch 63 weitere, die mit einer Ausnahme alle aus vier Sätzen bestehen. Das Streichquartett bildet stets den Kern, zunächst nur durch Hörner und Oboen verstärkt. Nach und nach wird die paarweise Verwendung von Flöten, Oboen, Fagotten und Hörnern die Regel. In den Partituren der 80er Jahre zeigt sich dann ein wesentlicher Fortschritt in der selbständigen, oft solistischen Art, die Bläser den Streichern gegenüber zur Geltung zu bringen. Trompeten und Pauken finden sich nur selten und sind vielfach erst später nachgetragen. Bemerkenswert ist, dass Haydn die Klarinetten, die ihm in Esterház zur Verfügung standen, wohl in den Opern, nicht aber in den Symphonien anwendet.[19]) Im Quartett ist die Benutzung der Sordinen, besonders in langsamen Sätzen, nichts Seltenes. Formell vollzieht sich die Entwickelung durch die erweiterte Struktur der Sätze. Namentlich das erste Allegro gestaltet sich immer interessanter, dem zweiten Satz verleiht die gesteigerte Innigkeit und Wärme des Ausdruck erhöhten Wert und Reiz. Unverkennbar tritt eine zunehmende Vorliebe für die Variationenform hervor, die erweitert, ausgebildet und zu ihrer späteren Bedeutung vorbereitet wird. Der Charakter der Themen weist öfters auf das Volkslied hin; Beispiele wie die folgenden sind dafür bezeichnend

Am gleichmässigsten bleibt sich Haydn im Menuett. Hier hatte er gleich zu Beginn den typisch gewordenen Charakter geschaffen, und es ist zu bewundern, wie unerschöpflich sein Reichtum an immer neuen witzigen und anmutigen Einfällen war. Wenn Mozart seinen Menuetten, dem

Lieblingstanz der vornehmen Welt, veredelnde künstlerische Gestaltung gab, so schlug Haydn einen mehr volkstümlichen, zuweilen derben Ton an, der weniger das zierlich Höfische oder gemessen Würdevolle dieses Tanzes zum Ausdruck brachte, als das Humorvolle und behaglich Launige, das er in den Belustigungen der mittleren und niederen Stände angenommen hatte. Die unverwüstliche Frische und Heiterkeit Haydns offenbart sich aber am meisten in den Finalsätzen; in diesen prickelnden, oft übermütigen Stücken gibt er sich am geistreichsten und originellsten, stets bedacht auf eigenartige Ueberraschungen. Die Form dieser Finales ist zwanglos, im ganzen rondoartig; das Tempo di minuetto ist ganz aus ihnen verschwunden. Betrachtet man, was vor dieser Musik und gleichzeitig mit ihr auf instrumentalem Gebiete geschrieben worden ist (mit Ausnahme der Symphonien Mozarts), so begreift man, welch hinreissenden Eindruck diese Werke machen mussten. Die urwüchsige Sprache, die sie reden, war noch nicht vernommen worden, und ihre Natürlichkeit ist es auch, die sie frisch erhalten hat und noch heute wirksam erscheinen lässt.[18]) Nur aus den verzierten Melodien mancher langsamen Sätze guckt zuweilen der Zopf heraus, der noch an die eben überwundene „galante" Periode erinnert. Bei der Fülle derartiger Produktionen konnte natürlich nicht alles gleichwertig ausfallen. Im ganzen zeigt sich ein stetiger Fortschritt; aber auch zwischen den Meisterwerken der späteren Jahre steht so manche unbedeutende und weniger gelungene Komposition.

Gleich die erste Symphonie, die Haydn für Eisenstadt (1761) verfasste, verdient als in mehrfacher Beziehung merkwürdig hervorgehoben zu werden. Schon aus der Besetzung [zwei Violinen princip., zwei Violinen rip., Viola, Violoncell obl. und rip., Violone obl. und continuo, zwei Flöten obl., zwei Oboen, Fagott und zwei Hörner][19]) sieht man, dass der neue Kapellmeister sich mit etwas Besonderem, Ungewohntem einführen wollte. Die solistische Behandlung der Violine und des Violoncells geben dem Stück etwas Konzertierendes; die erste Solovioline ist, wohl für den neu engagierten Tomasini, besonders liebevoll bedacht. Dem Allegro mit seiner wuchtigen Einleitung:

folgt ein Adagio in C-moll, dessen schwebende Harmonien von einem ausdrucksvollen Recitativo der Geige unterbrochen werden; ein höchst merkwürdiges Beispiel dafür, dass Haydn zuweilen ganz bestimmte Gedanken und Situationen beim Schreiben vorgeschwebt haben. Vor Beethoven, der das Instrumentalrezitativ, freilich mit ganz anderer Wirkung, in seinen letzten Quartetten und in der Neunten verwendet hat, dürfte dies der erste Fall einer derartigen stilistischen Freiheit sein. Das lebendige Finale:

lässt schon in einzelnen Zügen den späteren Haydn vorahnen. Das Ganze trägt einen festlichen Charakter. Der Titel „Le midi", den diese Symphonie führt, wird durch einen Auftrag erklärt, den der Fürst seinem Kapellmeister erteilt haben soll, die verschiedenen Tageszeiten zum Vorwurf je einer Komposition zu nehmen. In der Tat folgte auch eine Symphonie „Le matin" und ein Concertino „Le soir", dessen letzter Satz die Aufschrift „la tempesta" trägt. Ueberhaupt kehrt der Versuch, den Stimmungsgehalt einer Instrumentalkomposition durch einen Titel anzudeuten, bei Haydn öfters wieder. Wir finden die Ueberschriften: „Der verliebte Schulmeister", „Der Geburtstag", „Echo", „Der Philosoph", „La Chasse" u. s. f. Von den Eisenstädter Symphonien sei noch eine in D aus dem Jahre 1763 erwähnt, weil sie im Finale ein Lieblingsthema Mozarts bringt, das dieser, ausser in seiner F-dur- und C-dur-Messe, noch in der Es-dur-Sonate und der B-dur-Symphonie, am markantesten aber in der grossen Jupitersymphonie verwendet hat: 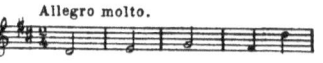 Von den in Esterház somponierten sind die sechs „Pariser Symphonien", die unter dem Titel „Répertoire de la Loge Olympique" erschienen, am berühmtesten geworden, gehören auch zu den bedeutendsten dieser Periode. Haydn hat sich offenbar besondere Mühe gegeben, bei Erfüllung dieses Auftrags den hohen Erwartungen zu entsprechen, die man nach dem „Stabat mater" in Paris von ihm hegte. Drei dieser Symphonien haben Beinamen: la Reine, la Poule und l'Ours. Nur der letze ist erklärbar durch den Brummbass, über dem sich im letzten Satz ein lustiges Thema erhebt: Eine andere dieser Symphonien bringt Variationen über eine französische Romanze:

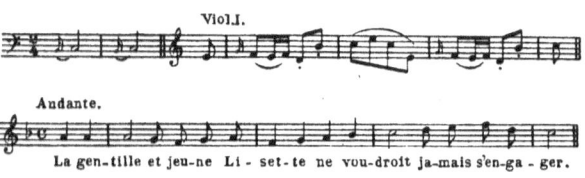

eine dritte ist merkwürdig durch einen Vorklang aus der Zauberflötenouverture:

Die letzten fünf Symphonien aus diesem Zeitabschnitt gehören zu des Meisters reifsten Werken. Es sei nur an die bekannte in G-dur erinnert. Die tolle Lustigkeit ihres Finales:

ist selbst von Haydn nicht überboten worden. Aus der Zeit vor 1786 sind noch zu erwähnen: die Abschieds-Symphonie, die sogenannte „Maria-Theresia-Symphonie", die wohl anlässlich des Besuches der Kaiserin in Esterház geschrieben wurde, und die „La Chasse" betitelte, die schnell beliebt wurde und u. a. auch in Paris, London und Neapel zur Aufführung kam. In der grossen Zahl der bis dahin entstandenen Symphonien ist aber überhaupt kaum eine einzige, die nicht interessante Züge, nicht einen oder den anderen hervorragenden Satz aufzuweisen hätte. Manche Sätze sind wahre Juwelen durch die feine und geistvolle Arbeit. Bei aller Freiheit des Stils und der thematischen Verarbeitung zeigt sich Haydn auch als Meister der polyphonen Schreibart und weiss, wo es ihm gut dünkt, die strengsten kontrapunktischen Formen in Sätze zu bringen, die doch den Eindruck des leicht Hingeworfenen machen. Kanonische Fügungen, zwei auch drei Themen im doppelten Kontrapunkt kehren mehrmals wieder; ein Menuett ist vollständig al rovescio[20]) geschrieben. Auch effektvolle Aeusserlichkeiten und Kunststückchen verschmäht Haydn nicht, wo sie ihm angebracht scheinen. So lässt er einmal das ganze Streichorchester mit umgekehrtem Bogen spielen (col legno); ein andermal wird in dem Trio eines Menuetts ein hübscher Effekt durch die beiden

Geigen erreicht: während alle übrigen Instrumente pausieren, spielt die erste die Melodie in hoher Lage, und die zweite führt mit auf f herabgestimmter g-Saite eine dudelsackartige Begleitung dazu aus:
Einst liess Haydn einen Teil des Orchesters zu einer wichtigen Probe laden. Sie dauerte ungewöhnlich lange, denn die sonst so gewiegten Musiker kamen vor Lachen ständig aus dem Takt und mussten immer wieder von vorn anfangen.  Haydn hatte sich auf dem Jahrmarkt eine Sammlung Kinderinstrumente gekauft: Kuckuck, Trompete, Trommel, Schnarre, Orgelhenne, Pfeife und Triangel, und hatte für diese Instrumente, denen er durch zwei Violinen und Bass eine Unterlage gab, eine lustige Musik gesetzt. Es war die Kinder-Symphonie, die noch heut bei Alt und Jung bekannt ist; sie entstand im Jahre 1788 und trug ursprünglich die Bezeichnung: Sinfonia Berchtolsgadensis, weil derlei Kinderinstrumente von jeher aus Berchtesgaden bezogen wurden.

Nächst den Symphonien sind es die Streichquartette Haydns, denen wir besondere Beachtung schenken müssen. Wie wir gesehen haben, erkannte ihn darin sogar ein Mozart als unerreichten Meister an, und den Quartetten verdankte Haydn wohl auch am frühesten die weite Verbreitung seines Ruhmes. Das über Form und Inhalt von den Symphonien Gesagte gilt auch für diese Gattung; nur dass hier alles noch subtiler ausgearbeitet ist, wie es die Durchsichtigkeit des Quartettsatzes erfordert. Haydn widmete sich mit erkennbarer Vorliebe diesem Zweige der Kammermusik; er mochte wohl fühlen, dass hier das Gebiet war, auf dem seine Individualität sich am ungezwungensten aussprechen konnte. Mit seinen Quartetten wurde Haydn der Schöpfer der eigentlich deutschen Hausmusik; wie er durch seine Symphonien und später durch die grossen Oratorien unzählige Vereine ins Leben rufen, ja das ganze öffentliche Konzertwesen in Deutschldnd begründen half, so wurden die Quartette Eigentum der musikliebenden Familien und zogen hier durch ihre frische und gemütvolle Art weite Kreise an, die sonst der Pflege der Tonkunst ferngestanden hatten.

Die Quartette, die von nun an immer die viersätzige Form beibehalten, erschienen in Serien zu je sechs Nummern. Nach jenen 18 Quartetten, die zuerst die Aufmerksamkeit auf den jungen Komponisten gelenkt hatten, folgten zwei Serien, in denen das Vorherrschen der ersten Violine auffällig ist. Man darf wohl annehmen, dass der Meister in diesen Stücken (die er auch jetzt noch Divertimenti nennt) seinem Freunde Tomasini zu Liebe die Primgeige in einer den Quartettcharakter manchmal fast gefährdenden Weise begünstigt hat. Die nächste Serie sind die „Sonnenquartette", so genannt nach ihrem Titelblatt, auf dem eine Sonne abgebildet war. Sie entstanden im Jahre 1774 und wurden in der revidierten Ausgabe (Artaria) 1800 dem Baron Zmeskall von Domanowecz, dem Freunde Beethovens, gewidmet. Ein Allegretto alla Zingarese, das in dieser Sammlung vorkommt, bekundet zum erstenmal den Einfluss der ungarischen Musik auf Haydns Produzieren. Im übrigen herrscht eine aussergewöhnlich strenge, kontrapunktische Schreibart vor. In der folgenden Serie, den „russischen Quartetten" (sie waren 1781 dem Grossfürsten Paul gewidmet), zeigt sich Haydns Quartettstil bereits in seiner Vollendung. Bemerkenswert ist, dass in ihnen die Menuett, wie später bei Beethoven, durch das Scherzo ersetzt ist. Auch hier finden sich Anklänge an ungarische Weisen. Die fünfte Serie (1787) ist dem König von Preussen, Friedrich Wilhelm II., gewidmet. Der Einfluss Mozarts, dessen Quartette Haydn kurz zuvor kennen gelernt hatte, macht sich hie und da leise bemerkbar. Diese Nummern sind auffallend ernst gehalten. Die beiden letzten Serien aus dieser Zeit zeigen einen abweichenden Stil, indem wiederum die erste Geige konzertierend hervortritt. Der Grund hierfür mag in dem Umstand zu suchen sein, dass sie einem virtuosen Spieler, dem Grosshändler Tost, gewidmet sind, auf dessen Geschmack und Können der Komponist offenbar Rücksicht genommen hat. Reichtum an Erfindung und originellen harmonischen Wendungen zeichnen diese Quartette ganz besonders aus.

Auf dem Gebiete der Klaviermusik vollzog sich die Entwickelung unseres Meisters in eigentümlicher Weise. Wie er, zumeist angeregt durch den Vorgang Ph. E. Bachs, die Grundzüge der Sonatenform feststellte, die er dann auch auf das Quartett und die Symphonie übertrug, das haben wir im dritten Kapitel nachzuweisen versucht. Formell ging Haydn über dies Ergebnis nicht hinaus; die Virtuosität eines Mozart oder Clementi, die die Technik des Instrumentes beherrschten und erweiterten, ging Haydn ab. Bei ihm zeigte sich der künstlerische Fortschritt vielmehr in dem logischen Aufbau, in der Freiheit der thematischen Arbeit, überhaupt in der Vertiefung des musikalischen Gehaltes. Gerade dadurch aber überragen seine Klaviersonaten meist diejenigen Mozarts, und bilden weit eher als diese die Brücke zu Beethoven, der dann von ihnen aus weiterbaute. Das Gehaltvolle dieser Werke verlangt daher auch einen ganzen Musiker zu ihrem Vortrag. In seinem „Magazin der Musik" bemerkt K. Fr. Cramer richtig: „Uebrigens sind die Sonaten schwerer in der Ausführung, als man anfangs glauben sollte. Sie erfordern die höchste Präzision und viel Delikatesse im Vortrag." Die Beschäftigung mit dieser Klaviermusik gehört heut noch zu den genussreichsten Dingen, wenn auch nur wenige Sonaten in allen Sätzen gleichwertig sind. Meist ist der erste oder der letzte Satz, oder beide, seltener der Mittelsatz von hervorragender Bedeutung. Ausser den Sonaten hat Haydn auch kleinere Sachen für Klavier geschrieben. 1774 erschienen die Es-dur-Variationen über ein Originalthema, 1778 vierhändige Variationen (beide für Unterrichtszwecke); 1789 ein Capriccio mit einem an das Hessische Volksliedchen „Ich wünscht' es wäre Nacht" gemahnenden Thema und eine launige Fantasie, und 1790 ein kleines Andante in C mit sechs Variationen, das Letzte, was Haydn vor seiner Abreise nach London schrieb. Die Klavierkonzerte, deren er in der ersten Zeit eine stattliche Anzahl verfasste, sind von geringem Interesse. Das verhältnismässig bedeutendste ist das bekannte in D (1784), das zuweilen noch gespielt wird (vierhändige Bearbeitung von Franz Wüllner bei Rieter-Biedermann; Bearbeitung für 2 Klaviere bei André). Es ist zugleich sein letztes; Haydn kam nicht mehr auf diese Form zurück. Die Geige ist in ihnen die untergeordnete Begleiterin, die nur „ad libitum" dem Klavier beigefügt ist. Dagegen sind manche der 17 Trios für Klavier, Violine und Cello, deren beste allerdings erst in die 90er Jahre fallen, interessant und bieten angenehme, wenn auch leichte Hausmusik. Am wenigsten reich ist das Cello bedacht, das meist mit dem Klavierbass geht und nur selten selbständig heraustritt. Die Kammermusik Haydns vervollständigen endlich zahlreiche Divertimenti[12]) und die Konzerte für Violine, Cello, Contrabass, Flöte, Waldhorn und Trompete. Besondere Erwähnung verdienen die fünf Leyer-Konzerte, die er 1786 für den König von Neapel schrieb. Der 175 Kompositionen für das Baryton ist schon an anderer Stelle gedacht worden.

Manche seiner Symphonien, oder wenigstens einzelne Sätze daraus, dienten als Einleitung zu den Opern. Die Ouvertüre, noch immer Sinfonia genannt, stand meist in einem so lockeren Zusammenhang mit dem folgenden Stück, dass ein solches Verfahren möglich war. Haydn selbst hat in seinem Verzeichnis diese Instrumentalstücke unter die Symphonien aufgenommen. Da nach 1790 keine Opern mehr entstanden sind, können wir über die dramatische Musik des Meisters hier gleich unser Urteil zusammenfassen.

Die Oper war nicht das Gebiet, auf dem Haydn Bedeutendes, oder auch nur Hervorragendes geleistet hat. Fehlte doch schon seiner Begabung, seiner mehr dem Instrumentalen als dem Vokalen zugewendeten Tonphantasie die Vorbedingung hierfür. Mehr als irgend wo anders ordnete er in seiner Bühnenmusik sich dem herrschenden Geschmacke seiner Zeit unter und begnügte sich, die traditionellen Formen der italienischen Oper zu übernehmen, ohne sie weiter zu bilden oder mit persönlichem, bedeutsamem Inhalt zu erfüllen. Die Tiefe und Mannigfaltigkeit der Charakteristik, oder die reichere Technik im Aufbau der Ensemblesätze Mozarts wird von Haydn nicht einmal angestrebt, und selbst seine thematische Erfindung steht nicht auf der Höhe ihrer sonstigen Genialität. Ermüdend lange Secco-Rezitative und die Arie nach italienischem Zuschnitt herrschen vor; der Chor findet überhaupt nicht Verwendung. Der Charakter der Arien war durch die jeweiligen Sänger bedingt, für deren Kehlfertigkeit nicht selten durch reichliche Läufe und Verzierungen gesorgt ist. Namentlich in den Werken, die ein festliches Gepräge tragen, überwuchert das Konventionelle, während in den heiteren und besonders in den Buffopartien Haydns Naturell glücklicher zum Durchbruch kommt. Im ganzen aber ist unser Meister für die Geschichte der Oper ohne Bedeutung geblieben; obgleich ein Zeitgenosse Glucks (dessen Werke er wohl kannte), hat er der Entwickelung des musikalischen Dramas gänzlich ferngestanden. Haydn selbst überschätzte den Wert seiner Bühnenwerke. Wenn er später bitter beklagke, so lange in Esterház festgehalten zu sein, so geschah das in dem Glauben, dass er „ein vorzüglicher Opernkompositeur geworden wäre", wenn er das Glück gehabt hätte, nach Italien zu kommen". Dass er indessen gelegentlich auch nicht blind gegen die Schwächen seiner Opern war, zeigt jener Brief, in dem er das Anerbieten, eine derselben nach Prag zu schicken, mit den Worten ablehnt: „weil alle meine Opern zu viel an unser Personale gebunden sind und ausserdem nie die Wirkung hervorbringen würden, die ich nach der Lokalität berechnet habe." Auch bekannte er gegen Griesinger, dass sie in ihrer ursprünglichen Gestalt in unserem Jahrhundert „schwerlich mit Glück aufgeführt werden könnten".

Haydn begann seine Tätigkeit für die Bühne in Eisenstadt im Jahre 1762. In den Monaten Mai und Juni wurden mit einer italienischen Sängertruppe kleine Singspiele aufgeführt, zu denen Haydn die Musik schrieb. Die Titel: La Marchesa Nepola, La Védova, Il Dottore, Il Sganarello sind fast das einzige, was sich von ihnen erhalten hat; nur von dem ersten Stück haben sich einige Nummern der handschriftlichen Partitur vorgefunden. Gegen Ende des Jahres schrieb Haydn die Oper „Acide" zur Vermählungsfeierlichkeit des ältesten Sohnes des Fürsten Nicolaus mit der Tochter des Grafen von Erdödy. Der Stoff dieser „Festa teatrale" behandelte dieselbe Fabel, die Händels „Acis and Galatea" zu Grunde liegt. Von Haydns Musik haben sich die Ouvertüre (in drei Sätzen) vier Arien und das Final-Quartett erhalten; die Gesangsstücke machen einen konventionellen und wenig bedeutenden Eindruck. Im Jahre 1766 entstand das

Intermezzo La „Canterina", das im folgenden Jahre, „um die K. Hoheiten zu unterhalten", während des Karnevals aufgeführt wurde. Die dritte italienische Oper unseres Meisters, „Lo Speciale" (der Apotheker) betitelt, ist musikalisch besonders sorgfältig gearbeitet und durch ihr verhältnismässig geschicktes und unterhaltendes Textbuch noch am meisten zu Wiederbelebungsversuchen geeignet.[22]) Die Kompostion fällt in das Jahr 1768; die Partitur enthält ein durch Stimmung und Wohlklang sich auszeichnendes Quartett. Die darauf folgenden Werke: „Le Pescatrici" (1770), „L'infedeltà delusa" (1773) und „L'incontro improvviso" (1775) geben zu keinen weiteren Bemerkungen Anlass; sie wurden alle drei für festliche Zwecke in Esterház geschrieben. „Il mondo della luna" (1777) ist ein leeres Spektakel- und Ausstattungsstück. Etwas bedeutsamer angelegt war die ursprünglich für Wien bestimmte Oper „La vera costanza", die 1779 in Esterház zur Aufführung gelangte; sie ist auch die erste Haydn'sche Oper, die in deutscher Uebersetzung auf anderen Bühnen Eingang fand. Metastasios „L'isola disabitata", 1779 komponiert, ist das wichtigste und gehaltvollste unter den dramatischen Werken. Es ist durchaus ernst, massvoll und edel im Ausdruck, sehr charakteristisch in den Rezitativen, die sämtlich durchkomponiert sind. Es folgten noch „La fedeltà premiata", mit der im Oktober 1780 das nach dem Brande neu aufgerichtete Schauspielhaus in Esterház eröffnet wurde, 1782 „Orlando Paladino" und 1784 als letzte Oper eine „Armida", die noch 1805 in Hamburg aufgeführt worden ist. Die Ouvertüre zur „Fedeltà premiata" benutzte Haydn als letzten Satz der Jagdsinfonie. Ein Konglomerat aus Teilen dieser Oper, vermengt mit Kompositionen von Fritz von Weber und Einlagen von Mozart und Carl Maria von Weber, ist anfangs des Jahrhunderts mit (Zugrundelegung eines neuen Textes) unter dem Titel „Der Freibrief" vielfach gegeben worden. Die Haydn zugeschriebenen Opern „Allessandro il Grande" und „Calypso abbandonata" sind Fälschungen, ebenso wie das gleichfalls untergeschobene Oratorium „Abramo ed Isacco". In London schrieb Haydn einen „Orfeo" (Manuskript unter dem Titel „L'anima del filosofo" in Privatbesitz), der aber nie zur Aufführung kam.

Für das Marionetten-Theater hat Haydn „Genovefens 4. Teil", „Philemon und Baucis" und „Dido" geschrieben. Zu der Puppenkomödie „Die bestrafte Rachgier oder das abgebrannte Haus" lieferte er, wie später für das vielgegebene Lustspiel „Der Zerstreute", einige Orchesterstücke, die als Einleitungs- und Zwischenaktsmusik dienten. Von all diesen Arbeiten hat sich nichts erhalten, als die Ouverture und eine Canzonette aus „Philemon und Baucis", dem „kleinen Schauspiel mit Gesang", das zur Feier des Besuches der Kaiserin 1773 in Esterház aufgeführt wurde. Die Canzonette ist ein allerliebstes Stück und von anmutiger Wirkung, wenn man sie in lebhaftem Zeitmass (etwa ♩ = 120) nimmt.

Bedeutender als die Opern, und für den Entwickelungsgang unseres Komponisten von grösserer Wichtigkeit, sind zwei Werke religiösen Inhalts, die er während seiner Stellung in Esterház geschaffen hat: das Oratorium „Il Ritorno di Tobia" und „Die sieben Worte des Erlösers am Kreuz". Das Oratorium entstand im Winter 1874—75 und erlebte seine erste Aufführung in der schon erwähnten Akademie der Wiener Künstler-Sozietät. Die zeitgenössische Kritik rühmte die feine Verwebung von „Ausdruck, Kunst und Natur" und hob das Feuer der Chöre hervor, das „sonst nur Händeln eigen war". Wir vermögen freilich keine Spur von Händels Geist darin zu entdecken; die Musik ist wie der

Text ganz nach der Schablone der italienischen Nachfolger und Nachahmer Scarlatti's und Stradella's gearbeitet und verrät nur wenig inneres Leben. Für die Wiederaufführung des Oratoriums im März 1784, die diesmal im Hoftheater stattfand, arbeitete Haydn manches um und fügte zwei neue Chöre hinzu. Der sogenannte „Sturmchor" (d-moll) wird mit unterlegtem lateinischen Texte (Insanae et vanae) noch heut als Motette in katholischen Kirchen gesungen. Später (1808) nahm Haydns Schüler Neukomm mit Bewilligung des Meisters Kürzungen vor und vermehrte die Instrumentation; endlich revidierte Franz Lachner (1861) die Partitur noch einmal und vermehrte sie durch drei Einlagen (Chöre aus Haydns „Stabat mater" und den vierstimmigen Gesängen). In dieser Gestaltung bietet das Werk auch der von Schletterer bearbeitete deutsche Klavierauszug. — Ueber die Entstehung der „Sieben Kreuzesworte" (1785) erzählt Haydn in dem Vorbericht zu der bei Breitkopf & Härtel 1801 erschienenen Partitur:

„Es sind ungefähr fünfzehn Jahre, dass ich von einem Domherrn in Cadix ersucht wurde, eine Instrumentalmusik auf die sieben Worte Jesu am Kreuze zu verfertigen. Man pflegte damals alle Jahre während der Fastenzeit in der Hauptkirche zu Cadix ein Oratorium aufzuführen, zu dessen verstärkter Wirkung folgende Anstalten nicht wenig beytragen mussten Die Wände, Fenster und Pfeiler der Kirche waren nehmlich mit schwarzem Tuche überzogen und nur Eine, in der Mitte hängende grosse Lampe erleuchtete das heilige Dunkel. Zur Mittagsstunde wurden alle Thüren geschlossen; jetzt begann die Musik. Nach einem zweckmässigen Vorspiel bestieg der Bischof die Kanzel, sprach eines der sieben Worte aus und stellte eine Betrachtung darüber an. So wie sie geendigt war, stieg er von der Kanzel herab, und fiel knieend vor dem Altare nieder. Diese Pause wurde von der Musik ausgefüllt. Der Bischof betrat und verliess zum zweyten, drittenmale u. s. w. die Kanzel, und jedesmal fiel das Orchester nach dem Schlusse der Rede wieder ein. Dieser Darstellung musste meine Composition angemessen seyn."

Haydn löste die Aufgabe, indem er die Melodie den Textworten anpasste und sie dann zu je einem kurzen Instrumentalsatz verwertete, der durch ein von einer Bassstimme gesungenes Rezitativ eingeleitet wurde. Er erklärte diese Arbeit öfter für eine seiner gelungensten und erlebte die Genugtuung, dass die „Sieben Worte" rasch in Deutschland und im Auslande bekannt wurden. Fast gleichzeitig mit dem Klavierauszug erschien eine Bearbeitung für Streichquartett, die in vielen Ausgaben unter die anderen Quartette aufgenommen ist. Die Umarbeitung in die Kantatenform nahm Haydn erst nach seiner zweiten Londoner Reise vor. Auf der Rückfahrt soll der Meister in Passau sein Werk mit Singstimmen gehört haben, die von dem dortigen Hofkapellmeister hinzugesetzt waren. Die Idee gefiel ihm; „aber", sagte er, „die Singstimmen, glaube ich, hätte ich besser gemacht". Er liess sich von van Swieten einen Text schreiben, den Carpani ins Italienische übersetzte, und gab so dem Werke seine endgiltige Gestalt. Jedem Satze geht ein kurzer vierstimmiger Gesang im Choralton mit einem der Ausrufe Christi voran, und zwischen die vierte und fünfte Nummer ist ein wunderbar ausdrucksvolles Stück für Blasinstrumente eingeschaltet.

Wenden wir uns nun der eigentlichen Kirchenmusik zu, so haben wir mehrere Messen, den 1768 komponierten Applausus (eine umfangreiche geistliche Festkantate in lateinischer Sprache), das Stabat mater (1773), das Haydns Ruf in Frankreich begründete, und eine Anzahl kleinerer Kompositionen zu verzeichnen, unter denen das 1771 entstandene Salve Regina in G-moll hervorgehoben zu werden verdient. Nicht mit Unrecht ist gegen diese Werke, wie gegen die Kirchenmusik Haydns überhaupt der Vorwurf mangelnder Innerlichkeit und allzugrosser Heiterkeit erhoben worden. Gewiss wird man zugeben müssen, dass sich darin nicht die Tiefe der Anschauungen offenbart, mit der andere grosse Meister die höchsten Dinge behandelt haben; aber durch die Liebenswürdigkeit seiner Natur, die dabei in ihrer ganzen Unbefangenheit zutage tritt, und durch den kindlich frommen Sinn, mit dem er seinen Schöpfer preist, wird Haydn meist davor bewahrt, bei aller Fröhlichkeit in das Würdelose zu verfallen. Seine technische Meisterschaft bekunden die kontrapunktische Gewandtheit und die sichere Faktur, die die einzelnen Teile scharf und plastisch hervortreten lässt. In Eisenstadt entstanden die Es-dur-Messe (1766), die durch die konzertmässige Behandlung der Orgel auffällt; in Esterház die G-dur- oder sogenannte „Spatzenmesse" (1772, wegen ihrer leichten Ausführbarkeit noch heute gern verwendet), die „kleine Orgelmesse" in B-dur (1778), die „Cäcilienmesse" in C (1781), Haydns längste Messe, falls sie überhaupt von ihm stammt (was neuerdings bezweifelt worden ist) und nicht von seinem Bruder Michael, und die „Mariazellermesse" (1782), die unter allen am häufigsten aufgeführt wird und schon den Uebergang zu Haydns grossen Messen aus den 90er Jahren bildet. — Von weltlichen Kantaten ist zunächst die anzuführen, mit der Fürst Nicolaus, als er 1764 aus Versailles zurückkehrte, in Eisenstadt von seiner Kapelle empfangen wurde. Es war eine Gelegenheitskomposition von festlichem Charakter, aber ebensowenig von höherer Bedeutung, wie die 1786 auf den Tod Friedrichs des Grossen geschriebene Trauerkantate, bei der sich Haydn noch einmal des Barytons als begleitenden Instrumentes bediente. Die wertvollste Arbeit auf diesem Gebiet ist die Kantate „Arianna a Naxos" für eine Solostimme und Klavierbegleitung, eine Komposition von hochdramatischem Gepräge. Haydn schrieb sie 1789, aber erst in London, im Februar 1791, kam sie zur Aufführung und galt fortab für eins seiner besten Gesangswerke. Für Solosopran und Orchester gesetzt erschien ferner 1782 bei Artaria eine Kantate: „Ah, come il cuor mi palpita", ein schwungvolles Stück, das der Sängerin eine dankbare Aufgabe stellt.[23])

Es erübrigt nun, noch ein Wort über Haydn als Liederkomponisten zu sagen. Seine Bedeutung ist auch hier eine untergeordnete; so wenig wie für die Entwickelung der Oper kommt unser Meister für die des Liedes in Betracht. Vielleicht trägt sein Mangel an literarischen Kenntnissen einen wesentlichen Teil der Schuld. Er klagt darüber, dass es ihm an passenden Texten fehle, und doch erlebte er die Blüte der deutschen Lyrik! Er scheint also die neueren Dichter seiner Periode garnicht gekannt zu haben. Da es ihm auch an einem Anstoss von Aussen fehlte, fühlte er sich nicht berufen, dem Liede eine höhere Stellung zu erobern, als es damals im österreichischen Musikleben einnahm. Die norddeutschen Meister, Reichardt und Schulz, blieben ohne Einfluss auf ihn, und in seiner Umgebung hätte ihm höchstens der Wiener Anton Steffan zur Anregung dienen können. Am merkwürdigsten dürfte erscheinen, dass der ausgesprochen volkstümliche Zug seiner Begabung ihn nicht zum Liede drängte. Dass Haydn, der in seinen Instrumentalwerken so glücklich den Volkston zu treffen verstand, ihn in seinen Liedern fast ausnahmslos vermissen lässt, ist nur ein Beweis mehr dafür, wie sehr die Entwickelung des musikalischen Liedes mit der Lieddichtung zusammenhängt, und dass sie (wie bei jeder Vokalform) nur auf der Grundlage des Wortes, nicht aber losgelöst von dieser sich vollziehen konnte. Die beiden Liederhefte, zu je 12 Nummern, die Haydn 1781 und 1784 bei Artaria herausgab und der „Freulen Francisca Liebe Edle v. Kreutznern" widmete, sind noch nach alter Sitte auf zwei Systeme, die rechte Hand der Klavierbegleitung zugleich als Singstimme, im Sopranschlüssel geschrieben und enthalten meist Strophenlieder; nur wenige Nummern sind durchkomponiert. Einige davon sind ganz anmutig; doch erheben sie sich nicht über Tändeleien, die für die Unterhaltung von Dilettanten bestimmt scheinen. Auf der gleichen Stufe steht die einzeln erschienene Romanze vom „schlauen Pudel", deren Komposition in dieselbe Zeit fällt. Bemerkenswert sind höchstens die längeren Vor- und Zwischenspiele bei Haydn, die einzigen vor Beethovens „Adelaide", die ein selbständiges Eingreifen des Klavieres in die poetische Darstellung, wenn auch nur andeutungsweise, zeigen. Haydn urteilte merkwürdigerweise etwas selbstbewusst über seine Lieder und meinte, dass sie alle bisherigen überträfen. Dagegen fanden sich schon bei ihrem Erscheinen Stimmen, die sie für eines Haydn unwürdig erklärten. „Niemand wird daran zweifeln, dass Herr H. diese Lieder hätte besser machen können, wenn er gewollt hätte. Ob er es nicht gesollt hätte, ist eine andere Frage." Diesem Urteil aus Cramers „Magazin der Tonkunst" (1783) werden wir uns anschliessen müssen. Erst später gelang es Haydn, auch der Gattung des Liedes einige freundliche Gaben abzugewinnen, als das wahrhaft Liedmässige auf Umwegen durch die Melodik Mozarts, und im besonderen durch dessen Zauberflöte, zu ihm gedrungen war. Bedeutender als die Lieder sind die Vokalquartette, die dreistimmigen schottischen und walisischen Gesänge mit Klavier, Violine und Cello und eine Anzahl Kanons, die Haydn selbst so hoch hielt, dass er sie unter Glas und Rahmen in seinem Zimmer hängen hatte. Sechs der schönsten dieser Kanons hat neuerdings Max Friedländer mit Klavierbegleitung (in der Edition Peters) herausgegeben.

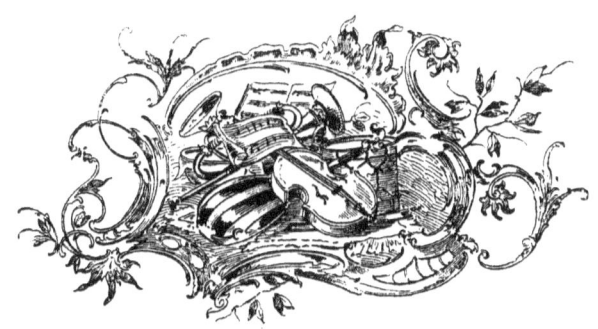

Haydn in London.

Die Beziehungen Haydns' zu London reichen ziemlich weit zurück. Seit einem Vierteljahrhundert bereits war sein Name dort bekannt, bevor er selbst den Fuss auf englischen Boden gesetzt hatte. Eine Anzeige Haydnscher Quartette in einem Londoner Blatte findet sich zum erstenmale im Jahre 1765. Von 1772 an folgten immer häufiger Publikationen seiner Werke, die zumeist bei Longman und Broderip verlegt wurden. Ausser zahlreichen Quartetten erschienen Symphonien, Streich- und Klaviertrios, Sonaten und andere Stücke für Klavier und eroberten sich bald die Programme der hervorragenden Konzertunternehmungen. Nicht immer jedoch lernten die Engländer Haydns Musik in ihrer Originalgestalt kennen. Nächst den Bearbeitungen, Arrangements und Uebertragungen, die gewisse Lieblingswerke sich gefallen lassen mussten, wurden manche seiner Sachen aus dem Zusammenhang gerissen und untermengt mit den Kompositionen Anderer zu theatralischen und sonstigen Zwecken verwendet. Ein sarkastischer Artikel des „Morning Chronicle" kennzeichnet gelegentlich diese Verstümmelung seiner Geisteskinder· „Seit seiner Ankunft in diesem Lande", heisst es da, „entdeckte Haydn die Trümmer mehrerer seiner früheren Konzerte, die zuerst aufgegriffen und dann von einigen unserer Original-Komponisten in unmenschlicher Weise ausgeraubt und verstümmelt wurden. Eine Jury von Liebhabern sass über den Leichen zu Gericht, und ihr Urteil lautete: Vorsätzlicher Mord, Täter unbekannt". Dieses musikalische Freibeutertum ist jedenfalls ein Beweis dafür, wie schnell und leicht auch jenseits des Kanals Haydns Musik sich verbreitete. Auch ernsthafte Zeugnisse liegen für diese Tatsache vor. Als die Sängerin Mara[24]) zum erstenmale in London auftrat (1784), wurde eine Symphonie von Haydn angekündigt, „whose name is alone a sufficient proof of its merit"; eine Lebensbeschreibung aus demselben Jahre im ersten Bande des European Magazine spricht von dem „celebrated composer", und in der Ankündigung seiner bevorstehenden Ankunft wurde Haydn als der Mann gefeiert, „whose name is a tower of strength, to whom the amateurs of the instrumental music look up as the God of the science."

Unter diesen Umständen ist es nicht verwunderlich, dass ihm die englischen Verlagshäuser die vorteilhaftesten Anträge machten. Durch Vermittelung des englischen Gesandten in Wien war Haydn im Jahre 1781 zuerst mit William Forster in Unterhandlung getreten und hatte ihm nach und nach im ganzen 129 Kompositionen überlassen, die er, nicht in Partitur, sondern in einzelnen Stimmen, und zwar mit äusserster Sorgfalt auf schmale Quartblätter geschrieben, nach London sandte. Später ging er auch mit Longman und Broderip und mit dem Verleger Bland geschäftliche Verbindungen ein.

Es war natürlich, dass, je mehr Haydns Werke sich verbreiteten und Aufsehen erregten, in um so weiteren Kreisen der Wunsch rege ward, den Komponisten auch persönlich kennen zu lernen. Für die Konzertunternehmer Londons war Haydns Erscheinen eine great attraction, die sie sich gegenseitig streitig machten. Schon 1783 waren Versuche unternommen worden, ihn für die Leitung der unter dem Protektorate des Lord Abingdon gegründeten Konzerte zu gewinnen, die dann als „Professional-Concerte" (d. h. Konzerte der Fachmusiker) eine Zeit lang eine hervorragende Stelle im öffentlichen Musikleben einnahmen. Haydn schlug, wenn auch gewiss schweren Herzens, die Einladung, die später wiederholt wurde, ab, weil er sich nicht entschliessen konnte, den Dienst seines Fürsten zu verlassen. Vergeblich suchte auch der Musikalienhändler Bland, gelegentlich seines Besuches in Esterház, ihn zu einer Reise nach London zu überreden; und ebensowenig Erfolg hatte anfangs der Violinist Salomon, als er, mit den Fachmusikern entzweit und auf eigene Konzertunternehmungen bedacht, sich brieflich an den Meister wandte. Dagegen scheint Haydn zu Ende 1787 ernstlich beabsichtigt zu haben, dem Drängen Cramers[25]), des Dirigenten jener Konzerte, nachzugeben. Aus einem Briefe an Forster geht hervor, dass er damals in Unterhandlung stand, und dass ihm Forster für den Fall seines Kommens bereits eine Wohnung offeriert hatte. Die Sache zerschlug sich, weil die entscheidende Antwort Cramers ausblieb, worauf Haydn den Winter in Neapel zubringen wollte.[26])

Joseph Haydn. (Nach einer Zeichnung von A. Chaponnier, gestochen von Laurens.)
(Aus der Portrait-Sammlung der Musikbibliothek Peters in Leipzig.)

Inzwischen gewann seine Musik immer festeren Boden in London. Die Professional-Konzerte, desgleichen die Nobility- und Ladies-Konzerte führten sein Stabat mater auf und brachten fast regelmässig Symphonien von ihm; auf den Programmen der Virtuosen durfte sein Name nicht fehlen, und seine Quartette wurden selbst bei Hofe gespielt, wo der Prince of Wales die Cellostimme zu übernehmen pflegte. Man trug sich sogar mit der Absicht, Haydn ein Denkmal in der Westminster-Abtei zu errichten, und wartete nur auf seine Ankunft, um die feierliche Aufstellung vorzunehmen. Als nun im September 1790 Fürst Nicolaus Esterházy starb und damit der hauptsächlichste Grund für

Haydns Weigerung weggefallen war, richtete man in England sein Augenmerk naturgemäss wieder auf den deutschen Meister.

Salomon[27]), der, im Auftrage des Impresarios Gallini, Sänger für die nächste italienische Season engagiert hatte, befand sich auf der Rückreise nach London, als er in Köln vom Tode des Fürsten hörte; sofort fuhr er nach Wien, um sich Haydns, der ja nun frei war, zu versichern. Haydn sass gerade bei der Arbeit, als ihm ein Fremder gemeldet wurde, der mit den Worten eintrat: „Ich bin Salomon aus London und komme Sie abzuholen; morgen werden wir einen Akkord schliessen." Und in wenigen Tagen gelang es dem unternehmenden Weltmann wirklich, den bescheidenen und nichts weniger als waghalsigen Meister zu überreden. Haydn äusserte allerhand Bedenken; die geringe Kenntnis fremder Sprachen, im besonderen des Englischen, die Unerfahrenheit im Reisen, sein vorgerücktes Alter (er zählte fast 60 Jahre), das alles machte ihm den Entschluss nicht leicht. Allein Salomon wusste seinen Einwürfen zu begegnen, und machte ausserdem dem Zögernden so glänzende Anerbietungen, dass dieser sie nicht gut von der Hand weisen konnte. Haydn musste sich verpflichten, sechs neue Symphonien zu schreiben und persönlich zu dirigieren; dafür wurden ihm 300 Pfund Sterling zugesichert, ferner 200 Pfund für das Verlagsrecht und 200 Pfund für ein garantiertes Benefizkonzert. Ein Betrag von 5000 Gulden wurde bei einem Wiener Bankhause hinterlegt. So entschloss sich Haydn endlich zu der Fahrt, unter der Bedingung, dass sein Fürst, dem er sich moralisch noch immer verpflichtet glaubte, seine Einwilligung gäbe. Diese erfolgte natürlich anstandslos, und am 8. Dezember 1790 konnte Salomon folgende Anzeige machen, die am 29. im „Morning Chronicle" zum Abdruck kam:

„Herr Salomon, der nach Wien reiste, um den berühmten Herrn Haydn, Capellmeister Sr. Hoh. des Prinzen Esterházy, für England zu engagiren, benachrigtigt den hohen und höchsten Adel verehrungsvoll, dass er in der That ein Uebereinkommen mit diesem Herrn unterzeichnet hat, in Folge dessen Beide in wenigen sich auf die Reise begeben werden und hoffen vor Ende des Monats in London zu sein. Herr Salomon wird alsdann die Ehre haben, den Freunden der Musik einen Plan zu Subscriptionsconcerten vorzulegen und hofft derselbe deren Zustimmung und Unterstützung zu erhalten."

Es fehlte nicht an Stimmen, die dem Meister das Vorhaben dringend widerrieten. Auch Mozart warnte ihn vor den Strapazen einer so weiten Reise, allein der einmal Entschlossene erklärte, sich noch munter und bei guten Kräften zu fühlen. So kam unter den notwendigen Vorbereitungen der 15. Dezember, der Tag der Abreise, heran.[28]) Mozart, der bei Haydn gespeist hatte, gab seinem väterlichen Freunde das Geleit zum Wagen. Beide Männer waren tief bewegt. Tränenden Auges sagte der Jüngere: „Wir werden uns wohl das letzte Lebewohl in diesem Leben sagen." Seine Ahnung sollte nur zu bald in Erfüllung gehen; er sah seinen Papa Haydn nicht wieder.

Von Wien ging die Reise zunächst nach München. Hier lernte Haydn Cannabich kennen und konnte sich von den Resultaten seiner Orchesterleitung überzeugen, die das Instrumentalspiel in Deutschland auf eine bedeutende Höhe gehoben und seiner Zeit schon die Bewunderung des jungen Mozart erregt hatte. Ueber Bonn und Brüssel begaben sich die beiden Reisenden darauf nach Calais, wo sie am 31. Dezember anlangten. In Bonn wurde Haydn, als er die Kirche besuchte, durch die Aufführung einer seiner Messen überrascht. Der Kurfürst Maximilian Franz, der jüngste Sohn

Maria Theresias, liess ihn in die Sakristei geleiten und stellte ihn seinen Musikern mit den Worten vor: „Da mache ich Sie mit Ihrem von Ihnen so hoch geschätzten Haydn bekannt." Die Ueberfahrt nach Dover schildert ein Brief an seine Freundin Genzinger, der uns erhalten ist:

„Berichte demnach, dass ich am ersten dieses als am neuen Jahres Tage früh um halb 8 Uhr nach angehörter hl. Meess in das schif stiege und nachmittag um 5 Uhr, dem höchsten sey gedankt, wohlbehalten und gesund zu Dower ankam."

Die Passagiere wurden in kleinen Booten gelandet, da dass Schiff der eingetretenen Ebbe wegen nicht ans Ufer konnte. Dann heisst es weiter:

„einige von den Reisenden blieben aus Forcht in das kleine zu steigen auf demselben, ich schluge mich aber zu dem grösseren Haufen. Während der ganzen überfahrt bliebe ich oben auf den schif, um das ungeheure Thier, das Meer, sattsam zu betrachten. so lange es windstill war, fürchtete ich mich nicht, zuletzt aber, da der immer stärkere wind ausbrach, und ich die heranschlagenden ungestieme hohe wellen sahe, überfiel mich eine kleine angst und mit dieser eine kleine üblichkeit. Doch überwündete ich alles, und kam ohne S. v. zu brechen glücklich an das gestade. die meisten wurden krank, und sahen wie die geister aus, da ich aber nach London kam, wurde ich erst die Beschwerde der Reise gewahr. ich gebrauchte 2 Tag, um mich zu erhollen. nun aber bin ich wieder ganz frisch und Munter und betrachte die unendlich grosse stadt London, welche wegen Ihren verschiedenen schönheiten und wunderdinge ganz in Erstaunung versetzt. ich machte alsogleich die Nothwendigsten Visiten, als den Neapolitanisch und unsern gesandten, ich erhilte in 2 Tagen von beiden die gegen visit und speisete vor 4 Tagen bei dem Ersteren zu Mittag, aber Nota bene um 6 uhr abends, das ist So Mode hier."

Haydn stieg in der City bei dem ihm schon befreundeten Musikalienverleger B l a n d in No. 45 Holborne ab und verbrachte hier die erste Nacht. Dann zog er in Salomons Haus No. 18 Great Pulteney street, golden square, wo er bei einem italienischen Koch „ein niedliches, bequemes, aber auch teures Logement fand. Nun begann für ihn ein bewegtes, aufreibendes Leben, dessen Unruhe er nach der jahrzehntelangen Zurückgezogenheit in Esterház bald schmerzlich empfand. Das Treiben der Grossstadt umgab ihn mit seinem Lärm und seinen Ansprüchen, und Art und Zweck seines Besuches brachten es mit sich, dass er sich ihnen nur schlecht entziehen konnte. Gleich nach seiner Ankunft, sah er sich von den Künstlern[29]) und Kunstliebhabern Londons umringt; eine Einladung folgte der andern, und es blieb unserem Meister kaum die Zeit, all seinen Verpflichtungen nachzukommen. Der Komponist Gyrowetz, den er von Wien her kannte, liess es sich besonders angelegen sein, seinen Landsmann in angenehme und einflussreiche Kreise zu führen, in denen Haydn bald der Mittelpunkt der Unterhaltung wurde. Sein bescheidenes, freundliches Wesen gewann ihm aller Herzen, und zumal wenn er sich ans Klavier setzte und deutsche Lieder sang, trat so recht der Unterschied in die Erscheinung zwischen seiner schlichten, treuherzigen Art und dem Gebahren der sonstigen Virtuosen, die durch ihre Leistungen in den Gesellschaften glänzen wollten.

Gewiss werden die Begeisterung, mit der er gefeiert wurde, und die vielen Beweise privater und öffentlicher Anerkennung ihm geschmeichelt und seinem Künstlergefühle wohlgetan haben; die Belästigung jedoch und der Zeitaufwand, der damit verbunden war, entlockten ihm manche Klage. Dazu kam, dass an seine Arbeitskraft ungewöhnliche Ansprüche gestellt wurden. So macht er seinem Herzen in einem Schreiben an Marianne Luft: „Wenn Euer gnaden sehet, wie ich hier in London Seccirt werde in allen den privat Musicken beyzuwohnen, wobey ich sehr viel zeit verliehre, und die menge der arbeith, so man mir aufbürdet, wurden Sie, gnädige Frau, mit mir und über mich das gröste Mittleyd haben. ich schriebe zeit lebens nie in Einem Jahr nicht so viel als im gegenwärtig verflossenen, bin aber auch fast ganz erschöpft, und mir wird es wohlthun, nach meiner nach hausskunft ein wenig ausrasten zu können." Auch sonst fühlt er sich nicht gerade behaglich in London, und benutzt gern jede Gelegenheit, die sich bietet, einen Ausflug zu machen. Den Lärm „auf denen gassen von dem allgemein verschiedenen Verkaufsvolk" findet er „unausstehlich".

Das erste Erscheinen Haydns in der Oeffentlichkeit fand vermutlich am 12. Januar statt. An diesem Tage besuchte der Meister das Konzert der Anacreontic-Society, das, von Cramer geleitet, Werke der besten Meister in wundervoller Ausführung bot. Vor Beginn der Schlusssymphonie, so berichten die Zeitungen, trat „der berühmte Herr Haydn" in den Saal und wurde mit allen Zeichen der Achtung und Aufmerksamkeit begrüsst. Das Orchester spielte eine seiner Symphonien, über deren Wiedergabe er sich ausserordentlich lobend äusserte; nach Beendigung zog er sich unter den Beifallsbezeugungen der ganzen Versammlung zurück. Auf dem Hofball, der am 18. Januar im St. James's Palast zur Geburtstagsfeier der Königin stattfand, wurde Haydn auch durch die königliche Familie ausgezeichnet. Als er, von Gallini und Salomon begleitet, in den Saal trat, machte ihm der Prinz von Wales eine Verbeugung, und dies lenkte die Augen der ganzen Gesellschaft auf ihn, so dass ihm „Jedermann seinen Respekt bezeigte".

Ebenso sympathisch, wie ihn die gesellschaftlichen und zum Teil die künstlerischen Kreise Londons aufnahmen, stand ihm im allgemeinen auch die Presse gegenüber. Fast täglich brachten die Journale Mitteilungen über den berühmten Gast. Schon seine Ankunft hatte Aufsehen erregt, er wurde, wie er selbst sagt, „durch drei Tage in allen Zeitungen herumgetragen". Dass Haydn aber auch den Kampf gegen den Neid und die Missgunst seiner Kunstgenossen aufzunehmen hatte, war unausbleiblich. Mehr noch als eine so ehrenvolle Aufnahme musste der ihm vorausgehende Ruf, der unerhörte Erfolge erwarten liess, vielen unbequem sein. Die Presse der Gegenpartei rührte sich zeitig. Am 7. Januar schrieb Morning Chronicle: „Kaum ist Haydns Ankunft öffentlich angekündigt, so haben auch schon gewisse langohrige Kritiker entdeckt, dass seine Kräfte im Abnehmen sind und dass von ihm nichts zu erwarten steht, das seinen Leistungen früherer Jahre gleichkäme." Und später folgten in gewissen Blättern immer unverblümter Angriffe auf die Person des Meisters und seine künstlerische Richtung.

Nicht zum wenigsten gingen diese Verunglimpfungen von den Kreisen der professionals aus, deren Konzerten Salomon mit seiner Unternehmung eine gefährliche Konkurrenz machte. Da sie Haydn seinem Freunde nicht abspenstig machen und für sich gewinnen konnten, übertrugen sie ihren Hass auch auf ihn und suchten sein Aufkommen nach Kräften zu erschweren. Zu ihrer Schadenfreude hatte Salomon mit unerwarteten Schwierigkeiten zu kämpfen; um auf die Mitwirkung einer hervorragenden Kraft, des Sängers David, nicht zu verzichten, musste er das schon seit dem 15. Januar angekündigte erste Konzert immer weiter hinausschieben.

Inzwischen begannen die Professional-Konzerte mit einer glänzenden Aufführung, und auf dem Programm stand auch eine Symphonie Haydns. Der Vorstand hatte ihm eine für alle Konzerte giltige Freikarte überreicht, und er erwiderte diese Höflichkeit mit dem Komplimente, dass er „sein Concerto bei keiner Gelegenheit so ausgezeichnet habe vorführen hören". Auch einem der Ladies-Konzerte wohnte Haydn bei und begleitete selbst am Klavier dem Sänger Pacchierotti seine Kantate „Arianna a Naxos", die so gefiel, dass sie, in öffentlichen und privaten Veranstaltungen des öfteren wiederholt, das „musikalische desideratum" des Winters wurde.

Endlich, am 11. März, fand das erste Salomon-Haydn-Konzert statt, und zwar mit so glänzendem Erfolge, dass mit einem Schlage das ganze Unternehmen gesichert war. Die von Haydn für diesen Abend neu komponierte Symphonie in D war die später als zweite bekannt gewordene der Londoner (Salomon)-Symphonien:  Sie wurde von allen Kennern für eine „wundervolle Komposition" erklärt und im zweiten Konzert (18. März) auf besonderes Verlangen wiederholt. Am meisten gefiel das Adagio, das repetiert werden musste (ein damals seltener Fall); doch auch der erste Satz wurde in den Berichten besonders hervorgehoben. Das Salomon-Orchester, eines der besten und am stärksten besetzten der Zeit, bestand aus noch nicht 40 Personen: 12 bis 16 Violinen, vier Bratschen, drei Celli, vier Kontrabässen, je zwei Flöten, Oboen, Fagotts, Hörnern, Trompeten und Pauken. Salomon führte das Orchester an, Haydn „präsidierte" am Klavier. Burney erzählt, der Anblick Haydns beim Dirigieren hätte auf die Anwesenden wie elektrisch gewirkt und Aufmerksamkeit und Beifall in höherem Grade wachgerufen, als er sich je erinnere, in England bei einer Instrumentalmusik beobachtet zu haben. Die Aufführungen fanden in den „Hanover square rooms" statt, deren akustische Vorzüge gerühmt wurden. Das erste Konzert war zahlreich besucht, obgleich an demselben Abend im Covent-Garden wie im Drury-lane-Theater die zur Fastenzeit üblichen Oratorienaufführungen ihren Anfang nahmen. Dem zweiten Konzert wohnte der Prince of Wales bei. Im dritten wurde eine neue Manuskript-Symphonie in B gespielt (No. 4), deren Anfang- und Schlussallegro, wie Haydn sich ausdrückte, „encort" wurden; im April folgten vier weitere Konzerte. Das Unternehmen stand nun in Blüte, und Haydn war der erklärte Liebling des Publikums. Sein Benefizkonzert, das am 16. Mai stattfand, brachte ihm eine Einnahme von 350 Pfund Sterling. Bei diesem Erfolge konnte Salomon schon im Juni, nach Schluss des 12. Konzertes, einem Subskribenten die Fortsetzung des Unternehmens unter Haydns Beistand für den kommenden Winter ankündigen.

Dr. Charles Burney.
(Nach einem englischen Stiche im Besitze des Musikhistorischen Museums des Herrn Fr. Nicolas Manskopf in Frankfurt a. M.)

Den Spätsommer verbrachte Haydn, der sich nun von allen Strapazen erholen konnte, auf dem Lande, 12 Meilen von London, auf dem Gute des Bankiers Brassy, dessen Tochter seine Schülerin war. Zuvor hatte er zwei kleinere Ausflüge gemacht, über die sein Tagebuch Aufzeichnungen enthält. Eines Tages im August speiste er auf einem ostindischen Kauffahrteischiffe; ein andermal fuhr er in grösserer Gesellschaft die Themse herauf bis Richmond. Um diese Zeit gelangte an ihn eine Aufforderung des Fürsten Esterházy, nach Haus zurückzukehren, um für eine bevorstehende Festlichkeit die Galaoper zu schreiben. Haydn, der sich kontraktlich gebunden hatte, konnte ihr natürlich nicht nachkommen und fürchtete deshalb seine Entlassung zu erhalten; doch begnügte sich der Fürst, ihm später in Wien vorwurfsvoll zu sagen: „Haydn, Sie hätten mir 40 000 Gulden ersparen können!"

In der erquickenden Stille des Landlebens, von der Familie Brassy aufs liebenswürdigste bewirtet, fühlte sich Haydn wohl und behaglich. An Marianne schreibt er, er lebe wie in einer Klausur. „ich bin dabey, Gott sei ewig gedankt, bis auf die gewöhnlichen Rhevmatische zustände gesund, arbeithe fleissig und gedenke jeden fruh morgen, wenn ich alleine mit meiner Englischen grammer in den wald spaziere, an meinen Schöpfer, an meine Familie und an alle meine hinterlassene freunde, worunter ich die Ihrige am Höchsten schätze."

Nach fünfwöchentlichem Aufenthalte kehrte Haydn Ende September nach London zurück. Hier wartete seiner ein gesteigertes Mass von Aufregungen und Arbeit.

Die Professionisten machten verdoppelte Anstrengungen, die Anziehungskraft ihrer Konzerte für den kommenden Winter zu erhöhen. Zunächst versuchte man, Haydn durch verlockende Anerbietungen seinem Freunde abspenstig zu machen und auf die Seite der Gegenpartei zu ziehen. Als dieser jedoch beharrlich ablehnte mit der Bemerkung, dass er Salomon nicht durch „schmutzige Gewinnsucht" schädigen wolle, begannen aufs Neue die Feindseligkeiten. In Ignaz Pleyel, dem einstigen Schüler Haydns, gewannen die Fachmusiker eine Kraft, die sie dem Meister glaubten entgegensetzen zu können, und nun fingen die Zeitungen an, die beiden Männer aneinander zu hetzen und den Schüler gegen den angeblich „altersschwachen" Lehrer auszuspielen. Pleyel hatte, das muss gesagt werden, wohl keine Ahnung von diesem Treiben, als er den Antrag annahm, die Professional-Konzerte in der Season 1792 zu leiten und (wie Haydn) zwölf neue Kompositionen in ihnen aufzuführen. Sein taktvolles Benehmen und Haydns gerader, nichts weniger als missgünstiger Charakter machten denn auch die boshafte Absicht zu schanden, und bei allen Ehrungen, die dem Jüngeren zu teil wurden und an denen sein Meister vor Allen sich herzlich beteiligte, ging Haydn doch schliesslich als Sieger aus diesem Wettstreit hervor. Ueber das persönliche Verhältnis der beiden Künstler und über die Art, wie Haydn die ganze Angelegenheit auffasste, geben uns seine eigenen Worte den besten Aufschluss. „Die Herren Professionisten", heisst es in einem Brief an Marianne, „suchten mir eine Brille auf die Nase zu setzen, weil ich nicht zu Ihrem Concerte überginge; allein das Publikum ist gerecht. ich erhilte voriges Jahr grossen Beyfall, gegenwärtig aber noch mehr. man critisirt sehr Pleyels Kühnheit. unterdessen liebe ich Ihn dennoch, ich bin jederzeit in seinem Concert, und bin der erste, so Ihm Applaudiret." Und an anderer Stelle: „Pleyel zeigte sich bey seiner ankunft gegen mich so bescheiden, dass Er neuerdings meine liebe gewann. wie sind sehr oft zusammen und das macht Ihm Ehre, und Er weis seinen Vatter zu schätzen. wir werden unsern Ruhm gleich theillen und jeder vergnügt nach Hause gehen." Haydn, der gleich am Tage nach der Ankunft bei Pleyel speiste, verlebte mit ihm auch das Weihnachtsfest und den Sylvesterabend.

Im November hatte Haydn zwei Tage im Schloss Oatlands beim Herzog von York, dem Bruder des Prinzen von Wales, zugebracht. Er erhielt diese Einladung durch den Prinzen, der ihm fortgesetzt das regste Interesse widmete. So liess er ihn von John Hoppner malen und das Bild in seinem Kabinet aufstellen. Den Meister vergnügte aber mehr die Güte des Prinzen als seine Liebhaberei für Musik. Er nennt ihn das schönste Mannsbild auf Gottes Erdboden, und fügt hinzu, er habe „viel gefühl, aber wenig geld".[80]) Auf dem Schlosse des Herzogs wurde Haydn durch viele Gunstbezeigungen geehrt. Die 17jährige Herzogin, eine preussische Prinzessin, war eine eifrige Musikfreundin und kannte Haydns Werke schon von Berlin her; sie sass, wie er erzählt, von zehn bis zwei Uhr nachts an seiner Seite am Klavier, unermüdlich seinem Spiele und Gesange zuhörend. Noch zwei andere Besuche, die in den Dezember fallen, sind im Tagebuch mit einigen Zeilen erwähnt. Der eine führte Haydn nordwärts auf das Landgut eines Sir Patrik Blak, der andere in das Haus eines Mr. Shaw, der seiner Verehrung für ihn überschwenglichen Ausdruck verlieh. Ueber die Tabaksdose, die ihm Haydn als Andenken gab, liess er einen silbernen Sarg machen, dessen Deckel eine Harfe schmückte und die Inschrift: Ex dono celeberrimi Josephi Haydn. Ein Band, das Mrs. Shaw bei diesem Besuch getragen und worauf sein Name in Gold gestickt war, bewahrte der Meister auf und zeigte es noch in späten Jahren unter seinen Kostbarkeiten; in sein Tagebuch aber schrieb er: „die Mistress ist das schönste Weib, so ich jemahls gesehen." Auch über einen Opernbesuch in Covent-Garden besitzen wir interessante handschriftliche Bemerkungen. Haydn fand den Theaterraum „finster und schmutzig", das Orchester unter Baumgartens Leitung „schläfrig". „Der gemeine Pöbel in den Gallerien ist durchaus in allen Theatern sehr impertinent und gibt mit rohem Ungestüm den Ton an und macht Repetiren und nicht Repetiren nach Ihrem Tobsinn."

J. Pleyel.
Nach einem im Besitze des Musikhistorischen Museums des Herrn Fr. Nicolas Manskopf in Frankfurt a. M. befindlichen Steindrucke.

Es wurde eine englische Oper („the Woodman") von Shield aufgeführt, und Mrs. Billington trat darin zum erstenmale auf. Bald danach bereicherte diese Sängerin die Chronique scandaleuse von London durch die Memoiren, die über sie veröffentlicht wurden. Haydn nahm sie in Schutz: „Man will sagen, dass ihr Charakter sehr fehlerhaft sei, dessenungeachtet aber ist Sie ein grosses Genie und alle die Weiber sind ihr gehässig, weil sie schön ist." Ebensowenig war der Meister von einem Besuch, den er dem Haymarket-Theater abstattete, erbaut. „Das Orchester", heisst es darüber im Tagebuch, „ist dieses Jahr reicher an Personal, aber ebenso mechanisch und indiscret im Accompagnement und ebenso schlecht placirt als es vorher war. Man macht da so elendes Gezeug als in Sedler's Well; ein Kerl schrie eine Arie so fürchterlich und mit so extremen Grimassen, dass ich am ganzen Leibe zu schwitzen anfing. N. B. Er musste die Arie wiederholen. O che bestie!"

Zu den Verpflichtungen, die Haydn für London übernommen hatte, gehörte auch die Komposition einer Oper. Das Unternehmen Gallinis in dem neu erbauten King's Theater schlug aber fehl; die obrigkeitliche Erlaubnis wurde im letzten Augenblick verweigert, weil der König sich für das Theater im Pantheon entschied, zwei italienische Opern aber für zu viel erklärte. So blieb die Partitur von „Orfeo ed Euridice", an der Haydn bereits fleissig gearbeitet hatte, unvollendet liegen, und wurde auch später von ihm nicht vervollständigt. Er sandte dafür seine 1783 komponierte „Armida" ein, doch auch diese wurde in London nicht aufgeführt.

Um nun den Professional-Konzerten, die unter Pleyels Leitung am 13. Februar 1792 erfolgreich wieder begonnen hatten, die Spitze bieten zu können, drang Salomon in Haydn, womöglich wie sein Nebenbuhler für jedes Konzert ein neues Werk zu liefern. Haydn versprach es und willigte in eine dementsprechende Ankündigung. „Um also worth zu halten", klagt er seiner Freundin, „und um den armen Salomon zu unterstützen, muss ich das Sacrifice seyn und stets arbeithen. ich fühle es aber auch in der That. meine Augen leyden am meisten, und hab viele schlaflose nächte. mit der hilfe Gottes werd ich aber alles überwinden". Doch den Symphonien, die unter diesen Umständen damals entstanden, merkt man wahrlich nicht Ermüdung oder ein Nachlassen der Kräfte an; sie gehören vielmehr zu dem Frischesten und Erfindungsreichsten, was Haydn geschrieben. In jedem der Salomon-Konzerte führte nun Haydn ein neues Werk, sei es eine Symphonie (auf dem Programm stets als eine „neue grosse Ouvertüre" bezeichnet), ein Quartett, eine Kantate oder ein Konzertstück auf; dazwischen wurden die beliebtesten Symphonien der vorigen Saison wiederholt. Im zweiten Konzert (24. Februar) stand eine Komposition für Chor und Orchester auf dem Programm, „Der Sturm" („the storm"), Haydns erster Versuch, einen englischen Text zu setzen, mit dem er sich „vielen Credit in der Sing Music bey denen Engländern" erwarb. Das sechste Konzert am 23. März brachte zum erstenmale die Symphonie in G „mit dem Paukenschlage", von den Engländern „the surprise" (die Ueberraschung) genannt, die bald zu seinen populärsten Kompositionen gehören sollte:

The Surprise.
Adagio.

Es ist erzählt worden, Haydn habe jene englischen Damen, die in den Konzerten einzuschlafen pflegten, mit dem originellen Orchestereffekt aufwecken und beschämen wollen; er selbst hat aber diese Version in Abrede gestellt: es sei ihm nur darauf angekommen, dem Publikum etwas Neues zu bieten. „Das erste Allegro meiner Symphonie wurde schon mit unzähligen Bravos aufgenommen, aber der Enthusiasmus erreichte bei dem Andante mit dem Paukenschlage den höchsten Grad. Ancora! ancora! schallte es von allen Seiten, und Pleyel selbst machte mir über meinen Einfall sein Kompliment". Dagegen berichtet Gyrowetz, der Meister habe ihm, als er ihn einst gerade beim Komponieren antraf, das fragliche Andante mit den Worten vorgespielt: „Da werden die Weiber aufschreien!" Jedenfalls lagen solche Scherze dem schalkhaften Wesen des Komponisten durchaus nicht fern, der bei der Vertonung der zehn Gebote zu den Worten des siebenten „Du sollst nicht stehlen" selbst einen fremden Gedanken entlehnte.

Am 3. Mai gab Haydn sein zweites Benefiz-Konzert. Das Programm lautet in der Uebersetzung:

Hanover square rooms.
Zum Vortheile des Dr. Haydn.
Donnerstag den 3. Mai 1792
Grosses Vocal- und Instrumental-Concert.
Abtheilung I.

Grosse M. S. Ouverture . . . . Haydn
Arie, vorgetr. v. Tig. Calcagni
Concertante für Violine, Cello, Oboe, Fagott . . . Haydn
(Salomon, Menel, Harrington, Holmes)
Cantate, vorgetr. v. Miss Corri . . . . Haydn
Violinconcert, vorgetr. v. Sig. Yaniewicz . . . Yaniewicz
Abteilung II.
Grosse M. S. Ouverture . . . . Haydn
Gesang, vorgetr. v. Sig. Simoni
Concert für Pedalharfe, vorgetr. v. Mad. Krumpholz
Gesang, vorgetr. v. Mad. Mara
Finale „das Erdbeben". . . . . Haydn
Eintrittspreis 10 s 6 p. Anfang: Abends 8 Uhr.

Die Symphonien waren, wie man sieht, auf den Programmen als „Ouverturen" bezeichnet, ein Beweis, dass beide Begriffe noch immer synonym gebraucht wurden.

Ende Mai nahmen die Haydn-Konzerte für diesmal ihr Ende. Der Erfolg des zwölften war ein so eklatanter, dass Salomon sich veranlasst sah, am 6. Juni ein Extra-Konzert zu geben, wo diejenigen Kompositionen, die in der Saison am meisten Anklang gefunden hatten, noch einmal zu Gehör gebracht wurden. Ausserdem unterstützte Haydn mehreremale die Konzerte anderer Künstler durch seine Mitwirkung, indem er eine seiner Symphonien selber dirigierte oder, wie in dem Benefiz-Konzert der Sängerin Mara, am Klavier begleitete. Es war dies das letzte Mal, dass Haydn öffentlich gespielt hat.

Unsere Darstellung von Haydns erstem Aufenthalt in London ist bisher im wesentlichen dem Verlaufe seiner Konzertunternehmungen gefolgt; wir haben nun, zurückgreifend, noch einiger wichtiger Ereignisse zu gedenken, von denen zwei: die Händelfeier und die Doktorpromotion, in den Sommer 1791 fallen. Die Berührung mit Händel war für unsern Komponisten von weittragender Bedeutung. Sie befruchtete ihn und regte ihn an, jene grossen Oratorien zu schreiben, mit denen er seinem reichen künstlerischen Lebenswerk die Krone aufgesetzt hat. Wohl hatte Haydn schon in Esterház und Wien einzelnes von Händel kennen gelernt; allein die ganze Grösse und Eigenart dieses Meisters ist ihm doch erst in England aufgegangen. Hier stand der Händel-Kultus gerade zu Beginn der neunziger Jahre in höchster Blüte. Händel war bereits der musikalische Nationalheros der Engländer geworden, sein Name beherrschte die Programme aller grösseren Aufführungen, und namentlich bei Hofe wurde, infolge der Vorliebe des Königs für diesen Komponisten, fast ausschliesslich Händelsche Musik gemacht, sodass die Zeitungen bereits über Einseitigkeit zu klagen und für das Recht der Lebenden einzutreten begannen. Seit 1784, wo gerade ein Vierteljahrhundert seit Händels Tod verstrichen war, hatten fast alljährlich in der Westminster-Abtei, die seine irdischen Ueberreste birgt, musikalische Gedächtnisfeiern, „Commemmoration of Handel", auch „Grand musical festival" genannt, für den Meister des Oratoriums stattgefunden. Die ernste

Gothik des Kirchenraumes bot diesen Aufführungen einen feierlichen Rahmen, der Andrang der Zuhörer gestaltete sie zu einem Volksfest, und die Teilnahme des Hofes verlieh ihnen Glanz und Ansehen. Im Jahre 1791 fiel die Händelfeier, die vier Tage umfasste, ganz besonders glänzend aus. Die Oratorien „Israel in Egypten" und „Messias", sowie Bruchstücke aus „Saul", „Judas Maccabäus", „Deborah", „Jephta" u. a. kamen dabei zur Aufführung, und die Zahl der Mitwirkenden betrug mehr als tausend. Die Trompeter hatten ihre Instrumente mit reich in Gold und Silber gestickten Bannern geschmückt, die ganze Veranstaltung unter dem Protektorate der Majestäten „badete sich in Glanz". Der ungewohnte, grossartige Anblick, durch die Heiligkeit des Ortes noch gehoben, der Eindruck der machtvollen und ergreifenden Musik Händels wirkten auch auf Haydn überwältigend. Er stand neben der königlichen Loge, und als sich beim Hallelujah die ganze Versammlung erhob, soll er wie ein Kind geweint und ausgerufen haben: „Er ist der Meister von uns allen!" Ein Jahr später wohnte Haydn einer anderen Aufführung des „Messias" in der Kirche St. Margaret bei. Sie war in kleinerem Massstabe gehalten (Chor und Orchester etwa 300 Personen stark), dafür aber desto vollendeter. Die berühmte Mara sang das Sopransolo.

Georg Friedrich Händel nach dem Gemälde von Grisoni.
(Fitzwilliam Museum in Cambridge.)
(Aus der im gleichen Verlage erschienenen Händel-Biographie von Fritz Volbach.)

Das zweite Ereignis führte Haydn in die altberühmte Universitätsstadt Englands, nach Oxford. Hier fand am 6., 7. und 8. Juli die alljährliche Feier zum Gedächtnis der Gründer und Unterstützer der Universität statt. Bei dieser Gelegenheit wurden preisgekrönte Werke aufgeführt und an berühmte Autoren die Doktorwürde verliehen. Selten geschah dies honoris causa. Haydn, der in seiner Bescheidenheit sicher nicht danach gestrebt hat, nahm die seltene, für ihn als Ausländer doppelt ehrenvolle Auszeichnung wohl hauptsächlich auf Veranlassung seines Freundes Dr. Burney, des bedeutendsten englischen Musikhistorikers, an. Die hervorragendsten Künstler Londons waren zu den drei grossen Konzertaufführungen im Universitäts-Theater eingeladen; Cramer fungierte als „leader", Dr. Hayes als Hauptdirigent. In jedem Konzert wurde eine Symphonie[81]) von Haydn aufgeführt, im dritten auch eine Kantate, die er selbst am Klavier begleitete, und das Publikum zeichnete ihn, wie immer, aus. Der eigentliche Festakt fand am 8. Juli vormittags statt. Am Abend dieses Tages erschien Haydn zum Konzert bereits im Doktorkleide, in schwarzseidenem Mantel und viereckiger Mütze mit Quasten, und wurde stürmisch empfangen. Da für Ehrengrade keine Diplome angefertigt wurden, findet sich seine Ernennung nur in dem Register of the House of Convocation folgendermassen eingetragen[82]):

> Die Veneris octavo die mensis Julii anno Dom. 1791 . . . Proponente Domino Vice Caucellario placuit venerabili coetui ut celeberrimus et in re musica peritissimus vir Josephus Haydn ad Gradum Doctoris in Musica honoris causa admitteretur.

Gleichsam zum Danke und als Beleg für seine musikalische Wissenschaft sandte Haydn später der Universität ein schwieriges kontrapunktisches Kunststück, einen rückwärts zu lesenden Kanon für drei Stimmen:

*) Rückwärts zu lesen.

Der Juni 1792 liess unseren Meister ein eigenartiges Schauspiel geniessen Die Jahresversammlung der Armenschulen (Charity School's Anniversary) kehrte um diese Zeit wieder und vereinigte einer alten Sitte gemäss alle Kinder der Armenschulen Londons, etwa 4—6000 an der Zahl. Ein gemeinsamer Gottesdienst wurde in dem gewaltigen Raume der St. Pauls-Kathedrale abgehalten. Der Gesang, der bei dieser Gelegenheit unisono von den Lippen so vieler Kinder erscholl, wirkte auf Haydn so ergreifend, dass er sich die Oberstimme in sein Tagebuch schrieb und die Worte dazusetzte: „Keine Musik rührte mich Zeitlebens so heftig, als diese andachtsvolle und unschuldige". Vielleicht gedachte er dabei unwillkürlich der Zeit, wo er selbst, ein armer Knabe, sich an solchen Gesängen beteiligt hatte.

Zu den berühmten Zeitgenossen, die Haydn in England persönlich kennen lernte, gehörte auch der Astronom William Herschel. Haydn besuchte ihn von Windsor aus, wohin er im Juni einen Ausflug gemacht hatte. „Den 15. ging ich zu Dr. Herschel, allwo ich den grossen Telescop sahe", heisst es im Tagebuch, und weiter: „Er sitzt manchmal in d. grössten Kälte 5 bis 6 Stunden unter freiem Himmel." Anknüpfungspunkte mögen sich zwischen den beiden Männern in Menge ergeben haben, zumal der berühmte Astronom früher ein einfacher deutscher Orchestermusiker gewesen war. In Windsor war Haydn besonders von der Schlosskirche entzückt und von der „göttlichen" Aussicht, die man von der Terrasse aus geniesst. Von Windsor besuchte er auch das Pferderennen zu Ascot-Heath und fand solches Gefallen am Sport, dass er mit der Beschreibung mehrere Seiten seines Tagebuches füllt.

Auch eines zärtlichen Verhältnisses muss hier Erwähnung geschehen, das der bereits in vorgerücktem Alter stehende Meister in London anknüpfte. Es scheint, dass dieses späte Liebesglück, das kaum über die Grenzen einer innigen Freundschaft hinausging, ihm sonnige Eindrücke bescherte, und dass er in der Freundin eine wirklich hingebende und treue Seele gefunden hat. Die Briefe der Dame, einer Mrs. Schroeter, haben sich zum Teil erhalten und geben Kunde von der Teilnahme und der stetig wachsenden Zuneigung, die sie für den Meister empfand. Von seiner Seite liegt nur ein Zeugnis vor, das sind die Worte, mit denen er später jene Briefe dem Maler Dies zeigte. „Briefe von einer englischen Witwe in London", erklärte der damals 74jährige Greis, „die mich liebte; aber sie war, ob sie gleich schon sechzig Jahre zählte, noch eine schöne und liebenswürdige Frau, die ich, wenn ich damals ledig gewesen wäre, sehr leicht geheiratet hätte." Mrs. Schroeter war die Witwe des wenig bekannten Komponisten und Klavierspielers J. S. Schroeter und machte Haydns Bekanntschaft zunächst in der Absicht, ihr eigenes Spiel unter seiner Leitung zu vervollkommnen. Während seines Aufenthaltes in London gab der nämlich Vielbeschäftigte auch noch Klavierlektionen. Welche Bewandnis es manchmal mit diesen Engagements hatte, dafür bringt Rochlitz ein lustiges Beispiel. Einst äusserte eine „allerhöchste Persönlichkeit" den Wunsch, bei unserem Meister Stunden zu nehmen. „Ich beschwöre Sie", drängte Salomon, der dem Freunde die Nachricht überbrachte, „lehnen Sie es nicht ab, sonst wird's ruchbar, und dann ist's mit unserm ganzen Unternehmen, ja mit Ihrer gesamten hiesigen Existenz am Ende. Verlangen Sie zur Entschädigung, was Sie irgend wollen, und stecken Sie das Geld in die Tasche. Fahren Sie zur gesetzten Stunde hin und seien Sie ganz gewiss, es wird ohnehin nichts daraus und soll nur so heissen." Und Salomon behielt Recht: Haydn blieb auf das Vorzimmer angewiesen. Bei Mrs. Schroeter hingegen war es wirkliche Verehrung des grossen Künstlers, die sie in seine Nähe zog und seine Schülerin werden liess. Wie bald dann ihre Bewunderung sich auch auf den Menschen übertrug, den sie herzlich lieb gewann, das bezeugt der warme Ton ihrer Briefe. „Mein Herz war und ist voll von Zärtlichkeit für Sie, doch keine Sprache kann nur halb die Liebe und Zuneigung ausdrücken, die ich für Sie fühle. Sie sind mir theurer mit jedem Tag meines Lebens." „Mein Theuerster. Ich kann nicht glücklich sein, bis ich Sie sehe." „Lassen Sie mich so viel über Sie gewinnen, mein vielgeliebter H., nicht so lange unausgesetzt bei Ihrer Arbeit zu verweilen. Mein theures Leben, wenn Sie wüssten, wie so kostbar mir Ihre Wohlfahrt ist, ich schmeichle mir, Sie würden sich bemühen, um meinetwillen, sowohl als um Ihrer selbst willen dafür besorgt zu sein." „Empfangen Sie meinen tiefsten Dank und lassen Sie mich mit herzlicher Zuneigung versichern, dass ich das Glück Ihrer Bekanntschaft als eine der höchsten Segnungen meines Lebens betrachte." Und in einem der letzten Briefe, kurz vor Haydns Abreise, heisst es: „Gott segne Sie, mein theures Leben; nochmals wiederhole ich, kommen Sie sobald als möglich. Ich verbleibe ewig mit der unverletzlichsten Anhänglichkeit, mein theuerster und geliebtester H . n, Ihre etc."

Diese Proben mögen genügen. Es ist anzunehmen, dass der Verkehr wieder aufgenommen wurde, als Haydn zum zweiten Male in London weilte, doch fehlen dafür alle Anhaltspunkte. Wenn aber berichtet wird, dass Haydn die Partituren seiner letzten sechs Symphonien „in den Händen einer Dame zurückliess", so dürfen wir wohl hierbei an seine Freundin Schroeter denken.

Im Juli 1792 verliess Haydn London, aber nur um nach anderthalb Jahren wieder dorthin zurückzukehren. Die Zwischenzeit verlebte er in Wien, in der Vorstadt Gumpendorf, wo er sich in stiller Lage ein kleines Häuschen gekauft hatte.[88]) Seine Frau, die es dereinst als Witwensitz zu bewohnen hoffte, hatte ihn schon brieflich darauf aufmerksam gemacht; da es ihm bei der Besichtigung gefiel und überdies billig zu haben war, erwarb er es und verbrachte hier, abgesehen von einer kurzen Zeit nach seiner zweiten englischen Reise, den Rest seines Lebens. Die nächsten Jahre sah ihn dies trauliche Heim noch in unermüdlicher Arbeit, immer neue Werke schaffend, gelegentlich wohl auch Unterricht erteilend.

Auf der Rückreise von London hatte der Meister wiederum Bonn berührt. Das kurfürstliche Orchester gab ihm in dem nahe gelegenen Godesberg ein festliches Frühstück, und hierbei mag es geschehen sein, dass ihm der junge Beethoven vorgestellt wurde und eine eigene Komposition (vermutlich eine auf den Tod Leopolds II. verfasste Kantate) vorlegen durfte. Haydn erkannte sofort das ungewöhnliche Talent des jungen Organisten und Konzertmeisters und ermunterte ihn, zur Vollendung seiner Studien zu ihm nach Wien zu kommen. Der Kurfürst bewilligte Beethoven die nötigen Mittel zur Reise, und so wurde dieser im Herbst 1792 der Schüler Haydns. Die Beziehungen der beiden Männer zu einander gestalteten sich leider nicht ganz nach Wunsch. Haydn war zu ausschliesslich praktischer Musiker, um in der Theorie der Komposition ein guter Lehrer zu sein, vielleicht nahmen auch seine eigenen Arbeiten sein Interesse zu sehr gefangen; Beethoven wiederum dürfte schon damals ein schwer zu behandelnder Charakter gewesen sein. Haydn fand ihn zu „eigensinnig und selbstwollend", um ihm recht nützen zu können, und nannte ihn seines selbstbewussten Benehmens wegen den „Grossmogul". Leicht empfindlich und von Natur zu Misstrauen geneigt, glaubte sich Beethoven von seinem Lehrer vernachlässigt und wandte sich, noch während er bei Haydn studierte, an Joh. Schenk, den späteren Komponisten des „Dorfbarbier". Als dann Haydn wieder nach London ging, löste sich das Lehrverhältnis von selbst und Beethoven setzte seine Studien bei dem Kontrapunktisten Albrechtsberger fort. Aeusserlich waren zwar die Beziehungen gute, und Haydn, der gewiss neidlos dazu beigetragen hat, dem jüngeren Meister in Wien den Boden zu ebnen, wollte Beethoven sogar mit nach England nehmen, wie er ihn kurz zuvor in Eisenstadt eingeführt hatte; bei Beethoven indessen blieb immer eine leise Gereiztheit zurück, die sich in gelegentlichen Ausfällen andern gegenüber Luft machte. Der Bedeutung Haydns als Vorbild war er sich trotzdem vollauf bewusst; widmete er ihm doch in aufrichtiger Verehrung die Erstlinge seiner Sonaten und Trios. Die Verschiedenheit beider Naturen begründete jedoch einen inneren Gegensatz, und es ist begreiflich, dass Haydn, der einst selbst einer der genialsten Neuerer gewesen, der nun aber am Ende einer reichen Laufbahn stand, sich nicht mehr in die neue Art eines kühnen und vorahnenden Geistes einzuleben vermochte.

Am 19. Januar 1794 verliess Haydn Wien, um zum zweiten Male sein Ansehn und seine Beliebtheit bei den Engländern auf die Probe zu stellen, und um durch den erhofften Gewinn dieser Reise seine Existenz für den Rest seines Lebens materiell zu sichern. Mit Salomon, der auch diesmal die Seele des Unternehmens war, wurden dieselben Abmachungen wie das erstemal getroffen, und der Meister verpflichtete sich, sechs weitere Symphonien für seine Konzerte zu schreiben. Fürst Esterházy riet Haydn ab, sich noch einmal so gewaltigen Anstrengungen auszusetzen, und hätte es lieber gesehen, wenn sein Kapellmeister sich in der Heimat mit der reichen Ernte seines Ruhmes begnügt hätte. Schliesslich gab er jedoch nach, und Haydn machte sich auf den Weg. In dem Städtchen Schärding, so erzählt Griesinger, wurde er von den Grenzbeamten, denen der Begriff eines „Tonkünstlers" fremd war, für einen Harfner (Töpfer) gehalten. Schmunzelnd liess sich der Meister diese Auffassung seines Berufes gefallen und gab seinen treuen Elsler, der ihn als Diener begleitete, für seinen „Gesellen" aus. Diesmal ging die Reise über Wiesbaden, wo Haydn im Gasthof mehrere preussische Offiziere antraf, die sich gerade an seinem Andante mit dem Paukenschlag erfreuten. Als er sich zu erkennen gegeben, wurden er mit Aufmerksamkeiten überhäuft und verlebte in der Gesellschaft seiner Verehrer einen glücklichen Abend, voll inniger Genugtuung über die weite Verbreitung seines Ruhmes. In London bezog Haydn diesmal sein Quartier in dem Eckhaus der King- und Burystreet (No. 1), St. James's. Bald nach seiner Ankunft erhielt er die Nachricht vom Tode seines Fürsten. Nicolaus II., der nun zur Regierung kam, bewies Haydn dieselbe Gunst und Verehrung, wie sein Vorgänger; er ist der vierte Esterházy, dessen Name mit der Person und der Geschichte unseres Meisters für immer verknüpft bleibt.

Ueber den zweiten Aufenthalt in London können wir uns kurz fassen; er verlief im wesentlichen nicht anders als der erste. Rastlose Arbeit und eine Fülle gesellschaftlicher wie künstlerischer Anforderungen auf der einen Seite, auf der andern begeisterte Anerkennung und Huldigungen aller Art, das war die Signatur. Haydn konnte die Erfahrung machen, dass sein Ruhm in England frisch geblieben; er brauchte sich die Sympathien nicht mehr zu erobern, sie wurden ihm willig entgegengebracht.

Am 10. Februar gab Salomon das erste seiner 12 Konzerte, die, wie früher, in Hanover square rooms, diesmal aber an den Montag-Abenden stattfanden. Zu den Mitwirkenden gehörte der Bassist Fischer von der Berliner Hofoper, Mozarts erster „Osmin", und als star Madame Mara; unter den Instrumentisten ist in erster Linie der Geigenmeister Viotti zu nennen. Der Andrang zu diesen Konzerten blieb ein gleichmässig starker, der Erfolg war gegen die früheren Jahre womöglich noch gesteigert. Im letzten, zwölften Konzert, am 12. Mai 1794, führte Haydn zum ersten Male seine „Militär-Symphonie" auf, die durch ihren frischen Zug („with the military movement") bald ein Liebling des Publikums und fast so populär wie die Paukenschlag-Symphonie wurde.

Im Januar 1795 sah sich Salomon genötigt, die beabsichtigte Fortsetzung seiner Konzerte zu unterbrechen, weil es ihm bei den auf dem Kontinente herrschenden Zuständen unmöglich war, gute Sänger zu engagieren. Dafür trat der rührige Unternehmer mit einem neuen Plane hervor. Unter Beteiligung der ausgezeichnetsten Kräfte sollte eine „National-Schule für Musik" ins Leben gerufen werden; die öffentlichen Aufführungen dieser neuen Vereinigung führten den Namen „Opern-Konzerte". Sie wurden alle 14 Tage im grossen Konzertsaal des King's Theater abgehalten und überboten alles in London bisher Dagewesene. Als Komponisten waren Haydn, Martini, Bianchi und Clementi gewonnen, und die berühmtesten Sänger und Virtuosen hatten ihre Mitwirkung zugesagt. Das Ganze stand unter der Direktion Viottis; Führer des 60 Personen starken Orchesters war Cramer. Haydn war an jedem dieser Abende mit einer Symphonie vertreten, an einigen mit einem neuen Manuskriptwerke. Sein letztes Benefiz in London fand am 4. Mai 1795 statt und verlief besonders glänzend; es vereinigte eine auserlesene Gesellschaft im Opernsaale und brachte dem Meister 4000 Gulden ein: „So etwas kann man nur in England machen."

G: C: Mara.
neé Schmeling.

(Nach einem Stich von Auguste Hüssener im Besitze des Musikhistorischen Museums des Herrn Fr. Nicolas Manskopf in Frankfurt a. M.)

An diesem Abend wurde die zwölfte seiner englischen Symphonien (in D) als Manuskript aufgeführt.

Bei seinem zweiten Aufenthalte in London wurde Haydn durch den Prinzen von Wales auch dem Könige vorgestellt, der trotz seiner einseitigen Vorliebe für Händel ihm viel Interesse bezeigte. Ein Gespräch, das im Palais des Herzogs von York stattfand, ist uns überliefert. „Dr. Haydn," redete der König den Meister an, „Sie haben viel geschrieben". „Ja, Sire! mehr als gut ist", antwortete Haydn. „Gewiss nicht", entgegnete der Monarch, „die Welt widerspricht dem". Darauf wurde Haydn des öfteren zu den Musik-Abenden der Königin in Buckinghamhouse zugezogen. Es heisst, dass der Hof ihn an England fesseln wollte. Er lehnte jedoch alle Anerbietungen ab und schützte sogar seine Frau vor. Als aber der König sich erbot, sie nachkommen zu lassen, meinte der Meister treuherzig: „Oh! die fährt nicht über die Donau, noch weniger übers Meer".

Wie in den früheren Jahren machte Haydn auch diesmal zuweilen Ausflüge von London. So finden wir ihn im August 1794 in Waverley, einer alten Abtei der Grafschaft Surrey. Der Anblick der Klosterruine ruft das Bewusstsein des Katholiken in ihm wach und er macht in seinem Tagebuche die bezeichnende Bemerkung: „Ich muss gestehn, dass, so oft ich diese schöne Wildniss betrachtete, mein Herz beklemmt wurde, wenn ich daran dachte, dass alles dieses einst unter meiner Religion stand." Wir erkennen hier eines der Bande, die ihn trotz aller Erfolge unlösbar an sein Vaterland ketteten. — Auch den Badeort Bath hat Haydn besucht, und war dort der Gast des Sängers Rauzzini. Eine sinnige Komposition verdankte diesem Besuche ihre Entstehung. Rauzzini hatte im Garten seiner Villa einem treuen Hunde, „seinem besten Freunde", ein Denkmal gesetzt. Haydn erwies seinem Wirte die Aufmerksamkeit, die Inschrift: „Turk was a faithful dog, an not a man" in Form eines vierstimmigen Kanons in Musik zu setzen. Weitere Ausflüge führten den Meister in Begleitung Shields nach Taplow, und mit Lord Abingdon nach Preston zu der musikliebenden Familie des Barons von Aston.

Im März war Haydn von Dr. Arnold zu einem grossen Konzert aufgefordert worden; bemerkenswert ist der Grund, aus dem er die Einladung ausschlug, weil sie uns seine musikalische Gewissenhaftigkeit zeigt. „Es hätte sollen eine grosse Symphonie unter meiner Direktion gespielt werden; da man aber keine Probe hatte machen wollen, schlug ich es ab und erschien nicht."

Am 15. August 1795 verliess Haydn London, und kehrte, da die Unruhen des französischen Bürgerkrieges die Rheingegend unsicher machten, über Hamburg und Dresden nach Wien zurück, das nun sein ständiger Aufenthaltsort wurde. Der zweimalige Besuch der Themsestadt war für ihn in doppelter Beziehung fruchtbringend gewesen. Seine Reisen hatten ihn zum wohlhabenden Manne gemacht — ausser den Honoraren, die er von englischen Verlegern erhielt, belief sich sein Gewinn auf 24000 Gulden — und ihn auf die Höhe des Ruhmes geführt. Haydn selbst hat öfters wiederholt, dass er in Deutschland erst von England aus berühmt geworden sei. Was noch an Zweifel und Widerspruch seiner Anerkennung im Vaterlande entgegengestanden hatte, verstummte vor den lauten Huldigungen, die andere Nationen seiner Grösse darbrachten. Gluck und Mozart waren gestorben, Beethoven hatte noch kaum von sich reden gemacht, und Haydn stand nun unbestritten als der Erste im Reiche der Tonkunst da. Mit lebhafter Neugierde hatte man in Wien seinen neuen Werken entgegengesehen und war gespannt, sie kennen zu lernen. Schon am 22. und 23. Dezember 1792 wurden im Burgtheater die ersten sechs der englischen Symphonien aufgeführt; am 18. Dezember 1795 folgte ein zweites Konzert, in dem der junge Beethoven mitwirkte.[84] Die neuen Kompositionen fanden auch bei Haydns Landsleuten begeisterte Aufnahme.

Wenn man sich die Werke vergegenwärtigt, mit denen der Meister aus London heimgekehrt war, so ist es begreiflich, dass seine Bedeutung nicht mehr verkannt werden konnte. Die zwölf englischen (Salomon-) Symphonien ragen aus der Fülle seiner zahlreichen ähnlichen Instrumentalwerke in jeder Beziehung hervor. Sie sind es auch, auf die noch heute (nächst den Quartetten) mit Vorliebe zurückgegriffen wird und durch die wir Modernen Haydn überhaupt zu kennen pflegen. Welcher Abstand zwischen diesen in Erfindung und formeller Gestaltung vollendeten Meisterwerken und den bescheidenen, harmlosen Musikstücken, mit denen der Begründer der Symphonie 30 Jahre früher in Eisenstadt seine Laufbahn begonnen hatte! Wohl kann man darin den natürlichen Entwickelungsgang einer in unermüdlicher Arbeit gereiften Begabung verfolgen; indessen griff die Persönlichkeit Mozarts doch zu erkennbar ein, als dass man das Ergebnis dieser äusseren Einwirkung übersehen dürfte. Nach des jüngeren Meisters letzten Symphonien in C, Es, und G-moll schrieb Haydn, der sie kannte und bewunderte, ganz anders als vordem. Er nahm gleichsam den vertieften Ausdruck der Mozartischen Melodie und die mit den kontrapunktischen Schwierigkeiten spielende Kunst der thematischen Arbeit mit auf in den heiter fliessenden Strom seiner eignen Musik. So wurde er wiederum das unmittelbare Vorbild für Beethoven, dem er hier, wie auf dem Gebiete der Klaviersonate, am nächsten steht. Themen wie die zu Beginn der energisch gehaltenen C-moll-Symphonie:

und manche Durchführungen weisen bereits auf seinen gewaltigen Nachfolger hin. Scheint doch Beethoven in seiner vierten Symphonie in B die in der gleichen Tonart stehende Haydns:

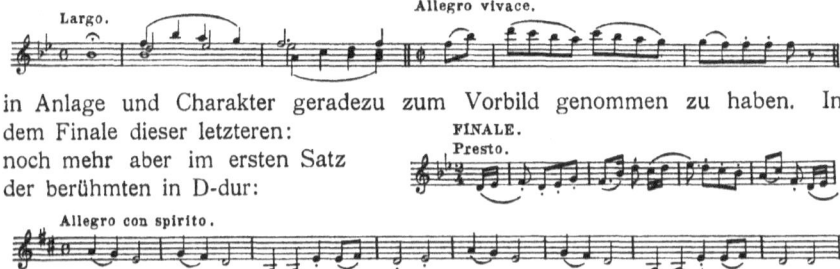

in Anlage und Charakter geradezu zum Vorbild genommen zu haben. In dem Finale dieser letzteren: noch mehr aber im ersten Satz der berühmten in D-dur:

begegnet uns wiederum das volkstümliche Element, aus dem, wie dargelegt, Haydns ganze Musik hervorgegangen, und dem sie ihre stärkste Wirkung verdankte. Auch auf der Höhe seiner Kunst sagte sich der Meister nicht von ihm los; nur dass es durch ernste Behandlung wie veredelt erscheint. Vielleicht gebührt die Krone unter diesen Symphonien derjenigen in Es (No. 8):

(Paukenwirbel)

Mit ihren glücklich erfundenen Themen und ihrer kunstvollen Verarbeitung verbindet sie alle Vorzüge, die naive und zugleich die reflektierende Seite der Haydn'schen Muse. Nicht unerwähnt darf ferner das Menuett-Trio der schon zitierten C-moll-Symphonie (No. 5) bleiben mit seinem köstlichen Cello-Solo:

Der Humor, der sich darin ausspricht, diese Mischung von derber Laune und behaglich-gemütvollem Wesen ist einzig in der Musik, und mehr als alles Andere echt Haydnisch. Hier hören wir wieder den fidelen Musikanten aus dem Volk, den Spielmann, der allerdings sein Empfinden in die geläuterte Sprache des ernsten Kunstwerkes zu fassen weiss.

Für Haydn folgten nun stillere Jahre. Frei von jeder Sorge für die Zukunft und von der Liebe und Verehrung der Mitwelt getragen, hätte er in beschaulicher Musse seine Tage verbringen können. Sein Ehrgeiz und sein Schaffensdrang waren indessen noch nicht erlahmt. Neue und gewaltigere Werke entstanden in dem stillen Heim der Gumpendorfer Vorstadt, und ihnen haben wir uns nunmehr zuzuwenden.

Schöpfung und Jahreszeiten.

Die unbestrittenen Erfolge, die Haydn in England mit seinen Instrumentalwerken errang, mussten ihm gerade dort, wo er mitten in der Hochflut des Theater- und Konzertlebens stand, den Gedanken nahe legen, sich auch wieder einmal in einer grösseren Vokalkomposition zu versuchen. Es waren wohl verschiedene kleinere Gesangstücke während seines Londoner Aufenthaltes entstanden; die Solokantaten und den Chor „the Storm" haben wir schon anlässlich der Konzertprogramme erwähnt. Von grösserer Bedeutung sind die Bearbeitungen alt-schottischer Lieder, die Haydn 1792 für den Musikalienhändler Napier schrieb. Dieser war mit seiner zahlreichen Familie in missliche Verhältnisse geraten, und die Gefälligkeit des Meisters bewahrte ihn vor dem Schuldgefängnis, ja begründete durch den Absatz, den die Lieder fanden, sein Glück. Englische Kritiker rühmten das richtige Verständnis, mit dem diese Melodien aufgefasst, in deren Geist Haydn eingedrungen sei, und die Natürlichkeit ihrer Harmonisierung. Die Begleitung war für Klavier, Violine und Cello gesetzt. Aehnliche Bearbeitungen verfertigte Haydn für den Verleger Thomson in Edinburg und dehnte sie später auch auf Walliser und irische Melodien aus. Auf diese Lieder war er besonders stolz; sie prangten unter Glas und Rahmen als Zierde in seinem Zimmer. Es ist bekannt, dass später Beethoven diese Lied-Bearbeitungen in derselben Weise und gleichfalls mit Vorliebe fortgesetzt hat. Auf Veranlassung der Musikhandlung Corri und Dussek schrieb Haydn aber auch Originallieder auf englischen Text, den ihm die Frau des berühmten Chirurgen Hunter gedichtet hatte. Einige dieser „12 Kanzonetten" (1793) gehörten auch in der deutschen Uebertragung zu seinen beliebtesten Liedern.

Während seines zweiten Aufenthaltes plante nun Haydn auch ein grosses englisches Oratorium. Lord Abingdon, auf dessen Einfluss wohl diese Absicht zurückzuführen ist, schlug ihm Seldon's „Mare Clausum" vor. Haydn fühlte sich jedoch der Sprache nicht mächtig genug, und die bereits begonnene Partitur (eine Bass-Arie und ein Chor sind fertig geworden) blieb liegen. Etwa um dieselbe Zeit gab ihm Salomon einen Oratorientext seines Freundes Lindley (oder Lidley), „The Creation of the World", der nach einer Dichtung

Miltons verfasst und bereits Händel zur Komposition vorgelegt worden war, und suchte, ermutigt durch die Beliebtheit des Meisters, ihn zur Komposition zu bewegen. Auch von ihm liess Haydn sich nicht überreden; doch nahm er den Text zu späterer Benutzung mit nach Hause.

In Wien gedachte Haydn sich zunächst der wohlverdienten Ruhe hinzugeben. In seinem freundlichen Häuschen, das während der zweiten Reise um ein Stockwerk erhöht worden war, konnte er sich ein behagliches Leben gönnen, noch immer zwar im Dienste und im Solde der Esterházy, ohne jedoch von seinem Fürsten in Anspruch genommen zu werden. Hier besuchten ihn

Haydns Wohnhaus in Wien, in der jetzigen Haydngasse.
(Originalaufnahme für dieses Werk, aus dem Jahre 1898.

Freunde und berühmte Kunstgenossen, hierher drangen immer zahlreicher die Beweise der Liebe und Verehrung, die ihm von seinen Landsleuten wie vom Auslande gezollt wurde. Doch ehe er sich dessen versah, sass er wieder bei der Arbeit.

Auch in seiner Wiener Umgebung fehlte es nicht an Stimmen, die den gefeierten Symphoniker zu neuen Taten auf vokalem Gebiet anspornten, und Haydns eigenem Bedürfnisse mag es entsprochen haben, noch im Vollbesitz der Kräfte nach langer Zeit sich wieder einer grössern Gesangskomposition zuzuwenden. „Wir möchten nun doch auch ein Oratorium von Ihnen hören, lieber Haydn," meinte van Swieten[35]), jener vornehme Gönner Mozarts, der auch dem älteren Meister bereits mehrmals freundschaftliche Dienste erwiesen hatte. Haydn zeigte ihm den Text, den er von Salomon erhalten, und van Swieten war sofort bereit, die Uebersetzung und nötige Bearbeitung vorzunehmen. So enstand die „Schöpfung", und im Laufe der nächsten drei Jahre, in die noch so manche andere bedeutende Komposition fällt, vollendete Haydn das Oratorium, in dem er nicht nur sein volkstümlichstes Werk schuf, sondern auch ein völlig neues Gebiet betrat und die Entwicklung der deutschen Musik in neue fruchtbringende Bahnen lenkte.

Brief Haydns an Salomon.
(Nach dem im Besitze der Gesellschaft der Musikfreunde in Wien befindlichen Autograph.)

Der Lindley'sche Text zur „Schöpfung" bot in der Anlage wie in der Ausführung dem Komponisten nicht geringe Schwierigkeiten. Von der üblichen Oratorien- und Arienform der italienischen Schule wich er fast durchgehends ab und deutete schon durch seine Dreiteiligkeit auf das Vorbild Händels. Der übergrosse Reichtum an Bildern und malenden Schilderungen barg eine Gefahr, zu deren Vermeidung es ebenso der überströmenden Phantasie, wie andererseits des reifen Kunstverstandes eines Haydn bedurfte. Mit verschwenderischer Fülle hat der Komponist seine Einfälle ausgestreut, und doch hat sein Formsinn nie die Grenzen der Klarheit und Schönheit überschritten, wofür namentlich die begleiteten Rezitative mustergiltige Beispiele bieten. In literarischer Hinsicht entsprach das Gedicht durchaus dem Empfinden einer Zeit, in der ein erwachender Natursinn der Malerei und der Poesie das Gepräge gab. Daher fand es bei der

Mehrzahl der Zeitgenossen Beifall; doch fehlte es auch nicht an Stimmen, die wie Zelter, diese Richtung bekämpften.

Die Erzählung der Schöpfungsgeschichte der Erde ist den drei Erzengeln Gabriel (Sopran), Uriel (Tenor) und Raphael (Bass) in den Mund gelegt; vorübergehend beteiligt sich auch der Chor an der Schilderung der sechs Tagewerke, deren Ende jedesmal die himmlischen Heerscharen in ihren Hymnen feiern. Mit dem Schluss des zweiten Teiles des Oratoriums tritt der Mensch, als Krone der Schöpfung, in die Erscheinung; der dritte Teil schildert das Glück des ersten Menschenpaares im Paradiese.

Das Tiefsinnigste, was Haynds Partitur zu dieser Dichtung enthält, ist bezeichnenderweise die Instrumentaleinleitung, die die „Vorstellung des Chaos" wiedergeben soll. Der sprechende Ausdruck dieses Satzes, seine ein-

Die erste Skizze zur „Vorstellung des Chaos."
(Nach der im Besitze der Gesellschaft der Musikfreunde in Wien befindlichen Photographie des Autographs.)

fache Grösse haben von jeher Bewunderung erregt. In diesem Tongemälde, das eine geniale Darstellung des Licht- und Leblosen gibt, zeigt sich ein grüblerischer Zug, den wir in keinem anderen Werke des Meisters wahrnehmen, desgleichen eine Verwendung der Orchesterfarben, die schon als ein Vorklang der musikalischen Romantik bezeichnet werden kann. Dem die düstere Grundstimmung erzeugenden Motive: tritt mit einer Wendung nach Des-dur ein zweites: gegenüber, das geheimnisvoll anstrebend zum Leben drängt. Die einfache, aber kunstvolle Gegenüberstellung dieser beiden Hauptmotive genügte Haydn zur Ausführung seiner Idee. Im ersten Abschnitt beginnt darauf Raphael die Erzählung, nach einigen Takten vom Chore abgelöst. Bald folgt die berühmte Stelle „Und es ward Licht!": die durch den plötzlichen Eintritt des hellen C-dur und des vollen Orchesterklanges, wie H. Kretzschmar treffend sagt, mit der Macht des Naturereignisses wirkt, das sie schildern will: „erschreckend und erwärmend zugleich, über alle Vorstellung hinaus majestätisch". Der gewaltige, elementare Gegensatz von Dur und Moll, von leisem Geflüster und dem Dreinschmettern der Trompeten, Posaunen und Pauken

— man sieht, es sind wiederum die einfachsten und dabei entschieden realistische Mittel, die der Tondichter anwendet. Vergleicht man damit die ähnliche Stelle in Händels „Samson", der nächst dem „Messias" das Lieblingsoratorium der Engländer ist und den Haydn in London sicher gehört hat:

so kann der Einfluss des Vorbildes nicht geleugnet werden. Aber um wie viel eindringlicher wusste der jüngere Meister die Wirkung zu gestalten, wie matt erscheint dagegen das Original! Als bei der letzten Aufführung der „Schöpfung", der Haydn beiwohnte, das Publikum wie gewöhnlich bei dieser Stelle in lauten Beifall ausbrach, machte er eine Bewegung nach oben und rief: „Es kommt von dort."

Der erste Teil schidert nun weiter die ersten vier Schöpfungstage. Unter den Glanzpunkten ist zunächst jene C-moll-Stelle in der Arie des Uriel zu nennen, die mit den Worten: „Erstarrt entflieht der Höllengeister Schar" einsetzt. Den Abschluss der Arie bildet der Chor, der die in ihrer Einfachheit und Lieblichkeit ergreifende Melodie bringt:

Diesem Chore folgt ein Rezitativ des Raphael, das durch seine genialen Tonmalereien bemerkenswert ist. Die tobenden Stürme, die fliegenden Wolken, der zuckende Blitz wie der rollende Donner, alle Naturerscheinungen sind im Orchester durch ein entsprechendes Motiv wiedergegeben. Eigentümlich ist dabei, dass die musikalische Schilderung immer dem erklärenden Worte vorangeht, wie es bei szenischer Darstellung der Vorgänge natürlich wäre; ein Umstand, der auf den inneren Zusammenhang des Haydn'schen Oratorienstils mit der Oper hindeutet. Das Werk des dritten Tages feiern zwei Arien, die berühmte des Gabriel: „Nun beut die Flur" und die Raphaels: „Rollend in schäumenden Wellen," jede in ihrer Art hervorragend. Namentlich der Schluss der Bassarie, der das Bild des still im Tale fliessenden Baches malt, ist von verklärter Schönheit. Mit Erschaffung des Sternenhimmels endet der erste Abschnitt. Den Sonnenaufgang schildert das Orchester mit einem mächtigen Crescendo; das Erscheinen des Mondes aber gehört zu den herrlichsten Stellen des Oratoriums. In den wenigen Takten mit ihren sanften Klängen ist der Eindruck eines Wechsels der Beleuchtung genial erreicht. Der Chor:  wurde bald einer der populärsten Oratorienchöre und gehört zu den Nummern, die zumeist den Ruhm der „Schöpfung" begründet haben. Bis zu Mendelssohn und darüber hinaus hat er vorbildlich gewirkt; seine schwungvolle, gottesfreudige Stimmung ist für den Stil der Schlusschöre typisch geworden; Formell erhält er einen besonderen Reiz durch seine beiden Mittelsätze, die dem Soloterzett überwiesen sind.

Zu Beginn des zweiten Teiles treffen wir auf die wundervolle Sopranarie „Auf starkem Fittig", der noch die alte Form der da capo - Arie zu Grunde liegt. Nach der glänzenden und schwungvollen Instrumentaleinleitung tauchen die Bilder des Adlers, der Lerche und des girrenden Taubenpaares auf; die poetische Stimmung des ungemein reizvollen und zarten Mittelsatzes durchdringt auch die Malereien des Koloraturgesanges. Die grosse D-dur-Arie des Raphael, ein Lieblingsstück aller Bassisten, schildert mit genialer Anschaulichkeit die Erschaffung der Tiere der Erde. In ihrem rezitativischen Teil enthält sie wiederum Tonmalereien:

Das Brüllen des Löwen: den wilden Sprung des Tigers:

die weidenden Herden:  das kriechende Gewürm:

Besondere Berühmtheit haben die tiefen Töne des Kontrafagotts erlangt, die „der Tiere Last", die den Boden drückt, nicht ohne Humor charakterisieren. Als letztes Geschöpf erscheint darauf der Mensch in der Arie des Uriel („Mit Würd' und Hoheit angetan"), und nun beginnt der Lobgesang: „Vollendet ist das grosse Werk", der durch das feierlich gestimmte Soloterzett: „Zu dir, o Herr, blickt alles auf" in zwei Teile gegliedert ist. Die beiden Hauptmotive:  und:

die am Schluss zu einer Doppelfuge zusammentreten, zeigen in ihrer kräftigen Fassung stark Händel'sches Gepräge. Die Schöpfungsmusik ist dem Bewusstsein aller Musikfreunde in dem Grade lebendig, dass hier eine ausführliche Darlegung aller ihrer Schönheiten leicht entbehrlich erscheint; doch sei noch auf die grossartig-mystische Wirkung, die in dem Arioso: „Seid fruchtbar alle" durch die Begleitung der tiefen Streichinstrumente (ohne Violinen) erreicht ist, auf den in seiner Erhabenheit ergreifenden Mittelsatz des Es-dur-Terzettes: „Du wendest ab dein Angesicht" als auf künstlerische Glanzpunkte des Werkes besonders aufmerksam gemacht.

Der dritte Teil des Oratoriums ist gewissermassen ein Anhang. Er führt uns Szenen aus dem Paradiese vor, die Liebe des ersten Menschenpaares, ihre Bewunderung der Natur und ihr Lob Gottes. Die Instrumentaleinleitung, die den prangenden Morgen schildert, ragt bedeutsam hervor, und von entzückender Wirkung ist hier die Verwendung dreier Flöten. Im übrigen wird der Eindruck des dritten Teiles durch Längen, wohl auch durch weniger erschöpfende Auffassung des poetischen Inhaltes abgeschwächt. Es lag das in Haydns Künstlernatur begründet; bei allem Respekt vor dem Werke darf es ausgesprochen werden. Hier, wo es nichts mehr zu objektivieren galt, wo der Mensch selbst in Aktion tritt, wo also für den Lyriker und für den Dramatiker der Höhepunkt gewonnen wäre — hier war der Schaffenskraft unseres Meisters eine Grenze gezogen. Diese Tatsache ist überaus wichtig für die Erkenntnis der Stellung Haydns zum Wort, zur Dichtung. Selbst sein Meisterwerk auf vokalem Gebiete ist somit ein Beweis dafür, dass die Grundbedingung des Vokalkomponisten, die rein lyrische Begabung, zum mindesten nicht seine stärkste, nicht seine eigentümlichste Seite war. Auch im dritten Abschnitt der „Schöpfung" hat Haydn schöne Musik geschrieben, sogar hervorragend schöne in dem ersten Duett zwischen Adam und Eva, das vom Chore psalmodierend gestützt wird; die Kraft aber und die Tiefe des Ausdrucks, die Originalität der Erfindung der beiden andern Teile erreicht er hier nicht. Ein markiger Chorsatz mit einer gewaltig und reich angelegten Doppelfuge bringt das Ganze zum Abschluss.

Die „Schöpfung" nimmt in der Geschichte des Oratoriums einen hervorragenden Platz ein; eine neue Entwickelung knüpfte sich an ihr Erscheinen Jene Kongregation, deren Zusammenkünfte in den 60er Jahren des 16. Jahrhunderts im Betsaal (oratorio) des Philippo Neri stattfanden, hatte anfangs zu ihrem Zweck erbauliche Gespräche und zog die Musik eines Palestrina und Animuccia nicht ausschliesslich in den Kreis ihrer Unterhaltungen. Emilio del Cavalieri[86]) war in der musikalischen Behandlung szenisch gedachter Stoffe der Erste, der selbständige „Oratorien" schrieb. Im 17. Jahrhundert ist dann vor allen Barissimi[87]) zu nennen, der in dieser Kunstform Bedeutendes geschaffen hat. Seine Nachfolger bezeichnen, bei aller Meisterschaft, nach gewisser Richtung hin den Verfall der Gattung, die sich bei Scarlatti, Stradella, Leo und Buononcini allmählich in Stil uud Ausdruck verflachte. Mit dem Auftreten Händels beginnt eine zweite Epoche. Die grosse kunstgeschichtliche Bedeutung des Händelschen Oratoriums liegt in der Vermittelung zwischen Weltlichem und Religiösem in der Musik, die sich bei ihm auf dem volkstümlichen Boden der biblischen Geschichte vollzog. Aber Form und Art der kunstmässigen Durchbildung nahm Händel nicht aus dem Kirchengesang, sondern aus der weltlichen Musik. Was in der Oper durch Monteverdi, Cesti, Scarlatti u. A. an Ausdrucksmitteln gewonnen war, das eignete er sich unbedenklich an; zugleich finden wir bei Händel, gegenüber der ursprünglich ausschliesslichen Mehrstimmigkeit der Behandlung, den Sologesang zu voller Gleichberechtigung entwickelt. Hierdurch wurde sein Oratorium unendlich freier und reicher als der Kirchenstil und blieb doch vor der Verflachung der Oper bewahrt. So konnte Händel das Walten der Gottheit und die Schicksale der Menschen und Völker in seinen Werken zur Darstellung bringen.

Händel fand in England keinen irgendwie ebenbürtigen Nachfolger. In Deutschland waren seine Oratorien, so lange er lebte, fast völlig unbekannt;

die Generation aber, die auf ihn folgte, vergass ihn ganz. Die erste deutsche Aufführung eines Händel'schen Oratoriums fand 43 Jahre nach der englischen statt. Es war die des „Messias" unter Hillers Leitung in Berlin. In Norddeutschland waren die Vertreter des protestantischen Oratoriums Ph. E. Bach, Rolle und Homilius, die an dem orgelmässigen Stile der Bachischen Schule festhielten. Eng an die italienische Oper schlossen sich Hasse und Graun an mit schwächlichen, physiognomielosen Werken, die, wie der so populär gewordene und noch heut bekannte „Tod Jesu" zeigt, dem Oratorium keine neuen, bildungskräftigen Elemente zuführen konnten.

In den Gang der Entwickelung griff nun Haydn mit seiner „Schöpfung" ein. Die italienisierende Richtung stand ihm nicht fern; sein „Tobias" wie seine Opern hatten ihr nur zu sehr gehuldigt. Mit der Kunst Sebastian Bachs ist Haydn in Wien zweifellos in Berührung getreten, und wir wissen, welche Verehrung er im besonderen für Philipp Emanuel hegte. Wie stark endlich das grosse Vorbild Händels, selbst in Einzelheiten, auf ihn gewirkt hat, konnten wir bereits an einem Beispiel nachweisen. Die grossen Schlusschöre der „Schöpfung" mit ihren wundervollen Steigerungen athmen ganz den Geist Händels, dem wir überhaupt unter allen den mächtigsten Impuls auf unseren Meister zuzuschreiben haben. Die Erhabenheit Händels freilich, das Hoheitsvolle und Lapidare seines Stiles dürfen wir bei Haydn nicht suchen; an ihre Stelle trat seiner Natur entsprechend eine herzgewinnende Liebenswürdigkeit, der zwingende Ausdruck der reinsten Güte. Daher ist es auch nicht das gewaltige Schauspiel der Kosmogonie, das uns in der „Schöpfung" vorgeführt wird, vielmehr der Eindruck, den die Herrlichkeit der göttlichen Werke auf ein frohgestimmtes und dankerfülltes Gemüt hervorbringt.

Es entspricht diese Art der Darstellung der Lebens- und Weltauffassung des Mannes, der selbst gesagt hat, dass er die Gottheit „immer durch Liebe und Güte ausdrücke" Seine Frömmigkeit war eine kindlich naive, aber reine und starke Empfindung; mit ihr spiegelt sich zugleich der Zustand heiterer Seelenruhe in den Weisen der „Schöpfung". Haydn schrieb diese Partitur im 65. Jahre seines Lebens mit einem wahrhaft jugendlichen Kompositionseifer. „Ich war auch nie so fromm," erzählte er Griesinger, „als während der Zeit, da ich an der Schöpfung arbeitete."

Epochemachend wurden Haydns Oratorien durch die Kombination von Chor und Orchester, für die sich in der ganzen Litteratur vor ihm kein Beispiel findet, mit Ausnahme vielleicht der Thamos-Chöre Mozarts; doch ist es fraglich, ob er diese gekannt hat. Meister des freien Orchestersatzes, mit allen instrumentalen Wirkungen wohl vertraut, war gerade Haydn berufen, den Instrumenten gegenüber den Singstimmen eine selbständige Stellung zu geben und damit der Begleitung neue Aufgaben zuzuweisen. Mehr jedoch als hierin zeigt sich unverkennbar der Einfluss Mozarts in der warmblütigen, in ihrer schlichten Natürlichkeit an das deutsche Lied sich anlehnenden Melodienfülle, der Haydns Oratorien ihre grosse Verbreitung in alle Schichten der Bevölkerung verdanken. Dieser bei kunstvollster Fassung doch einfache und zu Herzen gehende Gefühlsausdruck erscheint zum ersten Male in den Weisen der „Zauberflöte", die dadurch zum Ausgangspunkt einer neuen Entwickelung, nicht nur der Oper, wurde. Abgesehen von dem wirklichen Volksliede, dessen Blüte in das 16. Jahrhundert fällt und von dem zu der Zeit, von der hier die Rede ist, so gut wie nichts im Bewusstsein der Musiker und Laien lebte, konnte bis dahin nur die protestantische Orgelmusik und die mit ihr zusammenhängenden Kantaten und Passionen als deutsche Musik bezeichnet werden. Wohl lassen bei Händel und Gluck, ja selbst bei Bach sich starke Einwirkungen des Volksliedes nachweisen; aber im Schaffen dieser Meister hatte das volkstümliche Element nur insofern Bedeutung, als sie es durch Bearbeitungen in die Kunstmusik aufzunehmen vermochten. Viel früher war von deutschen Dichtern Natur und Wert des echten Volksliedes erkannt worden, und lange bevor es in der Musik zur Geltung kam, waren Herder, Goethe und Bürger mit Begeisterung für seine künstlerische Bedeutung eingetreten. Hiller, J. A. P. Schulz und Reichardt führten dann das volkstümliche Lied in die musikalische Litteratur; aber erst Mozart, und nach ihm Haydn und Beethoven legten in ihren letzten Werken den Grund zu einer deutschen Tonkunst, die, zwar nicht im chauvinistischen, wohl aber im künstlerisch berechtigten Sinne, unbeschadet ihrer kosmopolitischen Wirkung, national genannt werden darf. Die Engelchöre der „Schöpfung" sind in dieser Beziehung von derselben Bedeutung wie die Knabenterzette und die Gesänge der Priester aus der „Zauberflöte", mit denen sie die musikalische Grundstimmung gemein haben. So standen „Schöpfung" und „Zauberflöte" an der Schwelle des anbrechenden Jahrhunderts als zwei Werke, die, jedes auf seinem Gebiete voll fruchtbringender Keime, auf das Schaffen der kommenden Generation eine unberechenbare Wirkung ausgeübt haben; die nachklassischen wie die romantischen Tondichter Deutschlands wurzeln zum Teil in einem Musikempfinden, dem gerade diese Werke wesentlich den Boden gewinnen und das Verständnis erschliessen halfen. Die „Schöpfung" ist ausserdem noch insofern historisch merkwürdig, als sie den Anstoss gab zur Gründung von Dilettantenvereinen, die sich die Pflege des gemischten Chorgesanges zur Aufgabe machten. Eine ganze Reihe auch heut noch blühender Gesangvereine und Musikgesellschaften führen ausdrücklich ihre Entstehung auf dies Werk zurück.

Die erste öffentliche Aufführung der „Schöpfung" erfolgte am 19. März 1799 im Wiener Nationaltheater; vorher aber, am 29. und 30. April 1798, hatte bereits eine private im Palais Schwarzenberg[88]) stattgefunden. Jene Adelsgesellschaft, als deren Sekretär van Swieten den Meister zur Komposition veranlasste, hatte eine Garantie von 500 Dukaten ausgesetzt und überwies ihm den Reinertrag der ersten Aufführung, der sich auf 4000 Gulden belaufen haben soll. Der Erfolg der „Schöpfung" war gleich zu Anfang ein ungeheurer und unbestrittener. Der Komponist leitete selbst die Aufführung in der Wiener Tonkünstler-Sozietät und eine in Ofen, die im März 1800 vor dem Erzherzog Joseph, Palatin von Ungarn, veranstaltet wurde. Kaum war die Partitur gestochen, so bemühte man sich allenthalben auch ausserhalb Wiens, das Werk zur Aufführung zu bringen. In London wetteiferten Ashley und Salomon, dem Publikum zuerst ein Oratorium seines Lieblings vorzuführen, und selbst in den Provinzstädten Englands beeilte man sich, es kennen zu lernen.[19]) Der Ruf der „Schöpfung" drang schnell durch ganz Europa bis Petersburg und Lissabon; überall wollte man sie hören und wieder hören. Ein an einen Assessor Dr. K. zu Bergen auf Rügen gerichteter Brief Haydns zeigt, dass selbst dort schon im Jahre 1802 die „Schöpfung" begeisterte Aufnahme fand. Bis an sein Lebensende blieb sie dem Komponisten unausgesetzt eine Quelle mannigfacher Auszeichnungen; sie brachte ihm Gedichte (darunter auch eines von Wieland), Medaillen, Diplome und Ehrenernennungen aller Art ein. Schon

1798 hatte ihn die Stockholmer Akademie zu ihrem Mitgliede gemacht; 1801 tat die Amsterdamer das Gleiche. Die Musiker des Pariser Operntheaters widmeten ihm eine grosse goldene Medaille mit seinem Bildnis, andere Medaillen erhielt er von dem Pariser Institut national, dem Concert des amateurs und dem Conservatoire. Im Jahre 1804 verlieh ihm die Stadt Wien das Bürgerdiplom, nachdem ihm ein Jahr zuvor für die Aufführung seiner Werke zu wohltätigen Zwecken die zwölffache goldene Medaille zuerteilt worden war. Endlich ernannte ihn 1805 das Pariser Conservatoire zu seinem Mitgliede, ein Beispiel, dem dann die Musikgesellschaften von Petersburg und die verschiedener anderer Städte folgten.

Haydn-Medaillen.
(*Nach den im Besitze der Gesellschaft der Musikfreunde in Wien befindlichen Originalen.*)

Ein besonders denkwürdiger Ehrentag für den nun altersschwachen Greis war der 27. März 1808, an dem unter Salieris Direktion in der Universität eine Aufführung der „Schöpfung" in italienischer Sprache stattfand. Haydn, der sich längere Zeit nicht in der Oeffentlichkeit gezeigt hatte, wurde schon beim Aussteigen aus dem fürstlichen Wagen von Personen des hohen Adels und von seinen Freunden empfangen, unter denen sich auch sein „Schüler" Beethoven befand. Das Gedränge war so gross, dass eine Militärwache Ordnung halten musste. Auf einem Armstuhle sitzend wurde Haydn unter Orchestertusch und Hochrufen in den Saal getragen und musste neben der Fürstin Esterházy Platz nehmen. Als der Meister sich gegen den Luftzug etwas empfindlich zeigte, hing ihm die Fürstin ihren Shawl um und alle umsitzenden Damen bemühten sich, ihn zu schützen. Gedichte von Collin und Carpani, dem Uebersetzer des Textes, wurden ihm überreicht. Haydn vergoss Tränen der Rührung und musste mit Wein gestärkt werden. Im weiteren Verlauf der Aufführung, die häufig stürmischer Jubel unterbrach, steigerte sich seine Erregung immer mehr, so dass man es für geraten hielt, ihn nach Beendigung des ersten Teiles nach Haus zu bringen. Als er hinausgetragen wurde, erneuerten sich die Ovationen; alles drängte sich um ihn, und Beethoven küsste ihm zum Abschied Stirn und Hände. An der Tür wandte Haydn sich noch einmal um und hob wie segnend seine Arme auf.

* * *

Kaum war die Komposition der „Schöpfung" beendet, so überredete van Swieten den Meister, an die Abfassung eines zweiten Oratoriums zu gehen. Als Stoff schlug er ihm wiederum eine englische Dichtung vor, Thomson's „Jahreszeiten", und übernahm auch diesmal die Uebertragung und Bearbeitung. Haydn ging anfangs nur widerwillig auf den Vorschlag ein; er sei zu alt und habe nicht mehr die Kräfte, ein so grosses Werk auszuführen; auch fand er den Text nicht sehr geeignet für die musikalische Wiedergabe. Bei einzelnen Stellen geriet er mit dem Dichter in so lebhafte Meinungsverschiedenheit, dass vorübergehend zwischen beiden ein gespanntes Verhältnis bestand. Manches war in der Diktion zu hausbacken prosaisch und machte es dem Komponisten schwer, sich in die rechte Stimmung zu versetzen. Besonders verdriesslich waren ihm die vielen Nachäffungen von Naturlauten. Es wird erzählt, dass er sich über das Froschgequak im Terzett des zweiten Teiles, übrigens nach seinem eigenen Geständnis die Wiederholung eines Grétry'schen Orchesterscherzes, nachträglich sehr geärgert habe. Er liess jedoch die Stelle unverändert und äusserte nur den Wunsch, die Rezensenten möchten nicht so strenge mit ihm verfahren; er sei ein alter Mann und könne das alles nicht noch einmal durchsehen. Bei Uebersendung der Partitur an Breitkopf und Härtel schrieb er, in dem schon erwähnten Brief, mit ängstlicher Bescheidenheit: „Man wird zwar an einigen Stellen etwas anstossen an der musikalischen Rechtschreibung und vielleicht auch an anderm, was ich als Kleinigkeiten anzusehen nun einmal seit soviel Jahren gewohnt bin: aber der echte Kenner wird bei manchem die Ursache wie ich einsehen und solche Steine des Anstosses mit gutem Willen an die Seite wälzen."

Die „Jahreszeiten" sind zwischen 1799 und 1800 entstanden; die ersten Aufführungen fanden am 24. und 27. April und am 1. Mai 1801 im Schwarzenbergschen Palais statt. Der Erfolg glich dem der „Schöpfung": Staunen und lauter Enthusiasmus wechselten bei den Zuhörern ab. Am 29. Mai führte Haydn das Werk öffentlich im grossen Redoutensaale zu seinem eigenen Benefiz auf und übergab im Dezember die Partitur, so wie früher die der „Schöpfung", der Tonkünstlersozietät, die aus beiden Oratorien bedeutende und dauernde Einnahmen gezogen hat.

Die „Jahreszeiten" haben in der kritisch-ästhetischen Literatur nicht dieselbe Schätzung erfahren wie die „Schöpfung"; man darf indessen nicht übersehen, dass die verschiedene Natur und Anlage des Werkes auch einen anderen Massstab der Beurteilung verlangt. Nicht die erhabensten Vorstellungen und die heiligsten Empfindungen sind der dichterische Vorwurf der „Jahreszeiten"; an die Stelle der mythischen Vorgänge und gewaltigen Naturereignisse sind die Schilderungen der Landschaft, die kleinen Freuden und Sorgen des menschlichen Lebens und Treibens getreten. Haydn, von Kaiser Franz befragt, welchem seiner Oratorien er selbst den Vorzug gäbe, bezeichnete das erste als das bedeutendere von beiden. „In der Schöpfung," meinte er, „reden Engel und erzählen von Gott, aber in den Jahreszeiten spricht nur Lukas." Demgemäss fühlte sich auch der Komponist nicht zu dem grossen Zuge angeregt, der, bei aller Liebenswürdigkeit der Konzeption, seine „Schöpfung" durchweht. Die teils idyllischen, teils derben Volksszenen sind dagegen Meisterstücke der musikalischen Genremalerei, und hier zeigt sich denn Haydns Kunst auf der Höhe. Von der Anstrengung, mit der er gerade an diesem Werke gearbeitet hat, trägt die Partitur auch nicht die leisesten Spuren. Bewundernswert ist der Humor, die unübertroffene Frische und Lebhaftigkeit, mit der namentlich die Szenen des Herbstes geschildert sind. Man darf die Musik der „Jahreszeiten" nicht neben die grossen Oratorien Händels stellen; wir werden ihrem Charakter am besten gerecht, wenn wir sie als einen durch ein gemeinsames Band lose verknüpften Kranz anmutiger, kantatenhafter Gebilde auffassen. Die Dichtung, die dem Laufe des Jahres folgend, eine Reihe Bilder aus der Natur und dem Leben der Landleute gibt, ist im allgemeinen sehr wohl zur musikalischen Illustrierung geeignet. Dem modernen Geschmack wenig behagend ist ein moralisierendes Element, das sich zuweilen beimischt.

Joseph Haydn nach einem Stiche von W. Arndt (ca. 1800).
(Aus der Portrait-Sammlung der Musikbibliothek Peters in Leipzig.)

Die instrumentale Einleitung ist diesmal zu einer richtigen Ouvertüre erweitert, in der der Uebergang vom Winter zum Frühling zur Darstellung gelangen soll, ein frühes, allerdings noch zaghaftes Beispiel von Programmmusik. Der Vergleich mit Mendelssohns „Walpurgisnacht"-Ouvertüre liegt nahe. Von der romantischen Stimmungsmalerei des jüngeren Meisters ist bei Haydn noch nichts zu merken; nur da, wo seine Phantasie sich an etwas Aeusserliches klammern kann, greift er zu tonmalerischen Mitteln. Die Figur:
die das Frostschütteln der erstarrten Natur versinnlicht, ist konsequent beibehalten, bis die Kraft der rauhen Kälte gebrochen ist. Das Frühlingsmotiv kommt über den Gegensatz des freundlich wirkenden Dur nicht hinaus. Um so sicherer ist darauf in dem Thema des poetischen Einleitungschores:

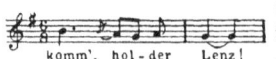

die weiche Lenzesstimmung getroffen. Die nun auftretenden Personen S i m o n , L u k a s und H a n n e sind ländliche Typen, die, abgesehen von einer kleinen Liebesszene zwischen Lukas und Hanne, in keinen dramatischen Zusammenhang unter einander gebracht sind; mit dem Chor der Landleute teilen sie sich in den Bericht der zu schildernden Begebenheiten und verleihen den sich daran knüpfenden Empfindungen Ausdruck. In der zweiten Szene, wo der Ackersmann „flötend" hinter seinem Pfluge schreitet, lässt Haydn nach beliebten Mustern (Don Juan) eine bekannte Melodie im Orchester erklingen, und zwar die seines eignen Andantes mit dem Paukenschlage:

Der zweite Teil, „Der Sommer", ist reich an Bildern und instrumentalen Tonmalereien. Der Verlauf eines ganzen Tages wird uns geschildert, vom Beginn der Morgendämmerung bis zum Verhallen der Abendglocke. Der Weckruf des Hahnes ertönt und der Hornklang des ausziehenden Hirten; den Aufgang der Sonne malt ein mächtiges Crescendo. Das Schlagen der Wachtel, das Zirpen der Grille, das Glitzern des Baches wie der Insekten Geschwirr, ja sogar — wie schon erwähnt — das Quaken des Frosches: Alles findet eine bezeichnende Figur und charakteristische Klänge im Orchester. Zu grosser Kraft erhebt sich die Schilderung des Gewitters, der eine tief empfundene Szene der stillen Waldeinsamkeit vorangeht. Als die Schrecken des Wetters über das schutzlose Landvolk hereinbrechen, vermag sich der Chor nur zu kurzen Ausrufen der Angst aufzuraffen; allmählich erst baut sich der Klagesang in einem kunstvollen Satze auf, in dessen chromatisch absteigendes Thema sich der schneidende Wehruf der Geängsteten mischt. Ganz wundervoll ist es Haydn gelungen, das Ausklingen der erregten Stimmung herbeizuführen. Das Wetter zieht vorüber; Hornstösse verkünden die Abendstunde, die Pracht des Sternenhimmels tut sich auf und ladet zur Andacht; in der Ferne erklingt Tanzmusik und ein Nachtgesang, der sich allmählich verliert.

Das Gegenstück zu diesen Szenen und, wie sie, einen Höhepunkt des Werkes bildet der „Herbst" mit seinen genialen Schiderungen der Jagd und des Winzerfestes. Die Schärfe der musikalischen Charakteristik in den Jagdszenen, vor allem aber der tolle Jubel der Weinlese, die urkräftige Lustigkeit des sich zu trunkener Wildheit steigernden Tanzes ist in der Musik kaum überboten worden. In diesem Abschnitt der Komposition tritt der Hang Haydns zu derber Realistik ganz besonders hervor; das Milieu, in dem wir uns da bewegen, ist mit grosser Naturwahrheit gezeichnet, ohne dass die Grenzen des Massvollen und ästhetisch Zulässigen jemals überschritten wären. Zu den schwächeren Partien des Werkes gehört das Liebesduett („Ihr Schönen aus der Stadt") und der „Fleisschor". Dass die Erotik nicht Haydns starke Seite war, haben wir schon bei seiner Betrachtung als Liederkomponisten gesehen; es hängt dies eng mit seiner ganzen künstlerischen Persönlichkeit und seinem Gemütsleben zusammen. In solchen Fällen, sagt K r e t z s c h m a r treffend, beschränkte er sich darauf, den Musikton seiner Zeit zu sprechen, wie es etwa Pleyel oder Diabelli auch konnten. Die Trockenheit des „Fleisschores" empfand Haydn selbst sehr störend. „Ich bin alle Zeit fleissig gewesen," meinte der alte Herr, „aber es ist mir niemals eingefallen, den Fleiss in Musik zu setzen."

Einen weniger einheitlichen Eindruck als die vorhergehenden Teile hinterlässt der „Winter", der als vierter das Werk zum Abschluss bringt. Der Dichter gibt hier unzusammenhängende Bilder, die im Ganzen dem Komponisten nur wenig Stimmungsmaterial boten. Zwei Stücke sind daraus besonders berühmt geworden: Das Spinnlied mit Chor „Knurre, schnurre" und Hannchens munteres Strophenlied „Ein Mädchen, das auf Ehre hielt":

Beide wirken, hauptsächlich das letztere, durch die grosse Volkstümlichkeit der Erfindung und die Liedform, mit der sich Haydn hier an die Singspielkomponisten seiner Zeit anschliesst. Aussergewöhnlich ernst gehalten ist die Arie: „Erblicke hier, betörter Mensch", in der das Gleichnis des Winters mit dem Tode ausgeführt wird. Der ihr folgende Schlusschor ist gross und in freien Formen angelegt und bringt eine religiöse Stimmung in den Ausklang des Werkes.

Die „Jahreszeiten" wurden sehr bald eine der populärsten Tondichtungen, denn die Frische und Anschaulichkeit dieser Musik erschloss ihr Verständnis den weiten Kreisen auch derer, die ohne besondere Vorbildung an den Genuss eines Kunstwerkes herangehen. Die Farben dieser Tonbilder sind heut noch nicht verblasst, und im Laufe der Jahrzehnte haben die „Jahreszeiten" ihre Macht über empfängliche Gemüter keinswegs eingebüsst. Sie verdienen aber, auch von dem Musiker als ein seltenes Meisterwerk, als eine unerschöpfliche Quelle der Anregungen hochgehalten zu werden.

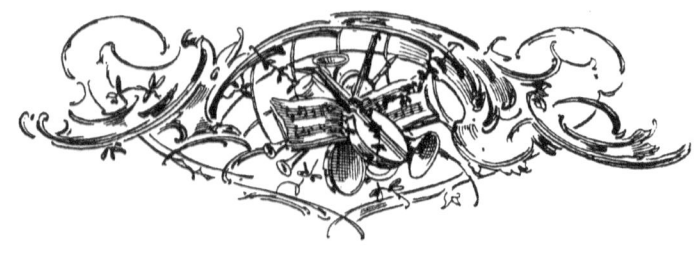

Der Lebensabend.

„Leider vermehren sich meine Geschäfte, wie sich meine Jahre vermehren", schrieb Haydn im Sommer 1799 an den Verleger Breitkopf, „und doch ist es fast, als ob mit der Abnahme meiner Geisteskräfte meine Lust und der Drang zum Arbeiten zunähme. O Gott, wieviel ist noch zu thun in dieser herrlichen Kunst, auch schon von einem Mann wie ich gewesen! Die Welt macht mir zwar täglich viele Komplimente, auch über das Feuer meiner letzten Arbeiten: aber niemand will mir glauben, mit welcher Mühe und Anstrengung ich dasselbe hervorsuchen muss, indem mich manchen Tag mein schwaches Gedächtnis und die Nachlassung der Nerven dermassen zu Boden drückt, dass ich in die traurigste Lage verfalle und hierdurch viele Tage nachher ausser Stande bin, nur eine einzige Idee zu finden, bis ich endlich durch die Vorsehung in meinem Herzen aufgemuntert mich wieder an das Klavier setzen und da zu hämmern anfangen kann. Da findet sichs denn wieder, Gott sei gelobt." Und es fand sich denn noch so manches in seinem Kopfe, das der schriftlichen Aufzeichnung durchaus würdig war, wenn auch die Produktionskraft des bald 70jährigen Mannes natürlich abzunehmen begann.

Während der Zeit, wo er an den beiden Oratorien arbeitete, also von 1796 bis 1800, waren noch eine ganze Reihe grösserer Kompositionen entstanden darunter (1800) ein Te deum. Bis zum Jahre 1802 hatte er immer eine neue Messe für den Geburtstag seines Fürsten im September fertig. Die 1796 komponierte sogenannte „Paukenmesse" („In tempore belli") verwendet im „Agnus dei" die Pauken; eine andere wurde 1797 in Eisenstadt aufgeführt, als Admiral Nelson dort zum Besuch weilte. Sie ist unter dem Namen Nelson-Messe (in England „Imperial"-Messe) bekannt. Nelson bat bei dieser Gelegenheit Haydn um seine Feder und schenkte ihm dafür seine goldene Uhr. Von Instrumentalwerken der letzten Periode sind verschiedene Klavier-Trios (davon drei der Mrs. Schröter gewidmet), eine Klaviersonate und 6 Streichquartette zu nennen. Deutsche Lieder und die schon erwähnten Bearbeitungen schottischer und irischer Gesänge, die nach Haydns Tode Beethoven weiter führte, fallen gleichfalls in diese Zeit.

Das Wichtigste jedoch, das, wodurch Haydns Name die höchste Popularität erreichte, was immer von neuem ihm die Herzen der Menge erobert, ist das „Kaiserlied", das er im Januar 1797 komponiert hat.

Skizze zur österreichischen Volkshymne.

(Nach dem im Besitz der Gesellschaft der Musikfreunde in Wien befindlichen Original.)

Es galt damals, den aus Frankreich herüberdrängenden revolutionären Bewegungen gegenüber „die treue Anhänglichkeit des österreichischen Volkes an seinen guten und gerechten Landesvater vor aller Welt kundzutun und in den Herzen aller guten Oesterreicher jenen edlen Nationalstolz zu wecken, der zur energischen Ausführung jeder von dem Landesfürsten als nützlich erkannten Massregel unentbehrlich ist." Dies war der Zweck, den sich der Verfasser des Textes, der Jesuit Professor Haschka, gesetzt hatte, und zu dessen Erreichung der k. k. Oberstkanzler Graf Saurau sich an seinen „unsterblichen Landsmann" wandte. Weit über die beschränkte Absicht hinaus hat nun Haydn in seinem „Gott erhalte Franz den Kaiser" das Muster einer Volkshymne geschaffen, dem sich höchstens das englische „God save the king", das wohl als Vorbild gedient hat, an die Seite stellen kann. Der Bau dieser Liedweise ist meisterhaft in harmonischer wie melodischer Beziehung, und erreicht mit den einfachsten Mitteln die beabsichtigte kräftige und volkstümliche Wirkung, die zugleich — und das unterscheidet sie von der anderer Volkshymnen — von grosser Wärme des Gefühlsausdruckes gehoben ist. Die schlichte Führung der Melodie bewegt sich am Anfang in einer Intervallenfolge, die in der älteren Musik in ähnlichen Wendungen öfter wiederkehrt. Schon in Telemann's[40)] „Getreuem Musikmeister", Hamburg 1728, findet sich ein Rondo, das so beginnt:

Während aber hier die Oberstimme als notwendiger Kontrapunkt zu dem tonleiterartig absteigenden Basse erscheint, geht bei Haydn die Tonfolge aus dem Bedürfnis der melodischen Formung, aus der Deklamation des Worttextes hervor. Man hat neuerdings versucht, die Originalität dieser Haydn'schen Weise wie seiner Melodiebildung überhaupt in Zweifel zu ziehen[41)] und sie aus kroatischen Volksliedern herzuleiten; es fehlt jedoch vorläufig an jedem wissenschaftlich giltigen Nachweis dafür, und wir dürfen eher wohl umgekehrt annehmen, dass Haydn, der ja mit der Volksmusik intime Fühlung hatte, jene Länder auch in den östlichen Teilen der Monarchie beeinflusst hat. Am 28. Januar 1797 erhielt die Hymne das Druckpatent vom Grafen Saurau, und am 12. Februar, dem Geburtstage des Kaisers Franz, wurde sie in allen Theatern Wiens feierlich abgesungen. Haydn bekam ein ansehnliches Geldgeschenk und das Bild seines Monarchen zur Belohnung. Er selbst hielt das Lied sehr hoch und war sich bewusst, darin dem Volksempfinden der Deutschen einen dauernden Ausdruck gegeben zu haben Später benutzte er es als Thema zu den Variationen eines seiner letzten Streichquartette, das als „Kaiserquartett" noch heut zu den beliebtesten Werken des Meisters gehört. Zu der Weise des „Gott erhalte" dichtete dann Hoffmann von Fallersleben sein „Deutschland, Deutschland über Alles". Mit diesen allgemeiner gefassten Worten fand die Melodie eine noch weitere Verbreitung. Ein weltlicher Choral, steht sie in einsamer Grösse in der Literatur volkstümlicher Gesänge da.

Nach den „Jahreszeiten" komponierte Haydn nur noch wenige Werke, in der Hauptsache Gesangsquartette, auf die er einen hohen Wert legte und die er der Kaiserin von Russland, seiner ehemaligen Schülerin, übersandte. Kurz nach Beendigung seines zweiten Oratoriums befiel ihn ein Fieber, von dem eine

Schwäche des Kopfes zurückblieb, die stetig zunahm. „Die Jahreszeiten haben mir dies Uebel zugezogen", meinte er zu Freunden, „ich hätte sie nicht schreiben sollen, ich habe mich dabei übernommen". Die Schwäche des Alters begann sich nun doch zu zeigen. Er musste sich sehr schonen, und Beschäftigung mit Musik wurde ihm fast zur Qual. Von 1803 an hat Haydn nichts mehr geschrieben. Er fühlte sich unfähig, einen musikalischen Gedanken zu fassen und festzuhalten. Eines seiner letzten Quartette (No. 83) ist deshalb unvollendet geblieben; nach vergeblichen Anläufen, dem Andante und Menuett ein Finale hinzuzufügen, gab der greise Komponist den Versuch auf und schloss das Werk 1806 mit den ersten Takten eines der erwähnten Vokalquartette „Der Greis", das mit den Worten beginnt: „Hin ist alle meine Kraft, alt und schwach bin ich". Diese Takte liess er auch auf seine Visitenkarten drucken und sandte sie Freunden, die sich nach seinem Befinden erkundigt hatten.

Seine letzten Jahre verbrachte Haydn, der bis 1797 vorübergehend auf dem Neumarkt (jetzt No. 2) gewohnt hatte, in seinem eigenen Hause in der Vorstadt, umgeben von einigen treuen Dienstboten, die er in seinem Testament reichlich bedacht hat. Sein ehemaliger Kopist und Reisebegleiter Elsler war das ordnende Faktotum im Hause und pflegte den kränkelnden Greis mit rührender Sorgfalt. Die abgöttische Verehrung, die er für Haydn empfand — wenn er sich unbeachtet glaubte, soll er beim Aufräumen des Zimmers vor dem Bilde seines Herrn das Räucherfass geschwenkt haben — sichern das Andenken des braven Mannes. Dieser treue Diener und Freund war es auch, der im Tode dem Meister die Augen zudrückte. Der Name Elsler hat sich überdies in der Kunstwelt durch die beiden Töchter Therese und Franziska (Fanny, „die Tänzerin beider Welten", wie Heinrich Heine sie nannte) erhalten, die als Koryphäen der Tanzkunst die grösste Bewunderung erregten. Haydn bewies der Familie zeitlebens seine Teilnahme; bei den älteren Geschwistern hatte er sogar persönlich Pathenstelle vertreten.

Die Fürstlich Esterházy'sche Familie hörte nicht auf, sich in Liebe und Anhänglichkeit um das Wohl ihres berühmten Kapellmeisters zu kümmern. Die Fürstin besuchte Haydn mehrmals in seinem Hause, um nach seinem Befinden zu sehn, und schon 1797 hatte Fürst Nikolaus seine Pension um 300 Gulden erhöht. Im Jahre 1806 fügte er noch weitere 600 Gulden hinzu, sodass Haydn die freudige Genugtuung hatte, schon zu Lebzeiten für seine armen Verwandten in ausgibiger Weise sorgen und ihnen eine ansehnliche Erbschaft hinterlassen zu können.

In seinem stillen Heim lebte nun der Greis seinen Erinnerungen. Irgend welchen Beschäftigungen vermochte er nicht mehr obzuliegen; zuweilen las er die Zeitungen oder spielte Karten. Häufig empfing er Besuche und plauderte dann gern von vergangenen Zeiten. Seine Freunde, die Kunstgenossen Wiens, berühmte Fremde, die in die Stadt kamen, sie alle suchten ihn auf und bezeigten ihm ihre Verehrung. War er guter Laune, so pflegte er wohl seinen Schrank aufzuschliessen und die Andenken, Diplome, Medaillen und Kostbarkeiten vorzuzeigen, die er in einer besonderen Kassette verwahrt hielt. Bei solchen Veranlassungen liess er sich zuweilen auch herbei, aus seinem Leben zu erzählen, wodurch manche Einzelheiten seiner Jugend bekannt geworden sind. Wenn er Besuch erwartete, so erzählt Griesinger, steckte er einen brillanten Ring[42] an den Finger und schmückte sein Kleid mit dem roten Bande der Bürgermedaille. Ueber den Eindruck, den Haydn in seinen letzten Jahren machte, teilen uns

(Aus einen ungedruckten Trio von Haydn, nach den auf der Kgl. Bibliothek in Berlin befindlichen Stimmen.)

die Aufzeichnungen einiger Besucher Näheres mit. C. M. von Weber schreibt im Frühjahr 1804: „Ich war schon einigemal bei Haydn. Die Schwäche des Alters ausgenommen, ist er immer munter und aufgeräumt, spricht sehr gerne von seinen Begebenheiten und unterhält sich besonders mit jungen angehenden Künstlern gern. Das wahre Gepräge des grossen Mannes, dies alles ist Vogler[43]) auch, nur mit dem Unterschied, dass sein Literaturwitz viel schärfer als der natürliche Haydns ist. Es ist rührend, die erwachsenen Männer kommen zu sehn, wie sie ihn Papa nennen und ihm die Hand küssen." Der junge Wenzel Tomaschek kam im Sommer 1808 von Prag aus zum Besuch nach Wien. Er berichtet vornehmlich über die äussere Erscheinung des Meisters. Als er eintrat, sass Haydn im Sorgenstuhl. Er trug noch immer seine mit Seitenlocken gezierte, gepuderte Perücke; ein weisses Halsband mit goldener Schnalle, eine weisse reichgestickte Weste von schwerem Seidenstoff und mit stattlichem Jabot, ein Staatskleid von feinem, kaffeebraunen Tuche, gestickte Manschetten, schwarzseidene Beinkleider, weissseidene Strümpfe und Schuhe mit grossen silbernen Schnallen vervollständigten seinen Anzug. Auf einem Tischchen zur Seite lag neben dem Hut ein Paar weisslederner Handschuhe. Haydn klagte über die zunehmende Altersschwäche und das Schwinden seines Gedächtnisses. Beim Betrachten der Büste eines verstorbenen Freundes brach er in Weinen aus; gleich darauf ward er beim Anblick seiner Kostbarkeiten, die er, wie gewöhnlich, seinem Gast vorwies, wieder heiter. „Kurz", schliesst Tomaschek, „der grosse Haydn war schon ein Kind, bei dem das Leid und die Freude einander oft in den Armen lagen." Im selben Jahre kam der geniale Schauspieler und Dichter August Wilhelm Iffland nach Wien und liess sich durch Heinrich Schmidt, den Direktor des Fürstlich Esterházy'schen Theaters in Eisenstadt, bei Haydn einführen. Er fand bei seinem Besuche den Meister hinfällig und in etwas rührseliger Stimmung. In den Hauptzügen stimmt seine Schilderung mit dem Bilde überein, das andere Zeitgenossen von dem liebenswürdigen Greise entworfen haben. Auch Iffland gegenüber klagte Haydn wiederholt über die „bösen Jahreszeiten", die ihm den Rest gegeben hätten. „Sie glauben nicht," sagte er, „wie ich mich gemartert habe." Dann kam er auf das Theater zu sprechen und sagte seinem berühmten Gast allerlei Verbindliches; später holte er die Erinnerungen und Ehrenzeichen hervor, an denen er eine unverhohlene, fast kindliche Freude zeigte, und spielte unaufgefordert sein Kaiserlied auf dem Klavier. Iffland war von dem Eindruck der Persönlichkeit Haydns, den er mit einer scheidenden Sonne verglich, so erfüllt, dass er später in Erinnerung an diese Begegnung seinem Freunde Heinrich Schmidt schrieb: „Immer noch leuchtet der Verklärte mir vor, und seine Gestalt hat mir Dinge gesagt über Kunstleben und Erdenleben, die bis daher in meiner Seele tief geruht haben."[44])

Bei diesem Besuche kam auch die Rede auf eine Wohltätigkeits-Aufführung der „Schöpfung" in Berlin, die weit über 2000 Taler eingebracht hatte. Da ging Haydn das Herz über; strahlend wiederholte er: „2000 Taler!" und mit Freudentränen in den Augen wendete er sich an seinen treuen Elsler: „Hörst Du das wohl? Meine Arbeit hat den Armen einen guten Tag gegeben! Das ist herrlich, das ist köstlich!" Dieser Gefühlsausdruck kennzeichnete den Menschen Haydn, der Zeit seines Lebens in dem Bewusstsein, andern mit seinen Werken eine Freude zu bereiten, den eigentlichen Lohn für seine Mühen erblickt hat. Der hochherzigen Auffassung seines Berufes hat er ein Denkmal gesetzt in jenem vom 22. September 1802 datierten Briefe an den Assessor Dr. K. auf Rügen, in dessen Hause die „Schöpfung" von einem eben gegründeten Gesangverein aufgeführt worden war. Die betreffende Stelle, die man nicht lesen kann, ohne den Mann, der sie geschrieben, lieb zu gewinnen, lautet: „Oft, wenn ich mit Hindernissen aller Art rang, die sich meinen Arbeiten entgegen stemmten, wenn oft die Kräfte meines Geistes und Körpers sanken, und mir es schwer ward, in der angetretenen Laufbahn auszuharren, — da flüsterte mir ein Gefühl zu: „„Es gibt hienieden so Wenige der frohen und zufriedenen Menschen, überall verfolgt sie Kummer und Sorgen, vielleicht wird deine Arbeit eine Quelle, aus welcher der Sorgenvolle oder der von Geschäften lastende Mann auf einige Augenblicke seine Ruhe und seine Erholung schöpfet."" Dies war dann ein mächtiger Beweggrund vorwärts zu streben, und diess ist die Ursache, das ich auch noch jetzt mit selenvoller Heiterkeit auf die Arbeiten zurückblicke, die ich eine so lange Reihe von Jahren mit ununterbrochener Anstrengung und Mühe auf diese Kunst verwendet habe."

Unter weiteren Besuchen, die in seinem Heim, das er kaum noch verliess, der Meister in den letzten Jahren empfing, sei noch der Cherubinis erwähnt, weil Haydn besondere Freude darüber empfand. Der ausgeprägte Formsinn und die vornehme Klarheit in Cherubinis künstlerischem Schaffen sagten dem Geschmacke Haydns in hohem Grade zu; seinerseits aber war Cherubini, seit er in Paris zuerst eine Haydn'sche Symphonie gehört hatte, einer der glühendsten Bewunderer unseres Meisters. Als er im Frühjahr 1806 Wien verliess, bat er sich beim Abschied von Haydn eine seiner Partituren aus. Die Bitte wurde erfüllt, und Haydn schloss den tief Gerührten in seine Arme und sagte: „Erlauben Sie, dass ich mich Ihren musikalischen Vater, und Sie meinen Sohn nenne."[45])

In die letzten Lebensjahre Haydns fielen die Wirren des österreichischen Befreiungskrieges, dessen unglücklicher Verlauf den Greis schwer darniederbeugte. Zweimal, 1805 und 1809, hatte er den Schmerz, Wien von den Franzosen besetzt zu sehen, und als guter Patriot nahm er lebhaften Anteil an den Schicksalen seines Vaterlandes. In dem körperlich und geistig geschwächten Zustand, in dem Haydn sich befand, mussten die Ereignisse doppelt erschütternd auf ihn wirken und seinen Lebensmut vollends zum Sinken bringen. Auch empfand er das Hilf- und Tatenlose seines Daseins immer drückender. „Ich bin der Welt zu nichts mehr nütze," äusserte er zu Griesinger, „ich muss mich wie ein Kind warten und pflegen lassen, es wäre wohl Zeit, dass mich Gott zu sich riefe." So war er denn auch mit dem Gedanken an den Tod vertraut und bereitete sich jeden Tag dazu vor. Im April des Jahres 1809 liess er die Dienstboten kommen und las ihnen sein Testament vor, um zu hören, ob sie zufrieden wären; alle dankten ihm unter Tränen. Am 10. Mai war man gerade beschäftigt ihn anzukleiden, als in der Vorstadt Mariahilf die Beschiessung Wiens durch die Franzosen begann. Der erste Schuss fiel unweit seines Hauses; ein heftiges Zittern befiel ihn, aber er nahm seine Kraft zusammen und rief seinen geängstigten Leuten zu: „Fürchtet euch nicht Kinder, wo Haydn ist, da kann euch nichts geschehen!"

Noch während zweier Wochen nach diesem Vorfall konnte er seine gewohnte Lebensweise fortsetzen und sogar Besuche empfangen. Inzwischen war die Stadt vom Feinde eingenommen. Ein französischer Offizier liess es sich nicht nehmen, den Meister, den er hoch verehrte, persönlich aufzusuchen. Er traf ihn im Bette, als er Mittagsruhe hielt, und sang ihm die Arie: „Mit Würd' und Hoheit angetan" aus der „Schöpfung" vor. Das Feierliche der Gelegenheit gab dem Ausdruck seines Gesanges eine Grösse, die Haydn sehr bewegte; beim Abschied umarmte er seinen Gast aufs herzlichste. Es war der letzte Besuch, der seine Schwelle betreten sollte. Am 26. Mai versammelte er noch einmal seine Dienstboten um sich und spielte, nachdem er sich an das Klavier hatte tragen lassen, dreimal hintereinander das Kaiserlied — wie seine Biographen hinzusetzen: mit einem Ausdruck, „über den er sich selbst wunderte". Bald darnach trat gänzliche Entkräftung und Agonie ein. Fünf Tage später, am 31. Mai 1809 gegen 1 Uhr früh, war Haydn tot. Noch wenige Minuten vor seinem Ende hatte er Zeichen von Bewusstsein und Empfindung gegeben.

Haydns Grabstein in Wien.
(Nach einer Photographie aus dem Kunstverlag von V. A. Heck in Wien.)

Infolge der Kriegszeiten verlief Haydns Leichenfeier einfach, doch würdig. Die französischen Behörden erwiesen dem grossen Manne durch öffentliche Anzeige seines Todes ihre Achtung. Um den Katafalk stand ausser einem Kommando der Bürgerwehr eine Ehrenwache französischer Soldaten, und unter den Leidtragenden folgten viele französische Offiziere von hohem Range. Haydn wurde auf dem Hundsthurmer Kirchhof, nahe der Vorstadt, in der er gelebt hatte, begraben; aber auf Wunsch des Fürsten Esterházy erfolgte am 7. November 1820 die feierliche Ueberführung der Gebeine nach Eisenstadt, wo sie in der oberen Pfarrkirche beigesetzt worden sind. Ein einfacher Stein mit lateinischer Inschrift ist in die Mauer des Gewölbes eingefügt und kündet dem Vorübergehenden die Ruhestätte Haydns. Als man bei der Ueberführung zur Identifizierung der Leiche den Sarg öffnete, stellte sich heraus, dass der Schädel verschwunden war; kurz nach dem Begräbnis war er gestohlen worden. Später erhielt Fürst Esterházy anonym einen Schädel zugesandt, der als Haydn gehörig bezeichnet war und mit den anderen sterblichen Ueberresten des Meisters begraben liegt. Der wirkliche blieb jedoch zurück und soll sich jetzt im Besitz der Familie des berühmten Anatomen Prof. Hyrtl befinden. In Wien blieb Haydns Grab 5 Jahre nach seinem Tode ohne jedes äussere Merkmal. Erst 1814 errichtete sein Schüler Neukomm dort einen Stein, auf dem ausser der Widmung Haydns Name, Geburts- und Sterbejahr und ein fünfstimmiger Rätselkanon („Non omnis moriar") angebracht waren. Diesen Stein hat Graf Stockhammer im Jahre 1842, wie ihn die vorstehende Abbildung zeigt, erneuern lassen. Als die Kunde von dem Hinscheiden des grossen Tonmeisters bekannt geworden war, fanden in allen Hauptstädten Europas Trauergottesdienste statt. In Wien wurde zu seinem Gedächtnis am 15. Juni Mozarts Requien in der Schottenkirche aufgeführt.

Der grössere Teil der Werke Haydns ist zu seinen Lebzeiten im Druck erschienen. Der handschriftliche Nachlass verblieb zumeist dem Eisenstädter Archiv, soweit er nicht in den Händen der Verlagshandlungen Artaria & Co. und Breitkopf & Härtel war; vieles davon befindet sich auch auf den Hofbibliotheken von Wien und Berlin, im Besitz der Gesellschaft der Musikfreunde zu Wien, sowie in den Kirchenarchiven einiger geistlicher Stifte in Unter-Oesterreich. Die wichtigsten Briefe Haydns veröffentlichte L. Nohl (Musikerbriefe, 1867) und Th. von Karajan. (Haydn in London 1791 und 1792, Wien 1857).

Hier nehmen wir nun Abschied von unserem Meister. Wir stehen am Ende eines langen und inhaltvollen Lebens. Aeusserlich zwar nahm es einen ruhig einförmigen Verlauf und bietet nur wenig der merkwürdigen Begebenheiten; innerlich jedoch bewegt durch den Reichtum der Phantasie und der Seele, ist seine Geschichte gleichsam von einem milden und reinen Lichte erhellt, das seine wärmenden Strahlen auch in das Gemüt des Betrachters sendet. Man kann sich mit Haydn nicht lange beschäftigen, ohne selbst etwas von der „stillen Heiterkeit des Herzens" zu verspüren, die ihm eigen war, und die er mit Bewusstsein als Glück empfand. Aus leisen, unscheinbaren Anfängen entwickelte sich sein Dasein in mächtigem Crescendo und trug ihn unaufhaltsam zu den Höhen menschlicher Bedeutung. Noch ganz am Ende seiner Laufbahn vermochte er eine neue künstlerische Richtung einzuschlagen und auch in ihr Werke von bleibendem Werte hervorzubringen. Die letzten Jahre aber, die Zeit der abnehmenden Kräfte, erscheinen nur wie das notwendige Ausklingen einer starken und anhaltenden Kraftentfaltung. Und vielleicht mehr als bei jedem andern grossen Manne kann man bei Haydn den Kampf um die Erreichung eines hohen Zieles verfolgen, kann man erkennen, was die Treue unermüdlichen Fleisses und selbstloser Pflicherfüllung zu vollbringen vermag. Haydns Leben war ein Leben der Arbeit.

Was Haydn als Mensch und als Künstler gewesen, das haben diese Blätter zu zeichnen versucht. Aus der Fülle der freilich oft feinen Züge wird sich dem Leser leicht ein Bild gestalten, das in seiner schlichten Grösse nicht anders als wohltuend wirken kann. Die Bedeutung Haydns für seine Zeit und für seine Kunst überhaupt ist gegebenen Ortes dargelegt worden und soll hier nicht nochmals erörtert werden. Wie er zum Begründer unserer Instrumentalmusik wurde und ihrer Entwickelung die einzig natürliche Basis gab, ist eines der interessantesten Kapitel der Musikgeschichte, das freilich in manchen Punkten noch gar sehr der Aufhellung und eingehenden Untersuchung bedarf. Sein Einfluss auf die Kunst des 19. Jahrhunderts kann nicht leicht überschätzt werden; in gewissem Sinne leiten mehr oder weniger alle modernen Tonsetzer ihre künstlerische Abstammung von Haydn her. Die Befreiung der Musik aus den Fesseln einer starren Dogmatik — gewiss ein künstlerisches Postulat der Neuzeit — nahm von diesem Meister ihren Ausgang. Aber nicht nur die Anregungen des Haydn'schen Geistes wirken fort, auch seine eigenen

Werke haben sich merkwürdig frisch erhalten und sind, wenn auch freilich nur zu ihrem geringsten Teile, noch heute unter uns lebendig. Die Quartette und Symphonien spielen, mehr noch als die beiden Oratorien, eine wichtige Rolle in unserm Konzertwesen. Dabei ist gegen früher ein bemerkenswerter Umschwung in der Art der Wertschätzung eingetreten. Zu Haydns Zeit, und noch lange darüber hinaus, bildeten bei aller Anerkennung, die auch die heitere Seite seiner Kunst fand, doch „Schöpfung" und „Jahreszeiten" mit ihrem

Haydn-Denkmal in Wien.

religiös-moralisierenden Stimmungsgehalt die festeste Grundlage seines Ruhmes; von den Symphonien und Quartetten wiederum waren es die gefühlvollen Adagios und die von stiller Beschaulichkeit umsponnenen Andantes, die auf die Hörer die grösste Wirkung ausübten. Es war die Zeit, die vor allem den „Papa" Haydn verehrte, die in ihm den Komponisten sah, der zu rühren versteht, der, wie Zelter sich ausdrückte, „das Feuer vom Himmel holte, um irdische Herzen zu wärmen." Uns steht die instrumentale Seite seiner Kunst bei weitem näher als die vokale, und während die langsamen Sätze vielfach

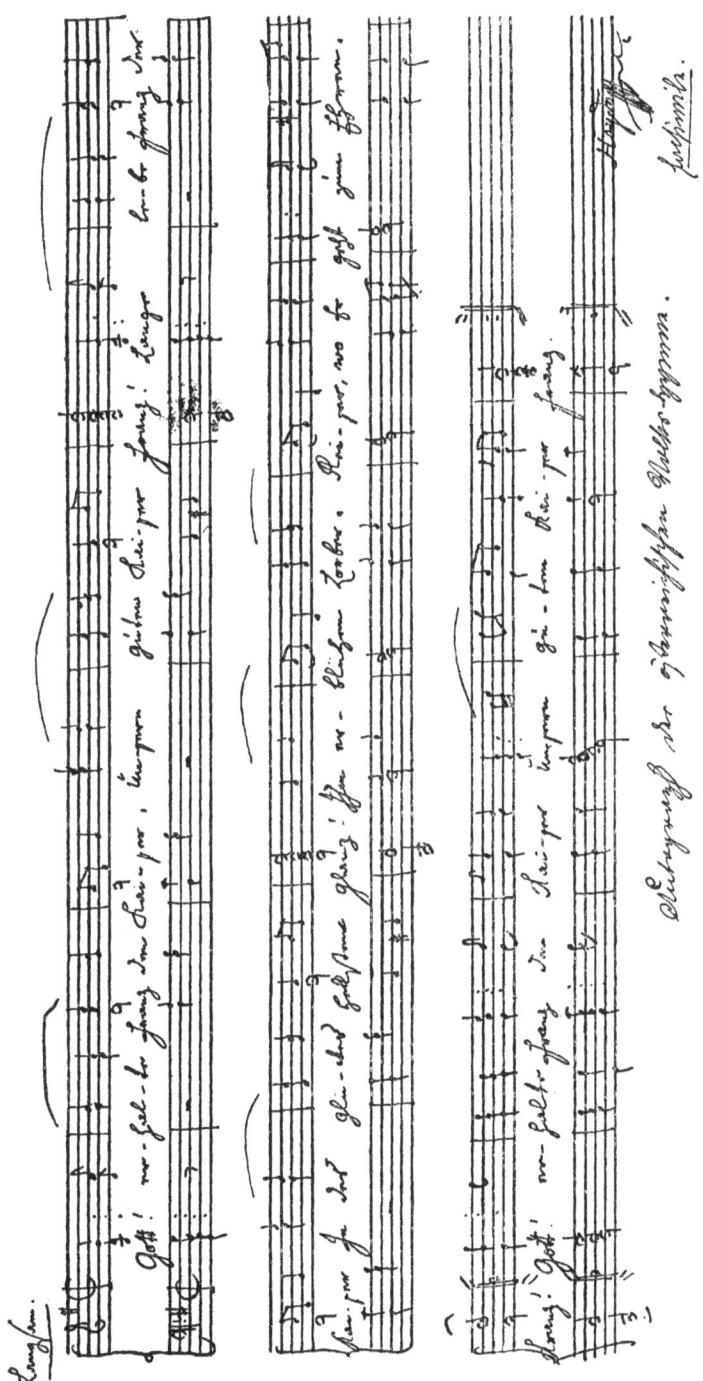

(Nach dem; im Besitze der Gesellschaft der Musikfreunde in Wien befindlichen Original.)

Schmidt, Haydn.

verblasst und veraltet erscheinen, entspricht die frische, temperamentvolle Tonsprache seiner Menuetten und Presti noch ganz dem heutigen Musikempfinden.

Etwas freilich von dem Bilde des alten Herrn mit der Lockenperücke hat sich im Volksbewusstsein erhalten; wenn wir aber recht zusehen, ist es doch zumeist der Stürmer und Dränger, der jugendliche Revolutionär, der uns Moderne in Haydn fesselt. Wir wenden unser Interesse beim Anhören Haydnscher Musik weniger ihrem Gefühlsgehalte, als der Frische ihrer Erfindung, der Keckheit und frohen Laune ihrer Einfälle, der souveränen und geistreichen Benutzung aller in höherem Sinne technischen Kunstmittel zu. Es ist ein wiederkehrender geschichtlicher Prozess, dass das Persönliche einer Künstlererscheinung in der Anschauung der Nachwelt allmählich ausscheidet, das Artistische dagegen in den Vordergrund tritt; nur wo, wie bei Beethoven, das subjektive Pathos ein wesentlicher Bestandteil der dargestellten Idee ist, bleiben beide Elemente untrennbar. Aber auch so, wie w i r ihn geniessen, ist Haydn noch immer ein mächtiger Faktor aller musikalischen Betätigung, und es hat nicht den Anschein, als ob die nächste Zukunft daran etwas ändern würde. Wie die Dinge liegen, kann sein Einfluss auch auf die kommende Generation ein starker, jedenfalls nur ein heilsamer sein. Losgelöst von alten Traditionen, ohne in der sicheren Erkenntnis neuer Wege gefestigt zu sein, strebt unsere Zeit auf musikalischem Gebiete vielfach verworrenen und unklaren Zielen zu. Die Sucht nach einer Originalität, die nicht auf der Grundlage historischer Entwickelung oder überragender schöpferischer Begabung ruht, nimmt gar zu leicht das Gepräge des Krankhaften an. Da ist es denn nur zu wünschen, dass eine so reine und kerngesunde Künstlernatur wie die Joseph Haydns noch recht lange segensreich nachwirken möge. Wenn irgend einer, nahm gewiss Haydn es mit seiner Aufgabe ernst; und doch blieb er sich stets bewusst, dass der Endzweck jedes Kunstwerkes ist: F r e u d e zu bereiten. Die Natürlichkeit seines musikalischen Empfindens und Gestaltens sei uns ein Vorbild; um ihretwillen wollen wir ihn hochhalten.

Haydns Grabstein.
(Nach einem Stich im Besitze der Musikbibliothek Peters in Leipzig.)

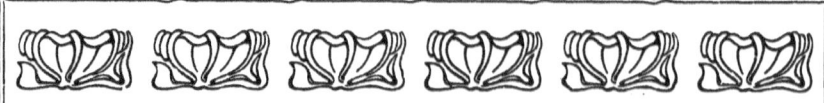

ANHANG I.

ANMERKUNGEN.

¹) (Zu Seite 8.) Haydns Stammbaum lässt sich bis zu dem Urgrossvater, dem Burgknecht Caspar Haydn in Hainburg, zurückverfolgen. Caspar H. war einer der wenigen Einwohner Hainburgs, die dem Tode entrannen, als am 11. Juli 1683 die Türken auf ihrem Zuge gegen Wien in das Städtchen drangen und Alles niedermetzelten. Sein Sohn Thomas betrieb das Gewerbe eines Wagners; nach seinem Tode heiratete die Witwe den Wagnergesellen Mathias Seefranz aus Steiermark. Dessen ältester Sohn und drei Söhne des Thomas, darunter der Vater des Komponisten, erlernten gleichfalls das Wagnerhandwerk. Die Tochter des Seefranz, Juliane Rosine, wurde die Frau des Schulrektors Mathias Frankh, des ersten Lehrers von Joseph Haydn.

²) (Zu Seite 14.) Chr. Burney nennt in seinem Buche „The present state of Music in Germany" (I. p. 357) die Musik Reutters „dull, dry stuff" (mattes, trockenes Zeug). Dieses Urteil ist viel nachgeschrieben worden und hat die Biographen Haydn veranlasst, geringschätzig über Reutter zu sprechen. Es dürfte an der Zeit sein, diesem immerhin merkwürdigen Manne einmal gerecht zu werden. Hierzu hat Prof. Dr. Max Friedländer, der mir die im Text gegebenen Beispiele R'scher Klaviermusik freundlichst mitgeteilt hat, in seinen Vorlesungen über Haydn an der Berliner Universität den ersten Schritt getan.

³) (Zu Seite 24.) Philipp Emanuel, der „Berliner" oder „Hamburger" Bach genannt, war der zweite Sohn Johann Sebastians und wurde 1714 zu Weimar geboren. In Berlin gehörte Emanuel Bach der Königlichen Kapelle an und erfreute sich der Gunst Friedrich II.; nach Hamburg wurde er 1767 als Kirchenmusikdirektor an Stelle Telemanns berufen. Dort starb er, hochbetagt, im Jahre 1788. Wie er als Komponist das Bedeutendste für das Klavier schrieb, so hatte er auch seinen Ruhm zunächst als vortrefflicher Spieler dieses Instrumentes begründet.

⁴) (Zu Seite 28.) Johann Joseph Felix Kurz brachte 1732 die ersten deutschen Schauspiele auf dem neuerbauten Theater in Brünn zur Aufführung. Seit 1737 war er in Wien tätig; lange Zeit der verwöhnte Liebling der Wiener, sah er in den 70er Jahren seinen Stern erbleichen und war genötigt, sich ins Ausland zu begeben. Kurz hat glänzende Zeiten gesehen; in Warschau wurde er in den polnischen Freiherrnstand erhoben, starb jedoch, ziemlich verarmt, nach mannigfaltigen Schicksalen 1784 zu Wien.

⁵) (Zu Seite 29.) Pietro Trapassi, genannt Metastasio, der gefeierte Poet des Wiener Hofes, ist zu Rom am 3. Januar 1698 geboren. Ihm gebührt das Verdienst, das musikalische Drama in bessere Bahnen geleitet zu haben. Ausserordentlich fruchtbar, schrieb Metastasio den meisten Komponisten seiner Zeit die Operntexte, verfasste aber auch zahlreiche Oratroien, Kantaten u. s. w. Seiner Poesie wurde die Reinheit und Anmut der Form, sowie eine klare und ungewöhnlich wohllautende Sprache nachgerühmt. Er starb zu Wien, im Michaelerhause am 12. April 1782.

⁶) (Zu Seite 29.) Marianne de Martines entwickelte sich zu einer der bedeutendsten Musikerinnen Wiens. Bekannt ist ihr freundschaftliches Verhältnis zu Mozart, der gern mit ihr musizierte, eine Zeitlang auch ihr Lehrer war.

⁷) (Zu Seite 30.) Karl Ditter von Dittersdorf hat sich namentlich durch seine Opern eine Stellung in der Musikgeschichte gemacht. Naiv in der Erfindung, gewandt in der musikalischen Gestaltung, zeichnen seine Werke sich besonders durch eine ächte, zuweilen drastische Komik aus, die noch heute in dem berühmten „Doktor und Apotheker" ihre Wirkung nicht versagt. Gegenüber den zeitgenössischen italienischen oder italienisierenden Opern-Komponisten macht sich bei Dittersdorf ein ausgesprochen nationales Element bemerkbar. Er starb 1799 im 60. Lebensjahre.

⁸) (Zu Seite 34.) Michael Haydn lebte in Salzburg in bescheidenen, fast drückenden Verhältnissen, fühlte sich aber so wohl in seiner Stellung, dass er alle Anträge nach auswärts, auch die verlockendsten, ablehnte. Ebenso war er gegen jede Veröffentlichung seiner Werke durch den Stich oder Druck. Eine der Firma Breitkopf & Härtel gegebene Erlaubnis zog er später wieder zurück, sodass die meisten seiner Arbeiten nur in Abschriften vorhanden sind Michael starb drei Jahre vor seinem Bruder Joseph, im August 1806 zu Salzburg, im Alter von 69 Jahren.

⁹) (Zu Seite 39.) Uebrigens haben sowohl Händel wie Bach auch im Norden Deutschlands erst auf spätere als die unmittelbar folgende Generation gewirkt.

¹⁰) (Zu Seite 39) Giovanni Gabrieli, der Neffe Andreas Gabrielis, wurde 1557 in Venedig geboren und starb dort 1613. Er war, wie vordem sein Oheim, als Nachfolger Claudio Merulos Kapellmeister an der Markuskirche seiner Vaterstadt. — Adrian Willaert, von Geburt Niederländer, kam 1526 nach Venedig und wurde der eigentliche Begründer der Venezianischen Schule. Als Lehrer und Kapellmeister war er bis 1562 tätig, wo ihn der Tod seiner Wirksamkeit entriss. Sein Einfluss auf die Musikentwickelung war durch zahlreiche und begabte Schüler ein ausserordentlich grosser.

¹¹) (Zu Seite 40.) Arcangelo Corelli, 1653 bei Bologna geboren, erregte zunächst als Violinvirtuose das grösste Aufsehen Vorübergehend lebte er in Deutschland (München). In Rom bildete und leitete er die berühmten Akademien im Hause des Kardinals Ottoboni, und hier machte er sich auch als Komponist einen Namen, der von den Besten seiner Zeit hochgeachtet wurde. C starb zu Rom im Jahre 1713.

¹²) (Zu Seite 41.) François Couperin (1668—1733) nahm in Frankreich zuerst den von J. S. Bach und Scarlatti eingeführten Gebrauch des Daumens an, und fügte seinen gestochenen Klavierwerken eine Erklärung der Spielmanieren bei.

¹³) (Zu Seite 43.) Mein verstorbener Lehrer, Professor Oscar Raif in Berlin, einer der gründlichsten Kenner Haydn'scher Klaviermusik, machte mich darauf aufmerksam, dass diese sorgfältige und stets interessante Führung der linken Hand dem Meister in dem Grade eigentümlich ist, dass dadurch schon äusserlich seine Sonaten sich untrüglich von denen anderer Komponisten unterscheiden.

¹⁴) (Zu Seite 50.) Haydn ehrte das Andenken seines Vorgängers, indem er sechs Fugen Werners für Streichquintett bearbeitete und bei Artaria herausgab.

¹⁵) (Zu Seite 58.) In Frankfurt a. M. erregte Fürst Nicolaus allgemeine Bewunderung durch sein glänzendes Auftreten, dessen auch Goethe in seinen Jugenderinnerungen (in „Dichtung und Wahrheit") Erwähnung tut.

¹⁶) (Zu Seite 66.) In Haydns Brief nach Wien heisst es: „Frei muss das Gemüth und die Seele seyn, die freien Künste und die so schöne Wissenschaft der Composition dulden keine Handwerksfesseln "

¹⁷) (Zu Seite 66.) Die persönliche Begegnung kann erst stattgefunden haben, als im Frühjahr 1781 Mozart nach Wien kam, um für immer dort zu bleiben. Die Briefe des Vaters auf den Reisen von 1763—1768 erwähnen Haydn garnicht, und im Sommer 1773, wo Mozart abermals kurze Zeit in Wien war, weilte wohl Haydn wie gewöhnlich in Esterhaz. (L. Nohl.)

¹⁸) (Zu Seite 75.) Einen Beleg dafür, dass Haydn die leichte Verständlichkeit seiner Tonsprache mit Bewusstsein und Absicht anstrebte, gibt eine drollige Bemerkung, die sich im

Autograph einer Symphonie findet. „Dieses war vor gar zu gelehrte Ohren" heisst es dort an einer Stelle, wo drei Takte wieder ausgestrichen sind.

[19]) (Zu Seite 75.) Die Bezeichnung „ripieno" (voll, ausgefüllt) wurde für mehrfach besetzte Stimmen des Streichorchesters gebraucht, die die Tutti-Stellen mitspielten. „Principale" oder „obligato" hiess im Gegensatz dazu die Solostimme; nur mit dem Unterschied, dass „obligat" eine selbständige Begleitstimme bezeichnete, während princ. nur des konzertierende Solo hiess. „Continuo" (basso), der fortlaufende Bass, auch Generalbass genannt, ist hier identisch mit ripieno oder tutti.

[20]) (Zu Seite 76.) „al rovescio = alla riverso wurde die Gegenbewegung zweier Stimmen genannt, bei der jede von ihnen die entgegengesetzten Fortschreitungen macht. Man gebrauchte die Bezeichnung auch gleichbedeutend mit „cancricans" für Tonstücke, die ebenso gut vom Ende wie vom Anfang ausgeführt werden können.

[21]) (Zu Zeite 78.) Die bedeutenderen der „Feldpartien", die Haydn für die fürstliche Regimentsmusik schrieb, haben sich erhalten; dazu gehören auch die sechs Divertimenti für zwei Klarinetten, zwei Oboen, zwei Hörner, drei Fagotts und ein Serpent, denen **Johannes Brahms** das wundervolle Thema (Choral St. Antoni) zu seinem Orchestervariationen Op 56 entnommen hat.

[22]) (Zu Seite 80.) Ein solcher Versuch ist (1893) von **Robert Hirschfeld** gemacht worden, der das Werkchen in Dresden und Wien zur Aufführung gebracht hat.

[23]) (Zu Seite 82.) „Cantate" hat bei Haydn noch genau denselben Sinn wie bei Carissimi, dem Begründer dieser Kunstform, und bedeutet nichts anderes als Konzertarie.

[24]) (Zu Seite 84.) **Gertrud Elisabeth Mara**, geborene Schmeling, war 1749 in Cassel geboren als Tochter eines armen Musikers, der zunächst ein Wunderkind auf der Violine aus ihr machen wollte. Infolge eines Falles, den sie in früher Jugend tat, blieb sie zeitlebens etwas verwachsen und schwächlich. In London entdeckte man ihr grosses Gesangstalent. Sie wurde bei **Paradisi** ausgebildet und trat 1766 zuerst unter Hiller in Leipzig im „Grossen Konzert" neben der **Corona Schröter** mit Erfolg auf. Sie gehörte dann der Dresdner, und seit 1771 der Berliner Hofoper an. In Berlin heiratete sie den Cellisten Mara, mit dem sie jedoch unglücklich lebte. 1780 entzog sich das Ehepaar dem Engagement durch die Flucht und ging über Wien nach Paris, wo die Mara, wie später auch in Italien, Triumphe feierte. In London errang sie sich ihre Stellung 1784 durch die Mitwirkung bei der Händelfeier und blieb dort bis 1802. Allmählich nahmen dann ihre Stimme und ihre Erfolge ab; durch den Brand in Moskau (1812) all ihrer Habe beraubt, musste sie trotzdem als ältere Frau noch auf Reisen gehen. Schliesslich liess sie sich als Gesanglehrerin in Reval nieder und starb dort in Armut, hochbetagt, im Jahre 1833. (Riemann.)

[25]) (Zu Seite 85.) **Wilhelm Cramer** war 1745 in Mannheim geboren und ging aus der berühmten Kapelle Canabichs hervor. Er war ein bedeutender Violinist und galt als der „feurigste und angenehmste Spieler vom Blatte, den man sich nur denken kann". Um die Leitung der Professional-Konzerte in London her er sich grosse Verdienste erworben. Cramer ebte die letzte Zeit in London und starb dort am 5. Oktober 1799. Sein ältester Sohn Johann Baptist **Cramer**, ein Schüler Clementis, wurde einer der bedeutendsten Pianisten und Klavierlehrer (geb. Mannheim 1771, gest. London 1858). Er ist der Verfasser der berühmten „Etüden". Nicht verwandt mit dieser Familie war Karl Friedrich Cramer (geb Quedlinburg 1752, gest. Paris 1807), der Verfasser einer Geschichte der französischen Musik und des hier öfter erwähnten „Magazins für Musik" (1783—1789).

[26]) (Zu Seite 85.) „Ich verhoffe Sie zu Ende dieses Jahres selbst zu sehen, da ich aber bis jetzt von Herrn Cramer noch keine Antwort erhalten, werde ich mich für diesen Winter nach Neapel engagieren, unterdessen sage ich vielen Dank für das mir offerierte Quartier." (Brief vom 8. April 1781.)

[27]) (Zu Seite 86.) **Salomon** stammte aus Bonn. Das Haus, in dem die Familie Salomon wohnte, Bonngasse No. 515, war dasselbe, in welchem Beethoven am 16. Dezember 1770 geboren wurde. Die Salomons bewohnten den zweiten Stock, und das jung vermählte Ehepaar Beethoven den rückwärtigen Teil des Gebäudes. Beethoven erinnerte sich Salomons sehr gut

aus seiner Kindheit, obgleich seine Familie 1774 aus der Bonngasse wegzog. Salomons Vortrag auf der Violine wurde wegen des etwas freien, aber lebendigen Ausdruckes gerühmt; er galt für einen kenntnisreichen Musiker und vorzüglichen Anführer des Orchesters. (Mag. f. Musik 1783, Berliner Musikzeitung 1793.)

[28]) (Zu Seite 86.) Kurz vor seiner Abreise überreichte Haydn einige neue Kompositionen dem König von Neapel, der es sehr übel aufnahm, dass der Meister nach London ging und nicht, wie er gehofft hatte, an seinen eigenen Hof. Trotzdem versah er Haydn mit Empfehlungen an seinen Gesandten in London und liess ihm noch ein kostbares Andenken nachsenden

[29]) (Zu Seite 87.) Während alle Kunstgenossen, mehr oder minder aufrichtig, Haydn ihre Achtung bewiesen, gefiel sich der alte Giardini darin, seine Missgunst offen auszusprechen. Mit den Worten „Ich mag den deutschen Hund nicht kennen lernen" soll er einen Annäherungsversuch Haydns abgeschlagen haben. Giardini war einst als Violinvirtuose gefeiert worden, seit langem aber sehr heruntergekommen. Haydn wohnte seinem Abschiedskonzerte bei und notierte sich ins Tagebuch: „G. spielte wie ein Schwein".

[30]) (Zu Seite 91.) Haydn dirigierte 26 Konzerte beim Prinzen von Wales. Da er nie eine Entschädigung erhielt, schickte er, als die Schuldenangelegenheit des Prinzen geregelt wurde, von Wien aus eine Rechnung über 100 Guineen ein, die auch ohne weiteres berichtigt wurde.

[31]) (Zu Seite 95.) Als Haydn nach Oxfort kam, brachte er auch eine neue Symphonie mit, um sie in den Festkonzerten aufzuführen. Da aber durch sein verspätetes Eintreffen keine Zeit mehr zum Einstudieren blieb, wählte er eine schon gespielte, die seitdem unter dem Namen der „Oxford-Symphonie" bekannt ist. Später fügte Haydn der Partitur Trompeten und Pauken bei.

[32]) (Zu Seite 95.) Mitgeteilt in Pohl: Mozart & Haydn in London. Bd. II.

[33]) (Zu Seite 97.) Haydns Haus befindet sich in der freundlichen und sehr ruhig gelegenen, nun nach ihm benannten „Haydn-Gasse". In dem freundlichen Gärtchen, in dem Haydns Blick vom Arbeitszimmer (jenem äusserst bescheidenen Dachstübchen im Hofe, rechts vom Eingang) wohl oft geruht haben mag, ist von dem Eigentümer des Hauses auf einem Postament Haydns Büste aus Sandstein aufgestellt. Den Eingang des Hauses ziert seit dem Jahre 1840 eine Marmorplatte mit der Aufschrift: „Zum Haydn". (Pohl.)

[34]) (Zu Seite 100.) Es war vermutlich sein zweites Klavierkonzert (in B.), das Beethoven in jener denkwürdigen Akademie zum ersten Male gespielt hat.

[35]) (Zu Seite 103.) Der Kaiserliche Bibliotheksdirektor van Swieten war Sekretär einer Adelsgesellschaft, der die musikliebenden Familien der Esterházy, Lobkowitz, Kinsky, Lichnowsky, Schwarzenburg, Auersperg u. s. w. angehörten. Seit Jahren pflegte man im Bibliothekssaale der Kaiserlichen Burg in diesen Kreisen grössere Gesangswerke aufzuführen. Händel war der bevorzugte Liebling; für diese Konzerte hatte Mozart „Acis und Galathea", die „Cäcilienode", das „Alexanderfest" und den „Messias" bearbeitet.

[36]) (Zu Seite 108.) Emilio del Cavalieri, aus Rom gebürtig, lebte unter den Medici in Florenz, wo er gegen 1600 gestorben ist. Er war Mitbegründer des „stilo rappresentativo", der den Gegensatz zum „stilo osservato" (Kontrapunkt) bildete. Seine „Rappresentazione di anima e di corpo" gilt als erstes Oratorium.

[37]) (Zu Seite 108.) Giovanni Carissimi (geb. 1604 in Marino, gest. 1674 in Rom), der Schöpfer der Kammerkantate (siehe Anmerkung 23), vervollkommnete das Rezitativ, gab der Instrumentalbegleitung mehr Reiz und Abwechselung und trug wesentlich zur Ausbildung des Oratorienstils bei.

[38]) (Zu Seite 110.) Es war dasselbe Palais Schwarzenberg, in dem später Beethovens Septett zum erstenmal zu Gehör gebracht wurde.

[39]) (Zu Seite 110.) Das Porto der Partitur nach England kostete damals nicht weniger als 30 Pfd. 16 Schilling.

[40]) (Zu Seite 117.) Georg Friedrich Telemann wurde 1681 in Magdeburg geboren. Von 1721—1767 war er an der ersten deutschen Oper in Hamburg tätig, für die er eine ausserordentlich fruchtbare Tätigkeit entfaltete und mit deren Geschichte sein Name eng verknüpft ist.

⁴¹) (Zu Seite 117.) Vergl. S. Kuhač „Juzno-slovjenske narodne popievke" (Agram, 1880) und Hugo Conrat im 1. Januarheft 1905 der Zeitschrift „Die Musik" (Berlin, Schuster und Löffler).

⁴²) (Zu Seite 118.) Am 2. Mai 1787 schrieb Haydn an Artaria: „Sie werden mit nächstem erfahren von einem Present, welches ich ganz unverhofft von sehr grossen überkommen habe." Es war ein Brillantring (im Werte von 300 Dukaten), den er vom König von Preussen erhalten hatte. Haydn hatte eine grosse Freude an diesem Ringe und soll ihn bei besonderen Anlässen während der Arbeit am Finger getragen haben.

⁴³) (Zu Seite 119.) Abbé Vogler zählte in Darmstadt ausser Weber, auch Meyerbeer und Gänsbacher zu seinen Schülern

⁴⁴) (Zu Seite 119.) „Erinnerungen eines weimarischen Veteranen aus dem geselligen, litterarischen und Theater-Leben" Leipzig, 1856.

⁴⁵) (Zu Seite 121.) Von jeher haben Haydns Kompositionen gerade auf die grossen italienischen Meister eine starke Wirkung ausgeübt. Es ist bekannt, dass, wie Cherubini, auch Rossini und Verdi ihnen die grösste Verehrung entgegenbrachten. Der Zufall wollte, dass es gerade eine Aufführung der „Schöpfung" war, bei der sowohl Rossini wie Verdi Triumphe als Dirigenten in Italien gefeiert haben. Dass Rossini auch mit Haydns Instrumentalmusik vertraut war, zeigt sein „Barbier", der in der Introduktion des I. Aktes bei der Stelle „piano, pianissimo, senza parlar" ein Motiv aus der Oxford-Symphonie (erster Satz, zweites Thema) bringt.

ANHANG II.

A. Taufe Joseph Haydns:

	Infantes	Parentes	Patrini.	Baptizans	Locus
Dies et Mens.	Franciscus Josephus	Mathias Haiden bürgl. Wagnerm	Chr. Josephus Hoffmann, Herr-	ego supra	Rohrau
1. Aprilis.	fil. legit.	zu Rohrau.	schaftl Bestand-		
1732.		Und Anna Maria	Müller zu Gerhaus		
		uxor ejus	et Catarina.		
			Dña uxor ej.		

(Taufender Priester): Andrea Julio Selescaviz p. t. Parochiae Provisore et Administratore zu Rohrau. (Pfarr-Reg. Rohrau.)

B. Trauschein Haydns.

1760, 26. Novembris cop. sunt: Der Hochgeerthe Hr. Joseph Hayden, Music-Director bey titl. Hrn. Grafen v. Marzin, ledig, von Rohrau bey Brugg gebürtig, des Herrn Mathias Heyden, eines Wagnermeisters, und Anna Maria ux. sel. Ehel. Tochter (sic!). Mit der Hochgeehrt- und tugendreichen Jgfr. Maria Anna Kellerin, allhier gebürtig, des Hrn Johann Peter Keller, Hofbefreyten Deruqueenmachers, und Elisabetha ux. Ehel. Tochter: Testes: Hr. Carl Schuncko, bürgl. Steinmetzmeister allhier und Hr. Anton Buchholtz bürgerl. Markt-Richter.

Dispensati in tribus denuntiationibus Authoritate Ordinaria, deposito utrinque Libertatis juramento. (Pfarr-Reg. St. Stephan, Wien.)

C. Autobiographische Skizze v. Joseph Haydn.

Mademoiselle!

Sie werden es mir nicht für übel nehmen, wan ich Ihnen ein allerhand Mischmasch ob dem abverlangten einhändige: solche Sachen ordentlich zu beschreiben, fordert Zeit, diese habe ich nicht, derenthalben getraute ich mich nicht an Mons. Zoller selbst zu schreiben, bitte derohalben um Vergebung: ich übersende nur einen rohen Aufsatz, dan weder stolz noch Ruhm sondern die allzugrosse Güte und überzeugende Zufriedenheit einer so gelehrten Nationalgesellschaft über meine bisherigen Werke veranlasset mich dero begehren zu willfahren.

Ich wurde gebohren Anno 1733 den letzten Mertz in dem Marktfleck Rohrau in Unterösterreich bei Prugg an der leythä. Mein Sel. Vatter ware seiner Profession ein Wagner und Unterthan des Grafen Harrachs, ein von Natur aus grosser Liebhaber der Musik. Er spielte ohne eine Note zu kennen die Harpfe, und ich als ein Knabe von 5 Jahren sang ihm alle seine simple kurze Stücke ordentlich nach, dieses verleitet meinen Vatter mich nach Haimburg zu dem Schul Rector meinen Anverwandten zu geben, um allda die musikalischen Anfangs Gründe sammt anderen jugentlichen Nothwendigkeiten zu erlehrnen. Gott der Allmächtige (welchem ich alleinig so unermessene Gnade zu danken) gab mir besonders in der Musik so viele Leichtigkeit indem ich schon in meinem 6. Jahr ganz dreist einige Messen auf dem Chor herabsang, auch etwas auf dem Klavier und Violin spielte.

in dem 7. Jahre meines alters hörte der Sel. Herr Kapell Meister von Reutter in einer Durchreise durch Haimburg von ungefähr meine angenehme doch schwache Stimme, Er nahme mich alsogleich zu sich in das Kapell Hauss, allwo ich nebst dem Studiren die singkunst, das Clavier und die Violin von sehr guten Meistern erlehrnte. ich sang allda sowohl bei St. Stephan als bei Hof mit grossem Beifall bis in das 18. Jahr meines Alters den Sopran. Da ich endlich meine Stimme verlohr, musste ich mich in unterrichtung der Jugend ganzer acht Jahr kummerhaft herumschleppen (durch dieses Elende Brod gehen viele Genie zu Grund, da ihnen die Zeit zum Studiren mangelt), die Erfahrung traffe mich selbst, ich würde das wenige nie erworben haben, wann ich meinen Kompositions Eyfer nicht in der Nacht fortgesetzt hätte, ich schriebe fleissig, doch nicht ganz gegründet, bis ich endlich die Gnade von dem berühmten Herrn Porpora (so dazumal in Wien ware) die ächten Fundamente der setzkunst zu erlehrnen: endlich wurde ich durch Recomendation des seligen Herrn von Fürnberg (von welchem ich besondere Gnade genosse) bei Herrn Grafen von Morzin als Directeur, von da aus als Kapellmeister bei Sr. Durchl. den Fürsten [Esterhazy] an und aufgenommen, allwo ich zu leben und zu sterben mir wünsche.

Unter andern meinen Werken haben folgende den meisten Beifall erhalten: Die Opera: „Le Peschatrici". — „L'incontro improviso", welche in Gegenwart Ihro k. k. Majestät ist aufgeführt worden. — „L'infedeltà delusa". — Das Oratorium: „Il ritorno di Tobia" in Wien aufgeführt.

Das „Stabat Mater", über welches ich von einem guten Freund die Handschrift unsers grossen Tonkünstlers Hasse mit unverdienten Lobsprüchen erhalten. Eben diese Handschrift werde ich zeit Lebens wie Gold aufbehalten nicht des Inhalts sondern eines so würdigen Mannes wegen.

In dem Kammerstyl habe ich ausser den Berlinern fast allen Nationen zu gefallen das Glück gehabt, dieses bezeugen die öffentlichen Blätter, und die an mich ergangenen Zuschriften! mich wundert nur, dass die sonst so vernünftigen Herrn Berliner in ihrer Kritik über meine Stücke kein Medium haben, da sie mich in Einer Wochenschrift bis an die Sterne erheben, in der andern 60 Klafter tief in die Erde schlagen, und dieses ohne gegründeten warum: ich weiss es wohl; weil sie ein und andere meiner Stücke zu produciren nicht im stande, solche wahrhaft einzusehen aus eigenlieb sich nicht die Mühe geben, und anderer Ursachen mehr, welche ich mit der Hülf Gottes zu seiner Zeit beantworten werde: Herr Kapellmeister von Dittersdorf aus Schlesien schrieb mir unlängst mit Bitte mich über ihr hartes Verfahren zu rechtfertigen, ich antwortete aber demselben, dass eine Schwalbe keinen Sommer mache, vielleicht wird denenselben von unpartheyschen der Mund mit nächstens so gestopft, als es ihnen schon einmal wegen der Monotonie ergangen. Ueber alles das aber bemühen sich äusserst alle meine Werke zu bekommen, ein welches mich der k. k Gesandte zu Berlin Herr van Baron Switen diesen verflossenen Winter, als derselbe in Wien ware, versicherte! genug hievon

Liebe Mademoiselle Leonore! Sie werden also die Güte haben, dem Mons. Zoller nebst höfliche Empfehlung gegenwärtiges Schreiben seinem einsichtsvollen Gutachten überlassen: mein grösster Ehrgeiz bestehet nur darin, vor aller Welt, so wie ich es bin, als ein rechtschaffener Mann angesehen zu werden.

Alle Lobes Erhebungen widme ich Gott dem Allmächtigen, welchem alleinig für solche zu danken habe: mein Wunsch sey nur dieser, weder meinen Nächsten, noch meinem gnädigsten Fürsten, viel weniger barmherzigen Gott zu beleidigen:

übrigens verbleibe mit aller Hochachtung Mademoiselle

Dero aufrichtigster Freund und Diener

Josephus Haydn.

D. Jos. Haydn Anstellungsdecret als fürstl. Esterházy'scher Vice-Capellmeister.

Convention und Verhaltungs-Norma des Vice-Capel-Meisters.

Heute Endes angesetzten Tag, und Jahr ist der in Oesterreich zu Rohrau gebürtige Joseph Heyden bey Ihro Durchlaucht Herrn Paul Anton des Herzl Röm. Reichs Fürsten zu Eszterházy, und Galantha etc. etc. als ein Vice-Capel-Meister in die Dienste an- und aufgenommen worden, dergestalten das weilen

1 mo. Zu Eysenstadt ein Capel-Meister nahmens Gregorius Werner schon lange Jahr hindurch dem hochfürstl. Hause, Treu, emsige Dienste geleistet, nunmehro aber seines hohen Alters, und daraus öfters entstehender unpässlichkeit halber, seiner Dienst-schuldigkeit nachzukommen nicht allerdings im stande ist, so wird er Gregorius Werner, danach in Ansehung seiner langjährigen Diensten ferners, als Ober-Capel-Meister verbleiben, er Joseph Heyden hingegen, als Vice-Capel-Meister zu Eisenstadt in der Chor-Musique Ihme Gregorio Werner qua Ober-Capel-Meistern subordiniret seyn, und von ihme dependiren. In allandern Begebenheiten aber, wo eine Musique immer gemacht werden solle, wird alles, was zur Musique gehörig ist, in genere und specie an ihn Vice-Capel-Meister angewiesen. sofort.

2 do. Wird er Joseph Heyden als ein Haus-Officier angesehen, und gehalten werden Darum hegen Sr. Hochfürstl. Durchlaucht zu ihme das gnädige vertrauen, das er sich also, wie es einem Ehrliebenden Haus-Officier bei einer fürstlichen Hoff-stadt wohl ansthet, nüchtern, und mit denen nachgesetzten Musicis nicht Brutal, sondern mit glimpf und arth bescheiden, ruhig, ehrlich, aufzuführen wissen wird, haubt-sächlich, wann vor der Hohen Herrschaft eine Musique gemacht wird, solle er Vice-Capel-Meister samt denen subordinirten allezeit in Uniform und nicht nur er Joseph Heyden selbst sauber erscheinen, sondern auch alle andere von ihm Dependirende dahin anhalten, dass sie der ihnen hinausgegebenen Instruction zufolge, in weissen Strümpfen, weisser Wäsche, eingepudert und entweder in Zopf, oder Har-Beutel, Jedoch durchans gleich sich sehen lassen. Derohalben

3 tio. Sind an ihne Vice-Capel-Meister die andern Musici angewiesen worden, folglich wird er sich um so viel exemplarischer Conduitiziren, damit die Subordinirten von seinen guten eigenschaften sich ein beyspiel nehmen können, mit hin wird er Joseph Heyden all besondere Familiarität, gemeinschafft in essen, drinken, und andern umgang vermeiden, um den ihme gebührenden Respect nicht zu vergeben, sondern aufrecht zu erhalten, auch die Subordinirten zu schuldiger parition desto leichter zu vermögen, je unangenehmer die daraus entstehen könnende Folgerungen, müssverständnüss und uneinigkeiten der Herrschafft seyn dörfften.

4 to. Auf allmaligen Befehl Sr. Hochfürstl. Durchlaucht solle er Vice-Capel-Meister verbunden seyn, solche Musicalien zu componiren, was vor eine Hochdieselbe verlangen werden, sothanne neue Composition mit niemanden zu comuniciren, viel weniger abschreiben zu lassen, sondern für Ihro Durchlaucht eintzig, und allein vorzubehalten, vorzüglich ohne vorwissen, und gnädiger erlaubnuss für niemand andern nicht zu componiren.

5 to. Wird er Joseph Heyden alltäglich [:es seye demnach dahier zu Wienn, oder auf denen Herrschaften:] vor und nach-Mittag in der Antichambre erscheinen, und sich melden lassen, alda die Hochfürstl. Ordre ob eine Musique seyn solle? Abwarthen, alsdann aber nach erhaltenem Betehl, solchen denen Andern Musicis zu wissen machen, und nicht nur selbst zu bestimmter Zeit sich accurate einfinden, sondern auch die andern dahin ernstlich anhalten, die aber zur Musique entweder späth kommen, oder gar ausbleiben, specifice annotiren. Wann demnach

6 to. Zwischen ihnen Musicis wider alles besseres verhoffen, uneinigkeiten, disput, oder einige Beschwerden wider den andern sich äusserten, wird er Vice-Capel-Meister trachten, nach gestalt der umständen dieselbigen auszumachen, damit der hohen Herrschaft mit Jeder Kleinigkeit und Bagatelle-sache, keine ungelegenheit verursachet werde, sollte aber etwas wichtigeres vorfallen, welches er Joseph Heyden von sich selbsten ausgleichen, oder vermitteln nicht könnte, sothannes muss Ihro Hochfürstl. Durchlaucht gehorsamst einberichtet werden.

7 mo. Solle er Vice-Capel-Meister auf alle Musikalien, und Musicalische Instrumenten allmöglichen Fleiss, und genaue Absicht tragen, damit diese aus unachtsamkeit, oder nachlässigkeit nicht vertorben, und unbrauchbar werden, auch für solche repondiren.

8 vo. Wird er Joseph Heyden gehalten seyn, die Sängerinnen zu instruiren, damit sie das Jenige, was sie in Wienn mit vieller mühe und speesen von vornehmen Meistern erlernet haben, auf dem Land nicht abermal vergessen, und weillen er Vice-Capel-Meister in unterschiedlichen Instrumenten erfahren ist, so wird er auch in all-jenen, deren er kundig ist, sich brauchen lassen.

9 mo. Wird ihme Vice-Capel-Meister hiemit eine Abschrift von der Convention und verhaltungs-Norma deren ihme Subordinirten Musiquanten hin ausgegeben, das er dieselben nach dieser Vorschrift zu ihrer Dienst-Leistung anzuhalten wissen möge. übrigens

10 mo. Wie man all-seine schuldige Dienste zu Papier zu setzen um so weniger nöthig erachtet, als die durchlauchtigste Herrschaft ohne deme gnädigst hoffet, dass er Joseph Heyden in allen vorfallenheiten, aus eigenem Trieb nicht nur oberwehnte Dienste, sondern auch all-andere Befehle, der er von Hoher Herrschaft, nach bewandtnus der sachen künfftig bekommen sollte, auf das Genaueste beobachten, auch die Musique auf solchen Fuss setzen, und in so gutter Ordnung erhalten wird, dass er sich eine Ehre, und andurch der fernneren fürstlichen Gnaden würdig mache, also lasset man auch jene seiner geschücklichkeit, und Eyfer über.

In solcher Zuversicht

11 n.o. Werden ihme Vice-Capel-Meister alle Jahr 400 Fl. Rhein. von der Hohen Herrschaft hiemit accordirt, und beym Ober-Einnehmer-Amt angewiesen Quartal-weise zu empfangen über di.s

12 mo. Auf denen Herrschaften solle er Joseph Heyden den Officier-Tisch, oder Ein halben Gulden des Tags kost-geld haben. Endlich

13 mo. Ist diese Konvention mit ihme Vice-Capel-Meister vom 1. May 1761 an, wenigstens auf drey Jahre lang beschlossen worden, solcher gestalten, das wann er Joseph Heyden nach vollgestreckter Frist, dreyen Jahren, sein Glück weiters machen wollte seine diesfällige Intention ein halbes Jahr voraus, das ist anfangs des dritten halben Jahrs, der Herrschaft kund zu machen schuldig seye. Ingleichen

14 to. Verspricht die Herrschaft ihne Joseph Heyden nicht nur so lang in Diensten zu behalten sondern, wann er eine vollkommene Satisfaction leisten wird, solle er auch die expectanz auf die Ober-Capel-Meisters-stelle haben, widrigenfalls aber ist Hochderselben allezeit frey, ihne auch unter dieser zeit des Dienstes zu entlassen. Urkund dessen sind zwey gleichlauthende exemplaria gefertigt, und ausgewechselt worden.

Gegeben Wienn den 1. May 1761

Ad Mandatum Celsissimi Principis
Johann Stifftel
Secretair.

ANHANG III.

VERZEICHNIS DER WERKE HAYDNS.[*]

A. Instrumentalmusik.

I. Orchesterwerke.

a) Symphonien (siehe Anhang IV).

b) Ouverturen für Orchester.

Ouverture z. Marionettenoper „Philemon u. Baucis". D-moll $^3/_4$.
Ouverture z. Oper „Il mondo della luna". G-moll ₵.
6 Sinfonie a grand orchestra, Op. 35 Wien, Artaria, 1782. 1. L'isola disabitata, G-moll. 2. D-dur. 3. G-dur. 4. La vera costanza, B-dur. 5. C-dur. 6. Il ritorno di Tobia, C-moll.
Ouverture D-dur $^2/_4$. Wien, Hoffmeister, 1783.
Ouverture z. Oper „Orlando Paladino". B-dur ₵.
Ouverture z. Oper „Armida". B-dur ₵.

c) Passionsmusik für Orchester.

Musica instrumentale sopra le 7 ultime parole del nostro Redentore in croce, o siano 7 Sonate con un Introduzione ed al fine un Terremoto p. orch. 1785 f. Cadix comp. Später für Streichquartett und auch als Oratorium bearb.

d) Divertimenti, Cassationen und Serenaden für Orchester oder mehrere Instrumente.

6 Cassationen. E. F. D. Es. G. B. 1765. Mscpt. Leipzig, Breitkopf. No. 5. G $^2/_4$; auch Divert. oder Notturno bez. und als Quartett, Quint. und Sext. exist., die 5 andern auch als Streichquartette.
6 Scherzandi. F. C. D. G. E. A. 1765. Mscpt. Leipzig, Breitkopf. (No. 1 in Partitur bei Reissmann)
8 Divertimenti. Es-dur 4 st. C $^2/_4$. D ₵. („Der verliebte Schulmeister"). B $^2/_4$. D $^2/_4$. C $^2/_4$. F $^3/_8$. 6 st.
6 Divertimenti f. Blas- und Streichinstr. Raccolta 1. Mscpt. Breitkopf 1767. F. F. Es. D. C. („Mann und Weib" oder „Der Geburtstag") G.
Divertimento Es-dur f. 4 Viol. und 2 Vcelli. Breitkopf 1767.
Divertimento Es-dur f. Horn, Violl. und Vcel. 1767 comp.

---

[*] Nach La Mara und Pohl.

9 Cassations p. div. instr. 1768. Mscpt. Leipzig, Breitkopf. C. G. G. F. G. G. C. F. F.
3 Divertimenti. A. G. C. 1768. Mcpt. Breitkopf.
Concertino F-dur f. 2 Hörner, 2 Viol., Alt und Bass. 1768. Ebd.
Serenade D-dur f. 2 Hörner, 2 Flöten, 2 Viol., Alt und Bass. Mscpt. 1768. Ebd.
Divertimento D-dur f. conc. Viol., obl. Vcell. etc. 1773. Mscpt. Ebd.
Divertimento D-dur f. 2 Streich- und Blasinstr. 1774. Ebd.
6 Divertimenti f. 8 conc. Stimm. (Blas- und Streichinstr.) Op. 31. Wien 1781. G. A-moll. G. D. G. D.
6 Divertimenti p. instr. à vent. 1782—84. Bscpt. Breitkopf. B. B. Es. F. B. F.
Sextuor Es-dur f. Streich- und Blasinstr. 1782—84. Paris.
7 Notturni f. 2 Leiern und begl. Instr. (für den König v. Neapel). 1790. C. F. G. F. C. G. C.
Concertino f. Streich- und Blasinstr. (Symph. concert) Paris, Boyer. 1791.
12 Divertimenti f 2 Baryton und Bass. Autogr. Eisenstadt.
6 Serenaden f. Bar., Viol., Br. und Cello.
5 Serenaden f. Bar. und andere Instr.
3 Serenaden f. Bar., 2 Viol., Br. und Bass.
Serenade f. Bar., 2 Viol., Br., Bass, Ob und Horn.

e) Concerte für verschiedene Instrumente.

Concerte f. f. Viol. m. Streichinstr. Mscpt. Leipzig, Breitkopf. C-dur $^2/_4$ und G-dur C. 1769.
    F-dur $^2/_4$. B-dur C. G-dur C. C-dur $^2/_4$ (verloren). D-dur C (verloren). A-dur C (verloren).
Concerte f. Violoncell. Mscpt. Breitkopf. A-dur 1771. D-dur 1772. G-moll 1773. D-dur.
    Op. 101. Offenbach, André. C-dur C. C-dur C.
Concert D-dur f. Contrabass.
Concerte f. Flöte. D-dur C. Mscpt. Leipzig, Breitkopf. 1771. D-dur $^2/_4$. (Haydns Catalog.)
Concerte f. Horn. D-dur C. Mscpt. Breitkopf. D-dur $^3/_4$. (Haydns Catalog.)
Concert f. 2 Hörner. Es-dur. (Haydns Catalog.)
Concert f. Clavier. Es-dur.
5 Concerte f. Leier (f. den König v. Neapel). 1786. C. G. G. F. F.
8 Concerte f. Baryton m. zwei Viol. und Bass.

f) Märsche und Tänze.

16 Minuetti. 1767. Mscpt. Leipzig, Breitkopf.
17 deutsche Tänze f. Streich- und Blasinstr. Mscpt. Ebd.
Sammlung neuer Tanz-Menuetten f. versch. Instr. Wien, Artaria 1784.
12 Menuets und 6 Allemandes. 1785. Wien, Toricella.
12 Menuette m. Trios f. d. Redoutenbälle. 1790.
2 Märsche (F. und C.). Leipzig, Kühnel.
Hungar. Nationalmarsch f. Blasinstr. 1802.

II. Kammermusik.

a) Streichquartette.

Op. 1. 6 Quatuors dialogués. (B. Es. D. G. B. C.) Paris, La Chevardière. 1764. Leipzig.
    Peters, No. 52—57.
Op. 2. 6 Quatuors. (A. E. Es. F. D. B.) Paris, Vénier. Peters, No. 58—63.
Op. 3. 6 Quatuors dialogués. (E. C. G. B. F. A.) Paris, Leduc. 1769. Peters, No. 64—69.
Op. 9. 6 Quatuors. (C. Es. G. Dm. B. A.) Paris, Peters, No. 7—9, 16—18.
Op. 17. 6 Quatuors. (C. F. Fs. Cm. G. D.) Paris. 1788. Peters, No. 1—6.
Op. 20. 6 Quatuors. (Es. C. Gm. D. Fm. A.) Paris, Peters, No. 43—48.
Op. 33. 6 Quatuors (H-moll. Es. C. B. G. D.) Grossfürst Paul gew. Wien, Artaria. Peters, No. 70—75.
Op. 42. Quartett D-moll. Peters No. 15.
Op. 50. 6 Quart. (B. C. Es. Fis-moll, F. D.) Dem König v. Preussen gew. Wien, Artaria.
    1787. Peters, No. 10—12, 25—27.

Op. 54. 3 Quatuors. (G. C. E.) Paris, Wien, Magaz. de musique, Peters No. 19-21.
Op. 55. 3 Quatuors. (A. F-moll. B.) Paris, Wien, Peters, No. 12-24.
Op. 64. 6 Quatuors. (C. H-moll. R. G. D. Es.) Paris, Wien, Peters, No. 31-36.
Op. 71. 3 Quatuors. (B. D. Es.) Paris, Pleyel. 1796. Peters, No. 37—39.
Op. 74. 3 Quatuors. (C. F. G-moll.) Paris, Pleyel. 1797. Peters, No. 28—30.
Op. 76. 6 Quatuors. (G. D-moll. C [Kaiserquartett]. B. D. Es.) Paris, Peters, No. 40—42, 49—51.
Op. 77. 2 Quatuors. (G. F.) Paris, Pleyel. Breitkopf & Härtel. Peters, No. 13 u. 14.
Op. 103. Dernier Quatuor. (B-dur. „Hin ist alle meine Kraft.") Leipzig, Breitkopf & Härtel. 1806. Peters, No. 83.
Serenade für Baryton, Viol., Br. und Vcell.

b) Streichquintette.

6 Quintette. Op. 22. Paris.
Quintett (Concert). Op. 88. C-dur $^3/_8$ f. 2 Viol., 2 Br. und Vcell. Offenbach, André.

c) Streichtrios.

6 Trios f. 2 Viol. mit Bass. 1766. Mscpt. Breitkopf. G $^2/_4$. C $^2/_4$. B C. E $^3/_4$. D $^3/_4$. Es C
6 Trios. 1767. Mscpt. Ebd. E $^2/_4$. F $^6/_8$. D $^2/_4$. Es $^2/_4$. F $^3/_4$. E $^3/_4$.
2 Trios mit Variat. D. b. 1767. Mscpt. Ebd.
2 [6] Trios à l'usage des commençans. Bonn (Simrock). A C. Es C.
[6] Trios. Op. 8. Amsterdam, Hummel. G C. A C.
6 Trios f. Viol., Viola, Bass. 1772. Mscpt. Leipzig, Breitkopf. D $^2/_4$. A $^3/_4$. C $^2/_4$. A C. D C. G $^2/_4$
5 Trios (Haydns Catalog). H C. Es $^6/_8$. Es $^3/_4$. B $^6/_8$. H-moll $^3/_4$.
6. Trios. Mscpt. Breitkopf. A C. D $^2/_4$. D C. A $^3/_4$. C $^3/_4$. A $^3/_4$.
cr. 125 Divertissements (Trios) f. Baryton, Br. und Vcell.

d) Quartette und Trios für Blas- und Streichinstrumente.

4 [6] Quadri f. Flöte, Viol., Alt u. B. 1770. Op. 5. Amsterdam. D. G. D. D.
6 Trios f. Flöte, Viol. und Bass. D. C. D. F. C. D. Op. 11. Amsterdam 1772.
3 Trios f. 2 Flöten und Vcell. C. G. G.
3 Trios f. Flöte, Viol. und Bass. D. D. D. Mscpt. Breitkopf.
3 Trios f. Clar., Viol. und Bass. F. C. F. Mscpt. Ebd.
6 Quatuors av. Flûte. Op. 16. Paris.
6 Quatuors concert av. Flûte. (No. 6 m. Pfte. oder Harf.) Paris.
Serenade (Trio) f. Baryton, Flöte und Horn.

e) Sonaten und Duos.

12 Sonaten f. Baryton m. Begleitung des Vcell.
6 Duos f. 2 Baryton.
Arioso m. Variat. (C-dur) f. Viol. m. Bass. 1768. Mscpt. Breitkopf.
6 Duos f. 2 Viol. G. A. B. D. Es. F. 1769. Berlin, Hummel, Op. 6.
6 Violinsoli (Sonaten) m. Viola. G. A. Es. D. B. Wien, Artaria.

III. Pianofortemusik.

a) Concerte mit Orchester.

2 Concerte. C $^2/_4$. C C. mit Streichinstr. 1763. Mscpt. Breitkopf.
3 Concerte. F $^2/_4$. F $^2/_4$. m. Streichinstr. C C. m. Tromp. und Pauken ad lib. 1766. Mscpt. Ebd.
2 Concerte. D C. G $^2/_4$. m. Streichinstr. 1767. Mscpt. Ebd.
3 Concerte. C. $^3/_4$. C C. F C. m. Streichinstr. No. 3 m. Hörn. ad lib. 1771. Mscpt. Ebd.
Concert F C. 1771. Paris, Leduc.

Concert C ℂ. m. 2 Viol. und Bass. 1782. Mscpt. Breitkopf.
2 Concerte. D ℂ. G. ℂ. 1782—84. No. 1, Wien, Artaria. No. 2, Berlin, Hummel.

b) Divertimenti etc. für Pianoforte mit anderen Instrumenten.

Divertimento C $2/4$ m. 2 Viol. und Bass. Autogr. 1764. Mscpt. 1773, Breitkopf.
4 Terzetti. F. G-moll. C. Es. mit Viol. und Bass. No. 4. mit Hörnern. 1766. Ebd.
Terzett B ℂ. 1769. Verloren.
3 Divertimenti. D $3/4$. A$3/4$. E $2/4$. m. Viol. und Bass. 1771.
Divertimento C ℂ. m. 2 Viol. und Bass 1772. Mscpt. Breitkopf.
Partita Es m. Violinsolo und Bass. 1774. Mscpt. Ebd. Verloren.
Divertimento C $2/4$ m. 2 Viol. und Bass. Eisenstadt.
3 Divertimenti. C $2/4$. C $2/4$. F ℂ. m. 2 Viol. und Vcell. Ebd.
2 Quartette. C ℂ. C $2/4$. m. 2 Viol. und Vcell. Mscpt. Breitkopf.
Trio Es ℂ. m. 2 Hörnern. Mscpt. Ebd.
Divertimento F $3/4$. m. Viol. und Vcell. Mscpt. Ebd.
2 Divertimenti. G $2/4$. B ℂ. m. Viol. und Vcell. Mscpt. Ebd.
Divertimento B ℂ. m. Viol. Mscpt. Ebd.
Divertimento Es ℂ. m. Viol., 2 Hörnern und Bass. (Haydns Catal.)

c) Trios für Pianoforte mit Violine und Violoncello.

31 Trios. Leipzig, Breitkopf & Härtel (F. David).

1. G-dur, Op. 75. Artaria.
2. Fis-moll, Op. 75 „
3. C-dur, Op. 78. „
4. E-dur, Op. 78. „
5. Es-dur, Op. 78. „
6. D-dur, Op. 75. „
7. A-dur, Op. 71. „
8. C-moll, Op. 57. Artaria.
9. A-dur, Op. 67. „
10. E-moll, Op. 57. „
11. Es-dur, Op. 57. „
12. Es-dur, Op. 88. Br. u. H.
13. B-dur, Op. 71. Artaria.
14. G-moll, Op. 71. „
15. Es-moll.
16. G-moll.

17. Es-dur, Op. 80.
18. C-dur, Op. 72. Artaria.
19. D-moll, Op. 72. „
20. Es-dur, Op. 72. „
21. D-dur, Op. 54. „
22. B-dur, Op. 54. „
23. F-dur, Op. 54 „
24. As-dur, Op. 61. Sieber.
25. F-dur, ursprünglich f. Baryton.
26. C-dur, Op. 40. Artaria.
27. F-dur, Op. 40. „
28. G-dur, Op. 40. „
29. F-dur, Op. 68. „ ⎫
30. D-dur, Op. 63. „ ⎬ ad. lib. m. Fl.
31. G-dur, Op. 62. „ ⎭

Ausserdem noch in Breitkopf's Verzeichnis angeführt:

F-dur $3/4$. Mscpt.
C-dur ℂ. „
B-dur ℂ. „
D-dur $3/4$. „
E-dur $2/4$. „

A-dur $3/4$. Mscpt.
G-dur $3/4$. „
D-dur $3/4$. Oeuvr. Cah. 10, 6.
Es-dur ℂ. „ „ „ 7.
A-dur ℂ. „ „ „ 8.

d) Duos (Sonaten) für Pianoforte und Violine.

8 Sonaten. Leipzig, Breitkopf & Härtel.

1. G-dur Op. 70. Artaria.
2. D-dur, Op. 89. Cappi.
3. Es-dur, Op. 89. „
4. A-dur, Op. 89. „

5. G-dur, Op. 41. André.
6. C-dur, Op. 41. „
7. F-dur, Op. 90.
8. G-dur. Op. 90 m. Flöte oder Viol.

e) Für Pianoforte allein.

34 Sonaten. Leipzig, Breitkopf & Härtel.

1. Es-dur, Op. 82.
2. E-moll, Op. 42.
3. Es-dur, Op. 66.
4. G-moll, Op. 54.
5. C-dur, Op. 30.
6. Cis-moll, Op. 30.
7. D-dur, Op. 30.
8. Es-dur, Op. 30.
9. Es-dur, Op. 54.
10. As-dur, Op. 54.
11. D-dur.
12. B-dur.
13. G-dur, Op. 23.
14. B-dur, Op. 23.
15. D-dur, Op. 23.
16. C-dur, Op. 89.
17. F-dur.
18. G-dur, Op. 30.
19. C-moll, Op. 30.
20. D-dur.
21. G-dur.
22. D-dur.
23. G-dur, Op. 14.
24. Es-dur, Op. 14.
25. F-dur, Op. 14.
26. A-dur, Op. 14.
27. E-dur, Op. 14.
28. H-moll, Op. 14.
29. C-dur, Op. 13.
30. E-dur, Op. 13.
31. F-dur, Op. 13.
32. D-dur, Op. 93.
33. A-dur.
34. E-dur. Von Haydn nicht anerkannt.

Ausserdem in Breitkopf's Verzeichnis genannt:

C-dur $^2/_4$. Mscpt.
G-dur $^8/_8$. „
D-dur $^8/_4$. gest.

Es-dur C. Mscpt.
A-dur. Mscpt.

Divertimento A-dur. 1763. Mscpt. Leipzig, Breitkopf.
5 Soli. G. G. C. F. D. 1766. Mscpt. Ebd. No. 3 verloren.
10 Divertimenti nach Haydn's Cat., 8 davon verloren.
Menuett m. 20 Variat. A-dur. 1771. Mscpt. Ebd.
Menuett (od. Arietta) m. 12 Variat. 1774. Mscpt Ebd. Oeuvr. Cah. XI.
12 Menuette.. 1785. Wien, Artaria.
12 neue deutsche Tänze. 1785. Ebd.
Différ. pet. Pièces, Op. 46. 1785—87 Wien.
Capriccio, G-dur, Op. 43. Wien, Artaria, Breitkopf & Härtel, Oeuvr. Cah. II, 9.
Phantasie, C-dur, Op. 58. Ebd. Breitkopf & Härtel, Oeuvr. Cah. II, 8.
Thema mit 6 Variat. C-dur. Ebd. 1790. Breitkopf & Härtel, Oeuvr. Cah. XI.
Gecueil de 3 pet. pièces fac. Op. 81. Wien, Artaria.
Andante m. Variat. F-moll, Op. 83. Ebd.
6 Rondeaux p. l. Piano.
Air de Marlborough, Air de Lise pénitente et Roxelane av. Var. Speier.
Variationen über „Gott erhalte Franz". Offenbach, André.
2 admired Airs with Var. London, Preston. 1800.
Adagio E-dur. Leipzig, Kühnel.

f) Für vier Hände.

Il maestro e lo scolare. Andante c. Variaz. F-dur 1778. Mscpt. Breitkop f. Gedr. Amsterdam Schmitt.

B. Vocalmusik.

I. Dramatische Werke.

a) Opern.

Der krumme Teufel. Text von Kurz. In Wien aufgef.
La Marchesa Nepola. Eisenstadt. 1762.
La vedova.
Il dottore.
Lo sganarello.
Acide e Galatea, Festa teatrale v. Migliavacca; zur Vermählung des Fürsten Anton Esterházy. 1763 Eisenstadt aufgef.
La canterina, Intermezzo in 2 Act. 1766 comp., 1767 Esterház aufgef.
Lo speziale, Dramma giocoso. 1768, Esterház.
Le pescatrici, Dramma giocoso. 16. September 1770 Esterház aufgef.
L' infedeltà delusa. Burletta per musica in 2 atti. 26. Juli 1773 Esterház aufgef.
L' incontro improvviso, Dramma giocoso. 29. Aug. 1775 Esterház aufgef.
Il mondo della luna, Dramma giocoso in 3 atti. Sommer 1777 Esterház aufgef.
La vera costanza, Dramma giocoso. 1777 für Wien comp., erstmal. 1779 Esterház aufgef. Cl.-Ausz. Wien, Artaria.
L' isola disabitata, Azione teatrale di Metastasio. 6. Dec. 1779 Esterház aufgef.
La fedeltà premiata, Dramma giocoso. 15. Oct. 1780, zur Eröffnung des neuen Schauspielhauses in Esterház aufgef.
Orlando Paladino, Drama eroicomico in 3 atti. 1782 Esterház aufgef.
Armida, Dramma eroico. Febr. 1794 Esterház aufgef.
Orfeo ed Euridice, Opera seria. 1791 London comp. Unvollendet. Part. und Cl.-Ausz. Leipzig, Breitkopf & Härtel. 1806.

b) Deutsche Marionettenopern.

Philemon und Baucis. 1773 Esterház aufgef. beim Besuch der Kaiserin Maria Theresia.
Dido. 1777 in Esterház aufgef.
Genovefen's vierter Theil. 1777 in Esterház aufgef.

c) Schauspiel-Musik.

Musik zu dem Schauspiel „Die Feuersbrunst". 1774.
Musik zu dem Lustspiel „Der Zerstreute". 1776.
Musik zu dem Lustspiel „Die bestrafte Rachgier, oder das abgebrannte Haus".
Musik zu Shakespeare's „Hamlet".
Musik zu Shakespeare's „Lear".
Musik zu Goethe's „Götz v. Berlichingen".

II. Oratorien.

Il ritorno di Tobia. April 1775 in Wien aufgef.
Die 7 Worte des Erlösers am Kreuze. Bearbeitung des gleichnamigen Instrum.-Werks. Leipzig. Breitkopf & Härtel, 1801.
Die Schöpfung. Text v. van Swieten (n. Lindley). Wien 1796—99.
Die Jahreszeiten. Text v. van Swieten (n. Thomson. Wien 1801.

III. Kirchenmusik.

a) Messen.

Messe F-dur, f. 2 concert. Sopr., 4 st. Chor, Streichinstr. und Org. 1750 (?) comp. Part. London, Novello.
Missa: Sunt bona mixta malis, D-moll C, f. 4 St., Orch. und Org. Verloren.
Missa: Rorate coeli. G-dur C. Verl.
Missa solemnis ad honorem Beat. Virg. Mariae. Es-dur (grosse Orgelmesse). 1766.
Missa St. Nicolai. G-dur $6/4$. 1772. Bonn, Simrock.
Missa St. Joannis de Deo. B-dur (kleine Orgelmesse). 1778. London, Novello.
Missa St. Caecilia. C-dur. 1781. Part. Leipzig, Breitkopf & Härtel. No. 5. (Michael Haydn?)
Missa Cellensis. C-dur. Mariazeller Messe. 1782. Part. Ebd. No. 7.
Missa B-dur $8/4$.
Missa C-dur C. In tempore belli.
Missa D-dur $8/4$. Nelson-Messe.
Missa B-dur $8/4$.
Missa B-dur $8/4$.
} Part. Ebd. No. 1, 2, 3, 4, 5, 6.
Missa B-dur C. Theresien-Messe.
Missa A-dur (kleine Messe), handschriftlich im Domarchiv zu Hildesheim.

b) Offertorien, Motetten etc.

Te Deum. C-dur, f. 4 Stimmen. Orch. und Org. 1764 comp.
Salve regina. F-dur, f. concert. Sopr. und Alt m. 2 Viol. und Org. Mscpt. Stift Göttweig seit 1766.
Offertorium St. Joanni de Deo: „Accurrite". Recit. und Duett m. Orch. und Org. Mscpt. Wien, Hofbibliothek.
Offertorium: „Plausus honores", f. 4 st. Chor, concert. Sopr. und Alt m. Orch. und Org. Mscpt. Klosterneuburg.
Applausus, geistl. Festcantate. 1768 comp. Autogr. Wien, Musikvereins-Archiv.
Salve regina. Es-dur, f. 4 Stimmen m. Viol., Bass und Org.
Ave regina. A-dur, f. concert. Sopr. und Chor m. Viol. und Org.
Cantilena pro Adventu, f. Sopransolo m. Orch. und Org.
Aria pro Adventu, f. Sopr. und Alt m. Viol., Bass und Org.
Aria de venerabili: Lauda Sion, f. Altsolo m. Viol., Flöte und Org.
Salve regina (od. Salve redemptor). G-moll, f. 4 Stimmen m. Streichinstr. und Org. 1771 comp. Leipzig, Breitkopf & Härtel.
Stabat mater, f. Soli und 4 st. Chor m. Orch. 1773 comp. Leipzig, Breitkopf & Härtel.
Offertorium: „Audi clamorem". Chor, gleich 2 folg. Chören dem Oratorium. „Ritorno di Tobia" entnommen.
Offertorium: „Insanae et vanae curae" („Des Staubes eitle Sorgen"). Leipzig, Breitkopf & Härtel
Offertorium: „Halleluja".
Motetto de tempore: „Supper flumina". Recit., Arie und Chor m. Orch.
Offertorium: „Animae Deo". Chor m. Orch. und Org.
Regina coeli, f. 2 concert. Sopr. und Chor m. Orch. und Org.
Motetto de tempore: „Salus et gloria". Chor m. Viol., Tromp., Pauk. und Org.
} In den 70er Jahren comp.

Offertorium: „Ad aras convolate". Chor m. Bass, 2 Oboen und Org. 1780 comp.
Hymne: „Ens aeternum". (Walte gnädig), f. Chor m. Orch. 1780 comp.
Offertorium: „Non nobis Domine", f. 4 st. Chor m. Org. oder Pfte. Leipzig, Rieter-Biederm.
Offertorium: „O fons pietatis". f. 4 Stimmen, Orch. und Org. Paris, Porro.
Domine salvum fac, et Vivat in aeternum f. 4 Stimmen m. Org. Ebd.
Ave Maria. Mscpt. Wien, Traeg.
Te Deum. C-dur, f. 4 Stimmen m. Orch. 1800 comp. Paris, Porro.
Te Deum. 1803 comp.

IV. Concert- und Kammermusik.

a) Einstimmiges.

„Ah come il cor mi palpita", Cant. f. Sopr. m. Orch. Wien, Artaria, 1738.
„Or vicina a te", Arie f. Sopr. m. Orch. Part. Wien, 1788.
„Dice benissimo" (Ja in dem Himmel), Arie f. Sopr. m. Pfte. Leipzig, Breitkopf, 1782—84.
„Ah, tu non senti", Arie f. Ten. f. Salieri's „La scuola de gelosi".
Deutschlands Klage auf d. Tod Friedrichs d. Gr.: „Er ist nicht mehr", Sologes. m. Baryton, für Franz comp. 1786. Verloren.
„Un cor si tenero", Arie f. Bass.
„Dica pure", Arie f. Sopr. f. Martin's „Cosa rara".
„Signor, voi sapete", Arie f. Sopr. f. dies. Oper.
„Se tu mi sprezzi", Arie f. Sopr.
„Infelice sventurato", Arie f. Sopr.
„Da che penso", Arie f. Ten. f. Gassmann's „L'onor artigiano".
Arianna a Naxos, Cantate a voce sol. c. cemb. Wien, Artaria, 1792.
Air italien „Cara é vero". Leipzig, Ebd.
Cantate: „Berenice che fai?" m. Pfte. Wien, Mollo.
9 Opernarien m. Pfte. Wien, Artaria. Um 1788.
9 Chansons et Romances av. Pf. Paris, Porro. 1787.
38 Lieder und Gesänge f. 1 St. m. Pfte. Wien, Artaria; Mannheim, Heckel; Leipzig, Breitkopf und Härtel.
> I. 1. Das scherzende Mädchen. 2. Cupido. 3. Der erste Kuss. 4. Eine sehr gewöhnliche Geschichte. 5. Die Verlassene. 6. Der Gleichsinn. 7. An Iris. 8. An Thirsis. 9. Trost unglückl. Liebe. 10. Die Landluft. 11. Liebeslied. 12. Die zu späte Ankunft. II. 13. Warnung an Mädchen. 14. Ernst und Scherz. 15. An die Geliebte. 16. Wünsche der Liebe. 17. Gebet zu Gott. 18. Frohsinn und Liebe. 19. Trauergesang. 20. Zufriedenheit. 21. Das Leben ist ein Traum. 22. Lob der Faulheit. 23. Minna. 24. An meines Vaters Grabe. 25. Das kleine Haus. 26. Antwort auf die Frage. III. 27. Engl. Matrosenlied. 28. Der Umherirrende. 29. Sympathie. 30. Stets barg die Liebe sie. 31. Heller Blick. 32. Genügsamkeit. IV. 33. Die Seejungfer. 34. Rückerinnerung. 35. Schäferlied. 36. Die Verzweiflung. 37. Ermunterung. 38. Die Treue. [12 Canzonetts. London, Corri & Dussek. Sind mit den letzten Liedern identisch.]

Der schlaue Pudel. Gesang m. Pfte. Leipzig, Breitkopf.
Abschiedslied (f. Fr. v. Genzinger): „Nimm dies kleine Angebinde" f. 1 St. m. Pfte.
„Trachten will ich nicht auf Erden", Lied f. 1 St. m. Pfte.
„Beim Schmerz, der dieses Herz", Lied f. 1 St.
„O süsser Ton", f. 1 St. m. Pfte. Leipzig, Breitkopf.
„Der Tausenden so oft", f. 1 und 2 St. m. Pfte. Ebd.
„Der Schwur der Liebenden", m. Pfte. Leipzig, Kühnel.
„Ich bin der Verliebteste", Lied f. 1 St. m. Pfte. Wien.
„Gott erhalte Franz den Kaiser", m. Pfte. Augsburg, Gombart. 1797.

Gesellschaftslied im Kreise der Freunde m. Pfte. Bonn, Simrock. 1797.
Bonaparte, oder die Wanderer in Aegypten, Lied m. Pfte. Leipzig.
A Selection of (365) original scots songs. The harmony by Haydn. Mit Begleit. v. Pfte., Viol. und Vcell. 3 Thle. London, Napier. 1794.
Eine gleiche Sammlung. Edinburg, Thomson.
A select Collection of orig. welsh Airs etc. with accompaniments f. the Pfte. or Harp, Viol. a. Vcello. Composed chiefly by Haydn. 3 Vol. London, Preston. (20 Melod. im 1., 17 im 2., 4 im 3. Bd. sind v. Haydn. Die übrigen v. Beethoven und Kozeluch.)

b) Mehrstimmiges.

Gelegenheits-Cantate f. Namensfest d. Fürsten Esterházy. 1764 comp.
Duett f. Sopr. und Ten.: „Guarda qui" (Blick hierher) m. Pfte. Leipzig, Breitkopf & Härtel.
Duett f. Sopr. und Ten.: „Saper vorrei" (O lass mich) m. Pfte. Ebd.
Duetto dell' opera „La cafettiera". Dresden 1796.
Ode à la paix. Trio de chant av. Piano. Paris, Porro. 1798.
Der Sturm, Chor m. Orch., in London comp. Leipzig, Breitkopf.
13 3- und 4 st. Gesänge m. Pfte. Ebd.
    1. An den Vetter. 2. Beredtsamkeit. 3. Alles hat seine Zeit. 4. Die Harmonie der Ehe. 5. Betrachtung des Todes. 6. Danklied zu Gott. 7. Abendlied zu Gott. 8. Daphne's einziger Fehler. 9. An die Frauen. 10. Der Greis. 11. Der Augenblick. 12. Freund, ich bitte. 13. Wider den Uebermut.
Canon in Umkehrung. Wien 1796.
Die heiligen 10 Gebote als Canons. Wien. Leipzig, Breitkopf & Härtel. 1810.
42 Canons f. 3 und mehrere Singst. Leipzig, Ebd. 1810. (6 davon, mit Klavierbegleitung versehen und herausgegeben von M Friedländer, bei Peters.)
Kriegerischer Chor f. Sopr., Ten. und Bass m. Pfte. (Aus Nachlass.) Ebd.

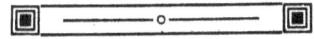

Thematisches Verzeichniss
der 12 in London für die Salomon-Concerte componirten Symphonien Haydns.

ANHANG IV.

Symphonien.

Anmerkung. Wo nichts bemerkt ist (Le Duc, Breitkopf & Härtel, Kistner, Rieter-Biedermann,) handelt es sich um Partitur-Ausgaben. Le Duc (Paris, 1810) André (Offenbach, 1794) und Cianchettini (London, vor 1820) sind nur in Bibliotheken und Privatbesitz, im Handel nicht mehr erhältlich. Die Artaria-Manuskript-Sammlung (Stimmen), von Dr. Prieger erworben, befindet sich auf der königlichen Bibliothek zu Berlin. Zur Vergleichung und Ergänzung ist das Verzeichnis von Alfred Wotquenne (Catalogue de la bibliothèque du Conservatoire Royal de Musique de Bruxelles, 1902, II, 464—84) heranzuziehen. Peters No. 1, 2, 6, 11, 12, 13 auch für 2 Claviere zu 8 Händen. Rieter-Biedermann auch vierhändig (Wüllner).	Breitkopf & Härtel	F. Kistner	Rieter-Biedermann. Partitur	Peters zweihändig	Peters vierhändig	Simrock zweihändig	Bote & Bock Partitur	Bote & Bock vierhändig	Heinrichshofen, vierhändig	Le Duc	Königliche Bibliothek Berlin Manuscript-Partituren u. Stimm.	Sonstige Nachweise.
1. **C-dur** ⁴/₄. Vivace. Comp. 1779. „Laudon"					4	34			34	6	St.	
2. „ ⁴/₄. Larghetto. Comp. 1761. „Le midi" [m. obligat. Viol.].			1								P. St.	
3. „ ²/₄. Allegro vivace. Comp. 1762.												Aut. b. Artaria.
4. „ ⁴/₄. Allegro.												Artaria No. 5.
5. „ ⁴/₄. Grave. Comp. 1773.												Aut. b. Artaria.
6. „ ⁸/₄. Allegro vivace. „La Roxelane" [Ouvertüre zur Oper „Il mondo della Luna"].						6	26		26	23	P. St.	Artaria op. 40.
7. „ ⁸/₄. Vivave assai. Comp. 1788. „L'ours".				24	9	14			16	14	Für 2 Pft.	St. b. Simrock (No. 25.)
8. „ ⁸/₄. Adagio/Allegro ⁸/₄. Comp. 1768.			3		19	12	17		19	17	10 P. St.	Cianchettini No. 13.
9. „ ⁸/₄. Adagio/Vicace ⁸/₄. Comp. 1796.	7			7	7	7	21	9	15	9		
10. „ ²/₄. Allegro.												
11. „ ²/₄. Allegro. [1772 erschienen?]												Paris. Conservatoire, No. 63.
12. „ ²/₄. Allegro.												„ „ No 67.
13. „ ²/₄. Adagio/Presto ⁸/₄. Comp. 1776 [Ouvertüre zum Lustspiel „Il distratto"].			6									
14. „ ⁴/₄. Allegro.												Pohl I, 296.
15. „ ⁴/₄. Allegro. Comp. 1773. „Maria Theresia".					17	15	29		29	15		
16. „ ⁸/₄. Allegro.			4									Aut. Dr. Richard Wagner, Marburg.
17. „ ⁸/₄. Allegro.							33		33	17	P. St.	Cianch. No. 5.
18. „ ⁸/₄. Allegro.												
19. „ ²/₄. Allegro.												
20. „ ⁴/₄. Allegro.											P. St.	
21. „ ⁴/₄. Allegro moderato. Comp. 1778. „Kindersymphonie" [Berchtesgadener].	P.										P.	
22. „ ⁸/₄. Adagio.												
23. „ ⁴/₄. Allegro.												
24. „ ⁴/₄. Adagio.												
25. „ ⁴/₄.												

№	Taktart	Beschreibung	Breitkopf & Härtel Partitur	F. Kistner	Rieter-Biedermann	Peters zweihändig	Peters vierhändig	Simrock zweihändig	Simrock vierhändig	Bote & Bock Partitur	Bote & Bock vierhändig	Heinrichshofen, vierhändig	Le Duc	Königliche Bibliothek Berlin Manuscript-Partituren u. Stimm.	Sonstige Nachweise.
26.	C-dur 4/4.														
27.	„ 4/4.	Allegro.													
28.	„ 4/4.	[Sehr frühes Werk].													
29.	C-moll 8/4.	Allegro vivace [Fürst Nicolaus Esterházy gewidmet].				6								P. St.	Paris 1785.
30.	„ 4/4.	Allegro (moderato). Comp. 1791.	9			9	9	2	13	8	8	13	18		André, op. 77¹.
31.	„ 4/4.	Allegro.							31		31			St.	St. bei Br. & H.
32.	„ 4/4.	Allegro. [Ouvertüre zu „Il ritorno di Tobia" 1775]													
33.	„ 4/4.	Allegro.												P.	Conservatoire No. 41
34.	D-dur 4/4.	Adagio. Comp. 176? „Le Matin".										20		St.	Conservatoire No. 64.
35.	„ 3/4.	Adagio/Allegro 4/4. Comp. 1774.										50	1	St.	Cianch. No. 11.
36.	„ 4/4.	Allegro. Comp. 1764. [Im Adagio Flauto solo].													Pohl I, 296.
37.	„ 4/4.	Allegro vivace. Comp. 1759. [H's erste Symphonie].													
38.	„ 4/4.	Allegro.						24	32		24	32	26	P. St.	
39.	„ 4/4.	Allegro. Comp. 1777.											4 h		Aut. b. Artaria.
40.	„ 3/4.	Allegro.						17			37	16		P. St.	Cianch. No. 3.
41.	„ 3/4.	Adagio maestoso/Allegro 4/4													St. bei Artaria.
42.	„ 4/4.	Allegro assai.												P.	
43.	„ 3/4.	Moderato/Allegro 4/4. Comp. 1791.						8	18		18	25		P. St.	Cianch. No. 8.
44.	„ 3/4.	Larghetto/Allegro 4/4. Comp. 1788.	10			10	10	11	12	12	11			St.	
45.	„ 3/4.	Maestoso/Allegro 3/4. Comp. 1791.	14				14	14	24	10	10	24		P.	André, op. 77².
46.	„ 3/4.	Maestoso/Allegro assai 3/4. Comp. 1791.	5				5	5	1	8		14	8	13	André, op. 83².
47.	„ 3/4.	Allegro.												P.	
48.	„ 4/4.	Allegro.												P. St.	
49.	„ 4/4.	Allegro molto. Comp. 1763.													Pohl I, 295.

[Thema im Finale: ♩ ♩ ♩ ♩]

№	Taktart	Beschreibung	Breitkopf	F. Kistner	Rieter-Biedermann	Peters zw.	Peters vh.	Simrock zw.	Simrock vh.	Bote Part.	Bote vh.	Heinrichshofen	Le Duc	Königl. Bibl.	Sonstige
50.	„ 4/4.	Moderato maestoso.										39			
51.	„ 3/4.	Larghetto/Allegro 4/4. „La chasse".				5			20		21	21		St.	
52.	„ 3/4.	Largo Allegro vivace 4/4. Comp. 1784. „L'impériale".									30	30	7	P. St.	Cianch. No. 15.
53.	„ 4/4.	Allegro.													
54.	„ 4/4.	Allegro.													
55.	„ 3/4.	Larghetto. Comp. 1765.													Pohl I, 297.
56.	„ 4/4.	Allegro spirito. Comp. 1762. [Im Andante obligates Cello].													Pohl I, 295.
57.	„ 3/4.	Moderato contabile.												St.	Pohl I, 295.
58.	„ 4/4.	Allegro. Comp. 1762. [Ouvertüre zu „Acide"].												P.	Pohl I, 295.

— 147 —

	Breitkopf & Härtel	F. Kistner	Rieter-Biedermann Partitur	Peters zweihändig	Peters vierhändig	Simrock zweihändig	Simrock vierhändig	Bote & Bock Partitur	Bote & Bock vierhändig	Heinrichshofen, vierhändig	Le Duc	Königliche Bibliothek Berlin Manuscript-Partituren u. Stimm.	Sonstige Nachweise.
59. D-dur $4/4$. Allegro.													
60. ,, $2/4$. Allegro.												St.	
61. ,, $2/4$. Allegro.												2 h.	
62. ,, $4/4$. Allegro.													
63. ,, $4/4$.												P. St.	
64. D-moll $4/4$. Allegro. Comp. 1772. „Lamentation".												P.	
65. ,, $3/4$. Allegro vivace.										41		P. St.	
66. ,, $3/4$. Adagio/Presto ♯♯ $6/8$. Comp. 1794.	4			4	4	4	28	6	6	6	6		André, op. 95[2].
67. ,, $4/4$. Adagio/Allegro ♯♯ $4/4$. Comp. 1795.	2			2	2	2	3	1	1	1	1	Aut.	André, op. 98[1].
68. Es-dur $3/4$. Allegro „Mercur".										38		St.	
69. ,, $3/4$. Moderato. [Dem Fürsten Nicolaus Esterházy gewidmet].										46		P. St.	
70. ,, $3/4$. Largo.			4									2 h.	Aut. in Wernigerode.
71. ,, $3/4$. Larghetto/Allegro assai $3/4$. Comp. 1787.				18	19	15		20	15	12			Cianch. No. 1.
72. ,, $4/4$. Adagio Allegro $4/4$. [„In Nomine Domini, da me Giuseppe Haydn 1793"].	3			3	3	26	2	9	9	2		P.	André, op. 98[3].
73. ,, $3/4$. Moderato [Im Adagio Viol. u. Cello obligat].													
74. ,, $4/4$. Allegro.										42	14	P.	
75. ,, $3/4$. Allegro. Comp. 1774. „Der Schulmeister".						21		35		35		St.	
76. ,, $3/4$. Adagio/Allegro con spirito $6/8$. Comp. 1795.	1			1	1	1	29	5	4	4	5	Andante	
77. ,, $4/4$. Adagio. Comp. 1764. „Der Philosoph".													Pohl I, 296.
78. ,, $4/4$. Adagio.													
79. ,, $3/4$. Allegro.													
80. ,, $4/4$. Allegro.													Paris, Bailleaux No. 2.
81. ,, $2/4$.													
82. ,, $2/4$. Andante.												P.	
83. ,, $4/4$. Allegro assai e spiritoso.	3												
84. E-dur $3/4$. Moderato. Comp. 1765. [Autograph in Eisenstadt].													Paris, Bailleaux No. 3.
85. ,, $4/4$. Allegro. Comp. 1763. [Autograph in Eisenstadt].													Pohl I, 295.
86. ,, $4/4$. Allegro.													
87. E-moll $4/4$. Allegro „Trauersymphonie".						20		23	36	2			Cianch. No. 10.
88. F-dur $6/8$. Vivace.						.8				45	24	P. St.	
89. ,, $4/4$. Allegro.										49		P. St.	
90. ,, $4/4$. Allegro vivace. Comp. 1787. [Autograph in Cambridge].										47		P.	André, op. 56[1].

— 148 —

			Breitkopf & Härtel	F. Kistner Rieter-Biedermann.	Peters Partitur	Peters zweihändig	Peters vierhändig	Simrock zweihändig	Simrock vierhändig	Bote & Bock Partitur	Bote & Bock vierhändig	Heinrichshofen, vierhändig	Le Duc	Königliche Bibliothek Berlin Manuscript-Partituren u. Stimm.	Sonstige Nachweise.
91.	F-dur	³/₄. Allegro.													
92.	„	³/₄. Allegro.													
93.	„	⁴/₄. Allegro.												P.	
94.	„	⁴/₄. Allegro.													
95.	„	³/₄. Allegro. Comp. 1766.												St.	
96.	„	⁴/₄. Allegro.												P.	Bailleaux No. 7.
97.	F-moll	³/₄. Adagio Presto ⁴/₄. Comp. 1773. „La Passion".												P.	
98.	Fis-moll	³/₄. Allegro. Comp. 1772. „Abschiedssymphonie". [Autograph in Eisenstadt].	18				22		28			25	28	9	P.	Cianch. No. 8.
99.	G-dur	³/₈. Allegro assai. Comp. 1767. „Le soir".													St.	Pohl I, 288.
100.	„	³/₄. Adagio/Presto ⁴/₄.	2													St. bei Sieber.
101.	„	⁴/₄. Allegro. Comp. 1772					13					40				„ „ „
102.	„	⁴/₄. Allegro.										48			P. St.	
103.	„	⁴/₄. Allegro.														St. Artaria No. 3
104.	„	³/₄. Adagio/Allegro ³/₄. Comp. 1788. „Oxford".	16		2	16		16	16	16		18	16	11	P. St.	Cianch. No. 2.
105.	„	³/₄. Adagio Allegro ²/₄.	13			13			13		22	7	7	22		P. St.	André, op. 56.
106.	„	⁴/₄. Allegro.														
107.	„	²/₄. Andante.														
108.	„	⁴/₄. Adagio/Allegro ⁴/₄. Comp. 1794. „Militaire". [Autograph in Eisenstadt].	11			11	11	11	27	4	5	5	4			
109.	„	³/₄. Adagio/Allegro vivace ⁶/₈. Comp. 1792. „Paukenschlag". [The surprise].	6			6	6	6	7	7	3	3	7		Andante	André, op. 80¹.
110.	„	⁴/₄. Allegro.														
111.	„	⁴/₄. Moderato.														
112.	„	⁴/₄. Al'egro.														
113.	„	³/₄. Allegro. Comp. 1764.														Pohl I, 296.
114.	„	³/₄. Allegro. Comp. ca. 1769.														Pohl I, 296.
115.	„	³/₄. Allegro. Comp. ca. 1769.													St.	
116.	„	⁶/₈. Allegro.													St.	
117.	G-moll	⁴/₄. Allegro. Comp. 1786. „La Poule".					23	10	12		21	12	3	P.	Cianch. No. 4.
118.	„	⁴/₄. Allegro vivace.													St.	
119.	A-dur	⁴/₄. Allegro.					22								St. Sieber.
120.	„	⁴/₄. Adagio.					25	25				25	21		Cianch. No. 12.
121.	„	⁴/₄. Allegro.					23	20			17	20		P. St.	
122.	„	²/₄. Adagio.												P.	
123.	„	³/₄. Allegro. Comp. 1765.													Pohl I, 296.
124.	„	⁴/₄. Allegro. Comp. 1774. „La tempesta"													
125.	„	³/₄. Allegro molto. Comp. 1764.												P.	Bailleaux No. 1.
126.	„	³/₄. Adagio. Comp. 1764.												P.	Pohl I, 297.
127.	„	⁴/₄.												P.	
128.	B-dur	³/₄. Allegro.										44		P. St.	
129.	„	³/₄. Allegro.		5							22		4	P. St.	Cianch. No. 14.
130.	„	⁴/₄. Allegro.						5	27			27	5	P. St.	Cianch. No. 9.

— 149 —

	Breitkopf & Härtel	F. Kistner	Rieter-Biedermann	Peters Partitur	Peters zweihändig	Peters vierhändig	Simrock zweihändig	Simrock vierhändig	Bote & Bock Partitur	Bote & Bock vierhändig	Heinrichshofen, vierhändig	Le Duc	Königliche Bibliothek Berlin Manuscript-Partituren u. Stimm.	Sonstige Nachweise.
131. B-dur 4/4. Allegro. [Ouvertüre zur Oper: „La vera Costanza"].														St. Artaria No. 4.
132. „ 4/4. Grave/Allegro 3/4. Comp. 1780.						11	23			23	22		P. St.	Cianch. No. 17.
133. „ 4/4. Maes·oso/Vivace 3/4. Comp. 1786. „La reine".					15	3	10	11	11	10	8		P. St	Cianch. No. 6.
134. „ 4/4. Allegro. [Fürst Nicolaus Esterházy gewidmet. Viol. u. Cello obligat.].													P. St	
135. „ 4/4. Allegro. Comp. 1792. [Viol.pricipale concertante].													P. St.	André, op. 84.
136. „ 4/4. Largo/Allegro vivace 4/4. Comp. 1794.	12				12	12	12	30	3	2	2	3		André, op. 98².
137. „ 3/4. Allegro. Comp. (1766).														Pohl I, 296; 412.
138. „ 3/4. Allegro. Comp. 1772.												43	P. St.	
139. „ 4/4. Allegro.														
140. „ 4/4. Allegro. Comp. 1772.													P.	
141. „ 4/4. Allegro moderato.													St.	
142. „ 4/4. Vivace. Comp. 1784. [Ouvertüre zur Oper: „Armida"].												14	P.	André, op. 55.
143. B-moll 4/4. Adagio, Allegro 4/4. Comp. 1791.	8				8	8		19		13	19	19		André, op. 80²·
144. H-dur 4/4. Moderato. Comp. 1772 [Autograph in Eisenstadt].				1										

Wotquenne führt 149 Symphonien als authentisch, ausserdem 15 zweifelhafte an.

INHALTS-VERZEICHNIS.

	Seite
Vorwort	
Die Kindheit	7
Wollen und Werden	21
Haydn und die Entwickelung der Instrumentalformen	36
Eisenstadt und Esterház	49
Die Werke der mittleren Periode	71
Haydn in London	84
Schöpfung der Jahreszeiten	102
Der Lebensabend	116
Anhänge	
I. Anmerkungen	125
II. A. Taufschein	130
B. Trauschein	130
C. Autobiographische Skizze	130
D. Anstellungsdekret	132
III. Verzeichnis der Werke Haydns	134
Thematisches Verzeichnis der 12 Londoner Symphonien	144
IV. Verzeichnis der Symphonien, nach Tonarten geordnet	145

www.ingramcontent.com/pod-product-compliance
Lightning Source LLC
Chambersburg PA
CBHW021710230426
43668CB00008B/793